위대한 기업은 한 문장을 실천했다

위대한 기업은 한 문장을 실천했다

지은이 정강민
펴낸이 임상진
펴낸곳 (주)넥서스

초판 1쇄 발행 2022년 11월 25일
초판 2쇄 발행 2022년 11월 30일

출판신고 1992년 4월 3일 제311-2002-2호
10880 경기도 파주시 지목로 5 (신촌동)
Tel (02)330-5500 Fax (02)330-5555

ISBN 979-11-6683-416-5 03320

가격은 뒤표지에 있습니다.
잘못 만들어진 책은 구입처에서 바꾸어 드립니다.

www.nexusbook.com

위대한 기업은 한 문장을 실천했다

ONE
sentence

정강민 지음

넥서스BIZ

"저기요, 당신이 뭔데 페이스북 성공 이유를 '한 문장'으로 요약하는 겁니까? 솔직히 내가 창업자이지만, 나 스스로도 성공 이유를 한 문장으로 말하기 어렵고, 또 함부로 말하기 두려운데……."

페이스북 CEO 마크 저커버그가 꿈에 나와 나에게 한 말이다.

'세상에서 가장 위대한 기업은?'
'왜 그들은 성공했나?'
'성공 이유를 한 문장으로 요약할 수는 없을까?'
이러한 질문에서 원고 작업을 시작했다. 시중에 나와있는 책들은 저마다 아쉬운 점이 있었다. 한 기업에 대해 자세히 소개하는 책은 분량이 400쪽이 훌쩍 넘어 핵심을 파악하기 어려웠다. 여러 기업을 소개하는 책은 설립연도, 매출액, 비즈니스 모델, 창업동기 등 기업현황을 나열하는 형식이 많았다. 고민 끝에 나는 '한 문장'에 집중하기로 했다. 독자가 기업을 좀 더 쉽게 이해하고 자신의 비즈니스나 삶에 쉽게 적용하도록 위대한 기업 CEO들이 실천했던 '한 문장'을 찾아 제시하고 싶었다.

'수십 개의 위대한 기업과 경영 천재들이 집착했던 한 문장을 깊이 연구한다면 우리에게 어떤 변화가 일어날까?'
한 문장이 어떻게 구성원을 단합시키고 조직을 성장시켰는지, 한 문장이 어떻게 세상에 긍정적 영향을 끼쳤는지 알게 된다면 험난한 창업 시장에서 절대 쉽게 무너지지 않을 것이다. 자연스럽게 경영의 본질을 깨닫게 될 것이다.

이 책의 목표는 독자가 최소한의 에너지를 투입해 기업 성공의 핵심을 단박에 찾을 수 있도록 도와주는 것이다. 머리 복잡한 창업가들이 명쾌한 한 문장으로 길을 찾도록 해주고 싶었다.

기업 선정 과정

처음에는 100개 기업을 추렸다. 2017년부터 2021년까지 '포춘지 선정 100대 기업' 또 '일하고 싶은 100대 기업'을 참고했다. 기업들을 검색하는 과정에서 알게 된 연관 기업, 세상에 큰 영향을 끼친 오래된 기업도 목록에 포함시켰고 기업 자료를 분석하면서 그들을 위대하게 만든 '한 문장'을 찾았다. 그중 문장의 메시지가 선명하고 독자에게 인사이트를 줄 수 있는 기업 39개를 선별했다.

한 문장을 찾기까지

우선 한 기업과 관련된 CEO의 인터뷰 내용, 기업의 가치관, 비전 그리고 핵심가치 등 언론 자료를 대략 A4로 30쪽 이상 수집했다. 그리고 해당 기업을 소개한 책을 보며 디테일을 보충했다. 이렇게 모은 자료를 펼쳐놓고 (마치 영화 속 주인공이 벽면에 여러 자료들을 붙여놓고 단서를 찾듯이) 한 문장이 될 만한 것을 찾았다.

"허가를 얻기보다 용서를 구하는 게 낫다."

자동차 공유 서비스 사업을 하는 우버에서 찾은 한 문장이다. 우버 창업자 트래비스 캘러닉은 창업 전에 이미 자동차 공유 서비스가 불법이라는 것을 알고 있었다. 보통 사람들은 자신의 사업 아이템이 법에 저촉된다면 아예 창업을 하지 않는다. 합법적이어도 성공 확률이 낮은 게 창업인데, 불법이라면 관계기관이나 국가를 설득하고 투쟁하는 과정에서 많은 시간이 소비될 수밖에 없다. 더군다나 그렇게 한다고 해도 법이 바뀌지 않을 수 있다.

결국 우버의 한 문장은 법률 등 국가기관에 관련 승인을 얻기 위해 기다리며 지체하는 것보다는 일단 창업을 실행하고, 혹시 나중에 잘못되면 용서를 구하는 게 낫다는 의미다. 트래비스 캘러닉의 성향을 분석하다 이 문장을 발견하고 "와, 대박"을 연신 외치며 한참 쳐다보았다.

이 책은 2018년에 처음 기획을 시작한 장기 프로젝트였다. 그러다 보니 애써 자료를 찾으며 연구했던 기업이 어느 날 갑자기 없어지는 경우도 생겼다. 모든 기업은 사라진다. 위대한 기업도 마찬가지다. 단지 생존기간이 길거나 짧거나 하는 차이뿐이다. 사라진 기업들 중에는 당시 엄청난 주목을 받았던 기업도 많다. 혁신은 어제 내린 눈과 같다. 어제의 위대함이 오늘은 녹아 없어져버린다. 지금은 탁월한 기업으로 추앙받지만 1년 후에 여전히 생존해 있을 거라 장담할 수 없다. CEO들이 영원히 고민해야 할 냉엄한 현실이다.

"성공하고 싶다면 성공자의 사고방식과 행동을 열성적으로 따라 해야 한다." 이것이 많은 자기계발서가 말하는 핵심 메시지 중 하나다. 이 책을 읽는 독자가 재택근무를 실행하려는 창업가라면 "메신저로 대화할 때는 대문자를 쓰지 않는다"는 깃랩을 따라 해보고, 매출이 정체되어 돌파구를 찾고 있는 사업가라면 "고객의 기분으로 느껴야 매출은 일어난다"는 츠타야서점 무네아키를 따라 해보면 어떨까. 자신이 한없이 나태해지고 있다면 "무엇이든 골이 빠개지게 생각한다"는 소프트뱅크 손정의의 열정을 닮으려고 노력해보는 것이다.

세상에 큰 영향을 끼친 경영 천재들의 신념이 녹아있는 한 문장을 깊이 사유하고 벤치마킹한다면 자신의 조직과 삶에 분명 긍정적 파문이 일어날 것이다.

2022년 11월

정강민

CONTENTS

ONE
sentence

뜨거움을 넘어 폭발력으로

우버
Uber

"

허가를 얻기보다
용서를 구하는 게 낫다.

"

'자동차가 한 대도 없는 세계 최대의 택시회사' 우버는 에어비앤비와 함께 공유경제의 개념을 대중에게 인식시킨 대표적인 회사다. 고객의 불편을 해소하기 위해 거대한 장벽과 싸우는 기업이기도 하다.

회사명	우버(Uber)
창업자	트래비스 캘러닉(Travis Kalanick), 개릿 캠프(Garrett Cemp)
창업연도	2009년(미국)
사업분야	차량 공유 플랫폼

우버는 2010년 서비스를 시작해 2013년 구글 벤처스Google Ventures 로부터 2억 5천만 달러(약 2천 5백억 원)의 투자를 받았다. 당시 구글 벤처스가 확보한 지분은 7.35%에 불과하며 우버는 창업 4년 만에 기업가치가 3조 원 이상이 되었다. 2017년에는 1,300억 달러(약 150조 원) 규모로 기업가치가 급상승한다. 2004년 창업한 페이스북Facebook 이 2012년 상장할 때까지 23억 달러(약 3조 원) 투자를 받은 반면 우버는 2019년 5월 상장할 때까지 217억 달러(약 23조 원)를 투자받았다. 기업공개, 인수, 합병 전에 이렇게 많은 자금을 투자받은 회사는 없었다.

일반인이 자신의 차량으로 운송 서비스를 할 수 있도록 도와주는 '우버엑스', 승객을 일반 택시와 연결해주는 '우버택시', 음식 배달 서비스 '우버이츠', 그리고 '우버오토' '우버와인' '우버트립' '우버보트' '우버콥터' 등 우버는 '사람 외에도 무엇이든 실어 나를 수 있는 물류 플랫폼'을 지향한다.

앞으로 또 어떤 '우버'가 탄생할까?

혁신을 이끈 한 문장

"허가를 얻기보다 용서를 구하는 게 낫다."

이 문장은 창업자 캘러닉의 신념이다. 그가 조직을 운영하는 방식을 보면 이 문장이 어떻게 우버에 적용됐는지 알 수 있다. 신념 덕분에 엄청난 일도 이루었지만, 또 한편으로는 사회적 지탄을 받은 일도 있었다. 이 문장은 우버의 핵심가치 중 하나인 '대담한 실행'이 된다.

대담한 실행의 좋은 예와 나쁜 예

좋은 예 소비자가 불편을 겪는 규제라면 그 규제는 잘못된 것이다

우버의 창업 배경은 택시의 불편을 해결하기 위해서였다. 캘러닉은 2008년 프랑스 파리에서 열린 IT 콘퍼런스에 참석했는데, 그곳에서 개릿 캠프를 만난다. 친해진 둘은 이야기를 나누며 택시를 기다렸다. 하지만 한참을 기다려도 택시는 오지 않았다. 파리의 형편없는 택시 서비스를 경험한 둘은 이렇게 불편한 택시를 개선할 수 있는 방법에 대해 이야기를 나누다 '차량공유 서비스'라는 아이디어를 떠올린다. 택시가 불편한 근본적인 이유는 경쟁이 없고 허가제로 인해 제도상 꽉 막혀있기 때문이라 생각했다. 누구나 택시 서비스에 참여할 수 있게 하면 경쟁이 일어나 서비스가 개선되리라는 것이 그들의 아이디어였다.

우버가 뉴욕에서 사업을 시작할 때만 해도 지금 같은 성장은 누구도 예상하지 못했다. 당시 우버는 뉴욕시 택시리무진위원회TLC로부터 이용 중지 경고장을 받는 등 매우 불리한 환경에 처해 있었다. 사실 우버는 불법 서비스였다. 허가를 받지 않고 유사 택시 서비스를 제공하기 때문이다. 캘러닉도 이 사실을 분명 알고 있었지만 과거의 창업 경험이 그에게 확신을 주었다. 그는 스코워Scour라는 회사를 창업한 경험이 있었다. 스코워는 MP3, 영화, 동영상 등 멀티미디어 파일을 공유할 수 있는 P2P 서비스를 제공하는 회사로, 비록 불법 서비스였지만 사용자가 원하는 콘텐츠를 쉽고 빠르게 찾을 수 있게 해줬다. 이는 캘러닉이 우버가 불법이라는 것을 알았지만 용기 내어 창업할 수 있었던 배

경이다.

우버는 불법임에도 불구하고 미국 전역에 빠르게 확산됐다. 소비자가 우버 서비스로 몰리자 택시업계는 거리에서 우버 퇴출 시위를 시작했다. 그러나 퇴출 시위가 심해질수록 우버는 더 빠르게 성장했다. 우버는 2015년 전후 미국 대부분 지역에서 합법적 서비스가 됐다. 하지만 우버의 대표 차량공유 서비스(자신의 차를 공유해 사람을 태우는 서비스)인 우버엑스는 현재까지 불법인 나라가 있다. 우리나라가 그렇다. 우버의 프리미엄 택시 서비스인 '우버블랙'만 합법이다.

나쁜 예 1 경쟁사를 넘어서기 위한 치졸한 방해공작

캘러닉의 대담한 실행으로 우리는 '차량공유 서비스'라는 새로운 개념을 경험했지만, 승인을 얻기보다 용서를 비는 게 낫다는 그의 신념이 사회에 악영향을 끼친 경우도 있었다. 우버는 경쟁사인 리프트Lyft와 게트Gett의 성장을 막기 위해 온갖 치졸한 방해를 자행했다. 2014년 CNN 머니와 테크크런치TechCrunch에 따르면 우버 직원들은 차량을 호출한 뒤 이를 취소하는 작업을 반복적으로 진행해 우버의 경쟁 서비스를 제대로 이용할 수 없도록 했다. 또한 우버 직원이 손님으로 가장해 리프트나 게트 차량에 탑승해 운전자들이 우버로 옮기도록 리베이트를 제공하기도 했다. 심지어 리프트의 자금 공모를 방해하기도 했다.

나쁜 예 2 성공을 위해서 경쟁사 기술을 빼돌리다

캘러닉은 사용자들이 원할 때 우버의 자율주행 자동차를 불러서 이동할 수 있는 미래 세상을 꿈꿨다. 그는 사람들이 더 이상 자동차를 구매하지 않고 우버를 통해 자동차를 이용하게 하고 싶었다. 그래서 자율주행 자동차를 개발하고자 자회사 오토OTTO를 설립했다. 하지만 그 길은 순탄치 않았다.

2017년 2월 자율주행 자동차를 개발하는 구글Google의 웨이모 Waymo는 우버와 오토를 상대로 소송을 제기했다. 오토의 설립자이자 웨이모의 핵심 엔지니어였던 앤서니 레반도스키Anthony Levandowski가 웨이모를 퇴사하면서 자율주행차의 핵심기술 1만 4,000건과 9.7GB 의 데이터를 빼돌려 우버와 오토가 이 기술을 활용해 자율주행 자동차를 개발하고 있다고 주장했다. 법원은 우버가 웨이모의 기술을 빼돌리기 위해 고의적으로 웨이모 기술자를 고용했기 때문에 기술 사용을 당장 중단하고 해당 문서를 반환하라는 판결을 내린다. 경쟁사의 기술을 빼돌려 자율주행 자동차 개발에 나선 정황이 포착된 것이다.

또 2017년 3월 우버는 미국 애리조나주 템피시에서 자율주행 자동차 시범운행 도중 사고를 일으켜 물의를 빚기도 했다. 하지만 사고 뒤 얼마 지나지 않아 다시 자율주행 자동차 시범운행을 재개하는 등 사회적으로 지탄받을 행위를 지속적으로 해왔다.

나쁜 예 3 **목표만 달성하면 어떤 일을 벌여도 승진이 보장된다**

2017년 2월 우버에서 퇴사한 젊은 여성 엔지니어가 글 하나를 올렸다. 우버에서 성희롱을 당했다는 내용이었다. 출근 첫날 메신저 채팅창에 "나는 지금 성관계 파트너를 찾고 있어!"라는 메시지를 직속상사가 보냈다는 것이다. 그녀는 인사팀에 이 사실을 알렸지만 인사팀의 반응은 뜻밖이었다.

처음이니 경고를 주는 수준에서 마무리하자고 했으며, 경영진의 뜻도 같았다. 그녀는 '그 상사가 실적이 좋아서가 아닐까?'라고 추측했다. 그리고 그녀에게 두 가지 길이 주어졌다. 하나는 팀을 옮기는 것이고 다른 하나는 기존 팀에 남아 그 상사의 보복조치를 감수하는 것이었다. 결국 그녀는 팀을 옮겼고 성희롱을 당한 다른 여성 엔지니어들과도 알게 됐다. 이들 역시 인사팀에 사실을 알렸지만 별다른 조치 없이 매번 "처음이니까"라는 말만 되풀이했다.

우버는 팀보다 독자적인 업무수행을 선호하고, 성공을 위해서라면 타인에게 피해를 줘도 괜찮다는 의식이 팽배했으며, 동료관계에 문제가 생겨도 전혀 거리끼지 않았다.

대담한 실행으로 짧은 기간 유례없는 성장을 했고 무한한 가능성을 보여주며 공유경제의 대표주자가 됐지만, 허가를 얻기보다 용서를 구하겠다는 신념에서 기인한 대담한 실행이 잘못 적용되어 여러 스캔들이 생겨났다. 이에 우버는 유능한 임원을 뽑기가 힘들었고 이직률 또한 높았다.

그럼에도 불구하고 우버가 성공할 수 있었던 이유

우버는 예약이 필요 없고, 택시가 올지 안 올지 걱정하지 않아도 되고, 바가지 요금도 없다. 언제든 원할 때 신뢰할 만한 교통수단을 제공한다. 『부의 추월차선』The Millionaire Fastlane 의 저자 엠제이 드마코MJ Dmarco 가 분석한 우버가 성공할 수밖에 없는 이유다.

속도 및 정시성	일반 택시는 도착시간을 알 수 없지만 우버는 언제 도착할지 손님이 알고 있다. 가장 가까운 택시가 어디에 있는지도 알 수 있다.
신뢰성	우버 기사들이 업무를 제대로 수행하지 않으면 나쁜 평을 받게 되고 그런 기사들은 퇴출될 가능성이 높다.
지불 편의성	일반 택시는 내릴 때 호주머니나 지갑을 뒤져 현금 또는 신용카드를 찾아야 하지만, 우버는 목적지에 도착하면 애플리케이션에 등록한 카드로 택시비가 자동 결제된다. 전통적인 택시비의 갈등요소를 없앴고 택시 이용을 즐거운 과정으로 만든다.

비용 명확성	일반 택시는 요금이 얼마나 나올지 알 수 없지만 우버는 알 수 있다.
선택의 기회	일반 택시는 택시기사가 누구인지 알 수 없지만 우버는 손님이 택시기사를 선택할 수 있다.
저렴한 비용	다양한 혜택에도 불구하고 일반 택시보다 저렴하다.

택시가 안 잡혀 발을 동동 구르고 있을 때 스마트폰으로 자신의 위치만 알려주면 5분 이내 깨끗한 승용차가 자신을 데리러 오는 경험을 해본 사람이라면 우버의 팬이 될 수밖에 없다. 기존 택시 시스템의 불만과 문제점을 거의 완벽하게 해결했기 때문이다. 완벽한 서비스는 기대하지 못했던 훌륭한 사용자 경험을 가져왔고, 이러한 경험은 사용자가 자발적으로 서비스를 소개하는 강력한 구전 효과를 낳았다.

우버의 인사이트

창업 아이템이 불법이라는 사실을 알고서도 창업할 수 있을까? 보통 사람이라면 당국에 몇 번 문의해보고 불법임을 확인하면 아마 그만둘 것이다. 불법이 아니어도 창업 성공률은 매우 낮다. 하물며 불법이라면 그 아이템을 합법으로 만들기 위한 투쟁도 해야 한다. 캘러닉은 먼저 허가를 얻기보다 나중에 용서를 구하겠다는 신념으로 리스크에 맞섰다. 이런 대담한 실행력이 우버가 성장하는 데 한몫했음은 틀림없다. 캘러닉이 두려움에 창업을 하지 않았다면 차량공유 서비스가 이토록 빨리 정착되지 못했을 것이다. 하지만 이는 조직운영에서 여실히 드러난 것처럼 목적을 위해 수단과 방법을 가리지 말라는 의미로 악용될 수도 있다.

초연결사회에서는 정의롭지 못한 일에 대해 대중이 자기 일처럼 분노하고 소식을 공유한다는 사실을 직시해야 한다. 캘러닉은 2017년 6월 성추행 스캔들로 우버에서 물러났다.

무엇이 옳은지 안다면 그것을 위해 싸워야 한다.
비겁한 사람이 되지 말자!

캘러닉의 말이다. 이 말이 진실로 세상을 더 나은 곳으로 변화시키는 데 사용되었으면 한다. 그리고 우리는 그가 고객 불편을 해소하기 위해 불법에 맞서 싸웠던 열정만은 기억하자.

우버 Uber

알리바바

Alibaba

"

거절에 익숙해져야 합니다.
왜냐면 우린 최고가 아니니까요.

"

중국 최대 전자상거래 기업. 중국의 중소기업이 만든 제품을 전 세계 기업이 구매할 수
있도록 중개한다. 거절로 점철된 창업자 마윈의 삶이 알리바바를 이끌었다.

회사명	알리바바(Alibaba)
창업자	마윈(Mǎ Yún)
창업연도	1999년(중국)
사업분야	전자상거래

1995년 마윈은 미국 시애틀의 친구 사무실에 우연히 들렀다가 "뭐든지 찾아주는 인터넷이라는 것이 있는데, 한번 아무 단어나 써봐"라는 말을 듣는다. 그는 머릿속에 떠오르는 단어를 키보드에 천천히 쳤다. 'beer'(맥주). 인터넷과 처음 만나는 순간이었다. 마윈은 1999년 3월 직원 17명과 함께 알리바바를 설립했다. 같은 해 4월에는 B2B 전자상거래 플랫폼 알리바바닷컴, 2003년에는 C2C 전자상거래 플랫폼 타오바오닷컴Taobao, 2004년에는 온라인 결제 서비스 알리페이Alipay, 2008년에는 B2C 전자상거래 플랫폼 티몰Tmall을 론칭한다. 알리바바는 "어디서든 비즈니스를 하기 쉽게 만든다"라는 비전 아래 기존 유통구조를 파격적으로 개선함으로써 글로벌 기업으로 성장했다. 2014년 9월에는 뉴욕 증권거래소에 상장되었다. 11월 11일은 중국판 블랙프라이데이Black Friday 라고 불리는 광군절이다. 짝 없는 솔로들이 쇼핑하면서 외로움을 달래는 날이다. 알리바바는 2015년 11월 11일 하루 동안 912억 위안(약 16조 5천억 원)이라는 매출 신기록을 세웠다. 전 세계 232개국에서 소비가 일어났다. 2021년 11월 11일 광군절에는 5,403억 위안(약 99조 9천억 원)의 매출을 기록했다. 이렇듯 알리바바는 중국 전자상거래 시장의 80%를 점유한 최대 기업이다.

어려운 환경에서 자라 대학 문턱을 간신히 넘긴 마윈은 중국에서 외국인 대상 여행 가이드와 평범한 영어강사를 거쳐 간신히 창업자 대열에 합류했다. 2020년 그는 알리바바 주주총회에서 창업주가 회사를 떠나지 못하면 그 회사는 건강할 수 없다는 말을 남기고 공식 임기를 마쳤다. 55세의 이른 나이에 은퇴한 뒤 지금은 교육재단 설립 등 공익 활동에 전념하고 있다.

"거절에 익숙해져야 합니다. 왜냐면 우린 최고가 아니니까요."

평범한 문장이지만 마윈의 삶이 그대로 녹아있다. '거절'은 마윈의 삶 그 자체였다. 중학교와 고등학교 입학, 그리고 취업까지 수많은 거절을 당했다. 과거 힘든 시절을 보냈더라도 성공을 이룬 사람이라면 거만해지기 쉬운데, 마윈은 그렇지 않았다. 스스로 대단한 거물이라고 느껴본 적도 없으며 그냥 제때 제대로 된 일을 한 운 좋은 사람일 뿐이라 여겼다.

기업의 혁신 스토리

간신히 창업대열에 합류해 세계 최고가 되다

마윈은 중학교 시험에 3번 낙방했다. 대학에도 3번 떨어졌다. 대학 입학시험을 준비하면서 취업에 도전했지만 30번 이상 떨어졌다. 미국에서 공부하고 싶어 하버드대에 10번이나 원서를 보냈지만 역시 모두 거절당한다.

자신의 꿈이 너무 컸다고 생각한 그는 가장 낮은 곳부터 다시 시작했다. 사촌 동생과 함께 호텔 종업원이 되기 위해 도전했다. 하지만 기막히게도 사촌 동생만 합격했다. KFC가 중국에 진출한다는 소식에 아르바이트에 지원했지만 지원자 24명 중 마윈만 떨어졌다. 친구들과 경찰학교에 지원해 5명이 면접을 봤는데 역시나 마윈만 불합격했다. 창업자로 처음 시작한 것은 기업 웹사이트 개발 서비스인 차이나페이지Chinapage와 중국 전자상거래센터EDI 사업이었다. 하지만 둘 다 실패했다. 그의 삶은 거절과 낙방으로 요약된다.

마윈은 직원들에게 늘 실패와 거절에 익숙해지기를 강조했다.

누군가 우리 제안을 받아들이면 아주 고맙고 영광스러운 일이고 거절당하면 당연하다고 생각하라. 거절당하는 것이 두려워 도전하지 않으니 계속 도전해보는 것이 훨씬 낫다. 아무것도 하지 않으면 아무것도 이룰 수 없지 않겠는가.

진심으로 부족하다고 느끼고 인재를 찾다

알리바바 초기 "인터넷을 통해 중국 물건을 세계에 팔겠다"는 비전을 말하자 사람들은 미친 소리라고 했다. 하지만 세간의 평가와는 별개로 여러 인재가 마윈의 '미친' 비전에 공감해 합류한다. 일례로, 알리바바 성장의 일등공신이라 평가받는 차이충신Joseph Tsai 부회장은 단돈 500위안(한화 약 10만 원)의 월급만 받고 합류했다. 차이충신은 미국 뉴욕에서 변호사이자 사모펀드 업무를 하던 엘리트였는데, 당시 그의 연봉은 70만 달러(당시 한화 약 10억 원)였다.

가진 것 없이 사업을 시작한 마윈은 차이충신과 같은 인재를 영입함으로써 자신에게는 없었던 사업 초기자금, 첨단기술에 대한 지식과 계획이 생겼다고 한다.

마윈은 자신이 최고가 아니어서 성과를 낼 수 있었다고 강조한다. 자신은 그저 평범한 사람이며, 만약 스스로 위대한 인물이라 생각했다면 회사는 망했을 거라고 말한다. IT, 컴퓨터, 과학에 대한 교육을 받아본 적도 없고, 당연히 관련 지식이 부족했다. 그래서 그는 각 분야의 우수한 인재들을 찾았다. 기술을 몰랐기에 기술을 가장 잘 이해하는 사람, 재무에 밝지 않았기에 재무에 탁월한 사람을 영입했다. 그리고 어떻게 하면 인재들이 자신과 함께하고 싶어할지를 진지하게 고민해 그들 각자에 맞는 비전과 회사의 비전을 제시했다.

탁월한 개인기는 없었지만 각양각색의 구성원에게 뚜렷한 방향을 제시하고 온화한 리더십으로 알리바바를 이끌어 최종 목표를 달성해 냈다. 그 배경에는 자신이 진심으로 부족하다고 느꼈기에 인재들을 존중했고, 그 바탕 위에서 그들을 아우를 수 있었다.

그는 늘 직원들이 더욱 성장해 자신을 대체해주기를 바랐다.

오늘 알리바바라는 이 무대 위에 있는 여러분은 어제보다 발전해 있어야 합니다. 진심입니다. 저는 단 한 번도 남이 저를 넘어서는 것에 두려움을 느낀 적이 없습니다. 제가 그들을 제압하려 한다는 것은 거짓말입니다. 저는 누구보다 일찍 은퇴하고 싶습니다.

그는 직원들을 이기려 하지 않았고, 또 일찍 은퇴하고 싶다는 마음을 내비쳤다. 이런 것이 최고 인재들에겐 엄청난 기회로 여겨졌다.

70년대생과 80년대생이 주도세력으로 부상하고 있습니다. 이것은 대세입니다. 10년 먼저 이 집단을 조직하고 훈련해야 미래를 대비할 수 있습니다. 저는 회사 밖에서 저만의 방식으로 회사의 발전을 위해 힘을 보탤 것입니다. 제가 지금의 자리를 무리하게 고집한다면 모두에게 해가 될 것입니다. 계속해서 60년대 방식으로 회사를 경영할 것이기 때문입니다.

그는 이렇게 말하며 2020년 55세라는 다소 젊은 나이에 알리바바 최고경영자 자리를 떠난다.

최고의 순간에도 스스로를 의심하다

알리바바는 2014년 9월 사상 최대 규모로 뉴욕증권거래소에 상장한다. 그날 마윈은 '우리는 좋은 회사지만 정말 사상 최대에 걸맞을 정도로 굉장한 회사일까? 그 정도는 아닌 것 같다'라며 계속 자문했다고한다. 엄청난 업적을 이룬 순간에도 그는 늘 겸손했다.

알리바바의 인사이트

영어강사였고, 컴맹에 가깝던 마윈이 거대 전자상거래 기업을 성공시킨 데에는 시대의 변화를 읽은 통찰력과 인재를 중시하는 용병술, 그리고 끈기와 인내심이 있었다. 이런 일이 가능했던 배경에는 자신이 부족하다는 것을 진심으로 인정하고 드러내는 겸손과 용기가있었다.

"거절에 익숙해져야 합니다. 왜냐면 우린 최고가 아니니까요." 이 말속에는 수없이 거절당했던 지난날의 경험이 녹아있다. 마윈은 불평불만을 터뜨린 적이 거의 없다고 한다. 자신의 꿈을 실현하기 위해 어떠한 고난이라도 기꺼이 감수하려 했기 때문이다. 계속되는 실패를 부정하지 않고 겸손한 태도를 유지했던 것이 그를 위대하게 만들었다.

성공경험은 대부분 왜곡된다. 성공하고 난 후에는 뭐라고 하든 다 일리 있는 말이 된다. 반면 실패했을 때는 발언권이 없어진다. 진정한교훈은 실패에서 찾을 수 있다. 실패를 통해 반성과 성찰을 하기 때문이다.

마윈은 70, 80세가 되었을 때 손주들에게 이런 이야기를 하고 싶다고 한다. '얼마나 많은 것을 얻었느냐보다 얼마나 많은 일을 겪었는지가 중요하다.' '인생의 풍요로움은 성과보다 많은 시련을 극복하는 과정에서의 성찰에서 나온다.' 수많은 실패 덕분에 그의 한마디 한마디는 더 울림이 있고 귀감이 된다.

우리는 비즈니스 문화 안에서 고객에게 서비스하고, 직원을 보살피며, 투자자를 배려하면서 양심적이고 도덕적인 기업이 되고자 성실히 노력하고 있습니다. 때가 되면 운도 따를 것입니다. 그러니까 이 포커판에서 섣불리 패를 버리지 말고 참고 기다려야 합니다. 패가 좋지 않으면 기회는 없는 것처럼 보이지만 실제는 그렇지 않습니다. 기회는 반드시 있습니다. 여러분이 보지 못할 뿐입니다.

스스로 무엇을 하고 싶은지 모르는 사람이 가장 불행한 사람이다. 스스로 무엇을 하고 싶은지 정확히 알고 있다면 그 어떤 고통도 감내할 수 있다. 그리고 마지막에 웃는 자가 될 수 있다. 미래는 이상을 품은 자에게만 열린다. 이상과 끈기는 결코 사람을 배신하지 않는다. 가난보다 더 무서운 것은 이상이 없는 것이다. 이상이 없으면 미래도 희망도 없기 때문이다.

오늘 고되고 내일은 더 고되어도 모레는 행복할 수 있다. 모든 것은 다 지나간다. 힘들고 어려워도 잘 견디고 다시 한 번 도전하며 앞으로 전진하라. 미련한 끈기가 잔꾀를 이긴다. 시련을 견딜 때 기회는 찾아온다.

한국 청년도 불만이 많다. 중국 청년도 불만, 유럽 청년도 불만, 대만·홍콩·미국 청년들 모두 불만에 가득 차있다. 세상에 불만이 많다는 것은 이를 해결할 기회가 있다는 뜻이다. 미래의 기업가는 지금 불평하는 사람이 아니라 이 불만들을 해결하려고 하는 사람들 가운데 나올 것이다.

다이슨
Dyson

"

난 단지 제대로 작동해야 한다고
생각할 뿐이다.

"

영국의 가전회사. 먼지봉투 없는 진공청소기를 만들었다. 이 제품은 '비틀즈 이후 가장
성공한 영국 제품'이라는 평가를 들을 정도. 창업자 제임스 다이슨은 '영국의 스티브
잡스'로 불린다.

회사명	다이슨(Dyson)
창업자	제임스 다이슨(James Dyson)
창업연도	1993년(영국)
사업분야	전기 및 전자 제품

제임스 다이슨은 어릴 때부터 사소하고 당연해 보이더라도 불편한 문제는 반드시 해결책을 찾아야 직성이 풀렸다. 대학 졸업 후 취직해 무거운 화물을 신속하게 운반할 수 있는 고속 상륙선 '씨트럭'Sea truck을 개발했고, 또 1974년에는 공 모양의 바퀴에 물을 채워 안정감을 얻는 정원용 수레 '볼배로우'Ballbarrow를 발명해 1977년 디자인상을 수상하기도 했다.

이때 제임스 다이슨은 투자자와 동업자를 구해 '커크-다이슨'Kirk-Dyson이라는 회사를 만들었다. 하지만 미국 진출의 어려움, 부채의 부담, 볼배로우 특허 판매에 대한 이견 등으로 회사를 나왔다. 그 당시 가장 후회되는 일은 자신이 만든 발명품에 대한 특허를 모두 회사 이름으로 등록한 것이라고 했다. 이후 특허 관련 명의는 모두 자신의 이름으로 등록했다. 이후 혼자 집에서 '먼지봉투 없는 진공청소기'를 연구해 개발에 성공했다. 1983년 일본으로 건너가 중소기업인 에이펙스APEX와 계약해 최초의 먼지봉투 없는 진공청소기 G-Force를 출시했다. 하지만 동업하면서 여러 문제가 발생했고, 결국 1993년 자신의 이름을 앞세운 '다이슨'을 설립했다. 진공청소기 DC1은 출시 1년 6개월 만에 영국 판매 1위를 달성한다. 2002년에는 영국 가정의 3분의 1이 다이슨 청소기를 소유하게 되면서 국민 청소기로 명성을 얻었다.

그다음 출시한 제품은 처음 보면 누구나 신기하게 여기는 날개 없는 선풍기Air Multiplier다. 기존 선풍기는 날개 때문에 아이들이 손을 다치는 일도 있었고, 청소하는 것도 귀찮았다. 날개 없는 선풍기는 이런 불편함을 단번에 날렸다. 이 제품은 3년 연구 끝에 개발되었다.

이처럼 다이슨은 상식을 뛰어넘는 특이한 콘셉트와 디자인의 제품을 선보이며 전 세계인의 고정관념을 무너뜨렸다. 그래서 '가전업계의 애플'로 불린다.

다이슨 Dyson

"난 단지 제대로 작동해야 한다고 생각할 뿐이다."

이 말은 사업가보다는 발명가에게 더 어울리는 말이다. 사업가라면 실패에 대한 손익을 조사해서 프로젝트를 멈출 줄도 알아야 한다. 하지만 제임스 다이슨은 손익보다 제품이 제대로 작동하는 게 우선이었다. 그래서 그의 삶과 비즈니스 대부분은 실패로 점철되었다. 그는 "실패를 즐겨라, 그리고 배워라. 성공엔 배울 게 없다"는 말로 실패할 때마다 자신을 위로했다.

실패의 순간은 힘들고 아팠지만, 제대로 작동시키고 싶은 욕망이 더 컸기에 지속할 수 있었고, 그런 실패에서 많은 것을 배웠다고 말한다. 그래서 그는 직원들이 제대로 된 실패를 하고, 거기서 많은 것을 배우기 원했다.

5,126번 실패하다

다이슨의 삶은 지루한 실패의 연속이었다. 그에게 주목해야 하는 이유는 처절한 실패에도 끝까지 버틴 끈기 때문이다. 다음은 그의 진공청소기 개발과정이다.

"그렇게 좋은 진공청소기가 있다면 후버Hoover에서 진작 내놓았을 것이다." 처음 먼지봉투 없는 진공청소기 관련 아이디어를 동료에게 말했을 때 들은 말이다. 후버는 청소기를 만드는 유명 대기업이다.

어느 날 그가 청소를 하는데 청소기의 흡입력이 떨어졌다. 집에 교체할 먼지봉투가 없어 먼지봉투를 비우고 시도했다. 하지만 흡입력은 그대로였다. 새로운 먼지봉투로 교체해야만 흡입력이 살아났다. 그는 화가 났다. 보통 사람들이면 '그래, 빨리 새 먼지봉투를 사자'고 했을 텐데, 그는 '청소기에서 먼지봉투를 없애면 안 될까?'라고 생각했다.

최초의 현대적 진공청소기는 1901년 영국 발명가 세실 부스Cecil Booth가 개발했다. 그 뒤 일렉트로룩스Electrolux나 후버 같은 대형 가전 회사들이 100년 가까이 수억 대의 진공청소기를 팔았다. 하지만 100년간 변하지 않은 것이 있었다. 바로 먼지봉투다. 불편했지만 모두가 '당연하게' 여겼다.

제임스 다이슨은 당연하게 여기지 않고 계속 시도했다. 15번째 시제품이 나왔을 때 셋째가 태어났고, 3,727번째 시제품을 만들었을 때는 생활비를 벌기 위해 아내가 미용 관련 부업을 시작했다. 시제품 5,127개를 만들었다. 5,126번 실패했다는 의미다. 1979년부터 1984년까지 5년간의 연구 끝에 세계 최초로 먼지봉투 없는 진공청소기를 개발했다.

그러나 상업화는 더 어려웠다. 일렉트로룩스는 사이클론 다이슨 청소기의 기술 특허 권리를 무효화하려고 소송을 걸었고, 암웨이와 일본 기업은 후버 등 대기업들과 계약을 맺은 후 다이슨에 지불하는 로열티를 줄이려고 협상했다. OEM 업체들은 제품판매가 잘되자 생산비용을 몇 배나 올렸고, 제품의 디자인을 똑같이 카피하는 기업도 등장했다. 또 다이슨 청소기의 성능이 좋지 않다고 비난하는 홍보에 열을 올리는 대기업도 있었다.

이 모든 과정을 제임스 다이슨이 혼자 헤쳐 나갔다. 변호사 비용도 없어 웬만한 계약은 스스로 검토했다. 소송으로 자금이 끊임없이 빠져나가자 집을 담보로 대출하는 등 힘겹게 버텼다. 거듭된 실패 속에서도 집념을 거두지 않았다. 실제 제대로 수익을 낸 시기는 1978년 이후 무려 15년의 긴 세월이 지나 1993년 다이슨을 창업할 때였다. 그가 46세 때였다.

시간이 지나 한 인터뷰에서 그 당시 힘들지 않았느냐는 질문에 그는 담담하게 말했다.

원래 제 성격이 포기하는 걸 아주 싫어합니다. 제가 올해 63살인데, 그중 41년을 실패하면서 살아왔습니다. 실패에 익숙할 수밖에요. 엔지니어나 과학자의 삶에 실패는 늘 따라다닙니다. 성공이 오히려 드물죠. 우리가 기억해야 할 건 나뿐만 아니라 모두가 실패하고 있다는 사실입니다.

127년간 변하지 않던 선풍기의 날개를 없애다

다이슨 본사 사무실 출입문에는 보라색 스티커가 여기저기 붙어있다. 그중 하나에 이렇게 쓰여있다.

전기를 이용한 최초의 선풍기는 1882년 발명됐다.
날개를 이용한 그 방식은 127년간 변하지 않았다.

'왜 선풍기에 날개가 있어야 하지? 날개 때문에 청소하기도 어렵고 더구나 아이들은 늘 손가락을 넣고 싶어해서 위험하기만 한데.'
127년이 넘게 이어져온 선풍기의 틀이 깨지는 데는 4년이 걸렸다. 높이 50cm 크기의 시제품을 시작으로 개발을 거듭한 결과였다. 2009년 세계 최초로 날개 없는 선풍기를 만들었고, 이는 1882년 전기를 이용한 선풍기가 나온 뒤 127년 만에 바뀐 방식이다. 2009년 〈타임〉이

다이슨의 날개 없는 선풍기

'올해의 발명품'으로 꼽았다. 그는 개발하는 과정에서 주변 공기의 흐름이 어떻게 바뀌는지 지속적으로 관찰하다가 중요한 아이디어를 얻었고 엔지니어와 과학자, 물리학자들이 한 팀을 이뤄 연구한 끝에 발명했다.

여기에 만족하지 않고 성능을 개선하기 위해 노력했다. 그중 하나가 소음을 줄이는 것이었다. "소음은 크기뿐 아니라 음색이 중요합니다. 손톱으로 칠판을 긁는 소리는 크지 않지만 불쾌감을 주죠." 미세함을 추구하는 제임스 다이슨의 예술가 기질이 엿보인다. 결국 3년간 연구 끝에 기존 날개 없는 선풍기에서 소음을 75% 줄인 제품을 출시한다.

실패를 장려하기 위해

스트립 앤드 빌드

다이슨에는 '스트립 앤드 빌드'Strip and Build 행사가 있다. 부서에 관계없이 입사하는 사람들이 다이슨 청소기, 선풍기 등을 손수 분해·조립하는 행사다. 회계, 영업 등 제품개발과 관련 없는 모든 직원이 엔지니어적 사고방식을 가져야 한다는 생각에서 시작됐다. 자사제품을 심도 있게 살펴보자는 취지의 행사이지만 이 행사의 이면에는 실패를 즐기라는 의미도 담겨있다.

신입사원을 주로 채용하다

제임스 다이슨은 경험 없는 신입사원을 주로 채용한다. 신입사원은 선입관 없이 새로운 생각을 할 수 있다고 생각했다. 지식이 많거나 전문 분야가 생기면 고정관념에 갇혀 시야가 좁아질 수 있기 때문이다. 다이슨 엔지니어의 평균 나이는 만 26세이며, 이중 절반이 영국본사 RDD(연구·디자인·개발) 센터에서 근무하고 있다. 2017년 기준으로 야후재팬이 평균 연령 35세, 텐센트가 29세, 페이스북이 26세인데 페이스북과 같은 수준이다. IT 기업도 아닌 제조기업으로서는 파격적으로 낮은 편이다. 신입이 경력직보다 더 많은 실패를 할 것은 자명하다.

비상장기업으로 남다

다이슨은 상장IPO을 원치 않는다. 비상장기업으로 운영한다. 상장을 하면 주주들의 이해관계 즉, 단기이익에 휘둘릴 것이 분명하기 때문이다. 다이슨 프로젝트는 많은 부분이 장기적이기에 주주들에게 좌지우지되지 않아야 자유롭게 실패하며 연구할 수 있다는 것이다. 연구자에게 기술 개발기간도 충분히 제공한다. 일반적인 가전업체에서 에어컨, 식기세척기 등 상대적으로 비주력 가전제품을 개발하는 R&D팀은 10명 미만의 연구진이 길어도 6개월에서 1년에 한 번꼴로 신제품을 내놔야 한다. 그래서 그 신제품은 혁신보다 일부 기능 개선에 그치는 경우가 많다. 반면 다이슨은 헤어드라이어에만 수백 명의 연구진이 투입돼 2-3년씩 개발한다. 웬만한 신차개발 기간보다도 길다. 여기에는 제임스 다이슨의 오랜 실패 경험이 깔려있다. 결국 제대로 작동시키고 싶은 욕망 때문이다.

연구개발비는 순이익의 30%

다이슨은 순이익의 30%를 연구개발에 투자한다. 기술을 중시하고 실패의 가치를 중시하기 때문이다. 보통 연구개발비가 15%만 되어도 많이 투자한다고 평한다. 실패를 장려하는 것은 후덕해 보이고, 여유 있고 좋아보이지만, 실패는 비용을 동반한다. 그래서 많은 리더가 실패보다는 제 시간에 끝내기를 원한다. 제임스 다이슨은 강조한다. 스케줄대로 되지 않으면 누구나 조바심이 나고, 당사자 스스로는 더 짜증이 난다. 직원이 새로운 실험을 하고, 그 과정에서 실수하는 건 언제나 환영이다. 거기서 배울 수 있기 때문이다. 중요한 건 새롭고 더 나은 방법을 찾는 것이라고 강조한다.

다이슨의 인사이트

먼지봉투 없는 진공청소기가 나오기까지 12년 동안 끊임없는 연구개발 과정이 있었다. 제임스 다이슨은 자기 인생의 99%는 실패로 채워져 있으며, 그 외의 길은 모른다며 무언가 하려는 사람들에게 실패를 하라고 강조한다.

연속적인 실패 속에서도 끈질기게 버티는 것은 대단한 일이다. 그러나 비즈니스에서는 반복적인 실패보다는, 빠른 판단을 통한 포기도 중요하다. 그렇기에 제임스 다이슨은 사업가보다 발명가에 가깝다. 본인

스스로 자신의 제품을 '발명품'이라고 칭하는 이유 또한 이와 다르지 않을 것이다.

진공청소기, 선풍기 등 가전시장의 원천기술은 이미 100년 전에 만들어졌고, 제품의 경쟁력은 원가절감밖에 없었다. 레드오션이었다. 하지만 제임스 다이슨에 의해 가전시장은 블루오션이 되었다.

'아이디어를 현실화하는 가장 좋은 방법은 무엇인가?'라는 질문에 그는 '혁신은 유레카의 순간이 아닌 반복적인 시행착오를 축적한 결과'라며 이렇게 답한다.

삶을 당혹스럽게 하는 어떤 문제에 대해 행동에 나선 뒤에 견뎌라! 사람들을 당혹스럽게 하는 문제를 해결하려고 나서고, 불가피한 실패와 후퇴에도 불구하고 그 문제에 대한 집중력을 유지해야 한다. 많은 사람은 혁신이라는 것을 '유레카의 순간'이라 생각한다. 하지만 해답을 찾을 수 있을 때까지 끝없는 실험과 셀 수 없는 실패를 견뎌내야 하는 것이다.

창업가는 기업을 생존가능한 상태로 유지해야 한다. 창업가는 발명가가 되어서는 안 된다는 이야기도 있다. 어느 순간 포기할 줄도 알아야 한다는 의미다. 충분히 동의한다. 하지만 창업가에게 우선적으로 필요한 것은 어느 순간 포기할 줄 아는 지혜가 아니라, 더욱 집요하게 밀어붙이는 끈기다.

나이키

Nike

"

슈독(Shoe Dog)들과 함께했다.

"

나이키는 운동화를 수입·판매하는 작은 회사였다. 지금은 세계 제일의 스포츠 용품 회사다. 어떻게 이런 자리에 오를 수 있었을까?

회사명	나이키(Nike)
창업자	필 나이트(Phil Knight)
창업연도	1963년(미국)
사업분야	스포츠 용품 제조 및 판매

창업자 필 나이트는 오리건대학의 꽤 훌륭한 중거리 육상선수였지만 늘 경쟁선수의 등을 보고 달렸다. 운동을 포기하고 스탠퍼드 경영대학원에 입학해 기업가 정신에 관한 강좌를 수강하면서 과제로 작성했던 신발산업 보고서가 나이키Nike의 시작이었다.

1962년 필 나이트는 25살에 혼자 일본에 가서 오니츠카(현 아식스) 타이거 운동화의 미국 서부 13개 주 판매권을 따냈다. 수입한 운동화는 300켤레가 전부였는데, 그마저도 스포츠 용품점에서 판매를 거절당했다. 그러자 직접 자신의 자동차 트렁크에 신발을 싣고 육상대회를 찾아다니며 신발을 팔았다.

1963년 집 지하실에서 운동화 판매업을 시작했다. 회사 이름은 블루리본Blue Ribbon, 나이키의 전신이다. 필 나이트는 신발회사를 차리고도 5년 이상 회계사로 일했고, 포틀랜드 주립대학에서 회계학을 가르쳤다. 강의하면서 번 돈은 모두 회사에 투입됐다. 그럼에도 창업 6년만에 처음 자신의 월급을 가져갔을 정도로 상황은 힘들었다.

자신의 육상 스승이었던 빌 바우어만Bill Bowerman 코치와 육상선수 출신이며 나이키라는 브랜드명을 지은 제프 존슨Jeff Johnson과 부상으로 하반신이 마비된 육상선수 밥 우델Bob Woodell이 합류하면서 분위기가 서서히 달라졌다. 1971년 자체 브랜드인 나이키를 론칭한 이후 스포츠 스타를 활용한 공격적인 마케팅과 와플형 밑창, 에어쿠션 등 혁신적 제품으로 시장의 패러다임을 바꾸어 놓으며 업계 1위로 올라섰다. 현재 나이키의 브랜드 가치는 패션, 스포츠 용품 분야에서 단연 1위다.

"슈독(Shoe Dog)들과 함께했다."

필 나이트는 달리기를 사랑했다. 자연스럽게 운동화에 관심이 많았다. 슈독Shoe Dog이었다. 슈독은 오랜 세월을 오로지 신발을 사랑하고 신발 연구에 미친 사람들을 말한다. "Just Do It. There is no finish line."(망설이지 말고 일단 해라. 결승선은 없다.) 나이키 하면 떠오르는 문구다. 필 나이트가 살아온 방식이기도 하고, 나이키가 성공했던 방식이기도 하다. 그들이 망설이지 않고 일을 저지를 수 있었던 까닭은 창업 초반 나이키에 합류했던 이들이 모두 슈독이었기 때문이다.

기업의 혁신 스토리

슈독이 함께해 가능했던 팀

필 나이트는 1964년 일본에서 처음으로 신발 샘플이 도착했을 때 전속력으로 집으로 뛰어가 신발 상자를 열었다. 12켤레가 있었다. 아이보리 화이트에 푸른 줄무늬가 새겨진 운동화였다. 그는 자서전에서 이렇게 말한다.

너무나도 아름다웠다. 아니, 아름다움 그 이상이었다. 피렌체나 파리에서도 이보다 더 아름다운 신발은 보지 못했다. 이 신발을 대리석 받침대에 올려놓거나 금테를 두른 유리 상자 속에 넣어두고 싶었다. 마치 작가가 새 노트를 다루거나 야구선수가 새 배트 세트를 다루듯이 신발을 전등에다 비춰보기도 하고, 신성한 물건처럼 껴안아보기도 했다.

필 나이트가 언제나 공동창업자라고 말하는 빌 바우어만 코치

필 나이트는 두 켤레를 또 한 명의 슈독에게 보냈다. 오리건대학 시절 자신의 육상코치인 빌 바우어만이었다. 빌 바우어만 코치는 자신이 지도하는 선수들을 이끌고 1964년 도쿄올림픽에 참가한 천재적인 육상코치이자 동기부여의 대가였다. 육상기록 향상에 결정적인 역할을 하는 것 중 하나가 신발이라 믿었던 사람이다. 그는 라커룸에서 선수들이 신는 운동화를 몰래 가져가기로 유명했다. 신발을 뜯어서 개조하고 다시 꿰매서 제자리에 가져다 놓는 경우가 많았다. 선수들은 이 신발로 더 빨리 질주할 때도 있었지만 발에 피가 날 때도 있었다. 바우어만 코치는 신발의 경량화에 평생을 걸었다. 신발을 가볍게 하는 것이라면 동물, 식물, 광물을 포함해 어떤 재료도 문제 삼지 않았다. 때로는 캥거루 가죽, 대구 껍질도 사용했다. 오리건대학교 육상팀에는 그의 실험대상이 4-5명 있었다.

바우어만 코치는 필 나이트를 좋아했다. 필의 발 모양과 보폭에 관심이 많았다. 필 나이트는 당시를 이렇게 회상한다. "무엇보다 나는 기록이 나쁘더라도 팀에 미치는 영향이 크지 않았다. 나는 그다지 뛰어난 선수가 아니어서 바우어만 코치로선 내 기록이 저조하더라도 하등의 지장이 없었다. 그는 나보다 재능이 뛰어난 선수에게는 위험한 도박을 하지 않았다."

빌 바우어만 코치는 발의 아치를 받치는 방법, 경주로에 밑창을 밀착시키는 방법, 발가락을 적절히 끼우는 방법, 발등을 굽히는 방법을 메모했다. 자신이 발견한 내용을 메모 노트와 함께 일본의 오니츠카에 자주 보냈다.

빌 바우어만은 운동화의 밑창 문제를 해결하고 싶었다. 아내와 함께 아침식사를 하던 중 와플 틀을 유심히 보다 거기에 우레탄을 넣고 가

열했다. 와플 틀은 금방 못 쓰게 되었다. 다른 와플 틀을 가지고 와 석고와 함께 우레탄, 액화고무를 넣었다. 계속 실패했다. 하지만 결국 격자무늬 와플형 밑창이 완성되었고, 이 운동화의 인기는 하늘을 찌를 듯 높아졌다.

꿈에서도 신발을 생각하는 슈독, 제프 존슨

1971년 브랜드 이름을 결정해야 할 때 제프 존슨은 자기 꿈에 브랜드명이 나왔다고 했다. 그게 지금 세계인이 부르고 있는 나이키다. 그의 꿈에 '나이키'가 나오지 않았다면, '디멘션식스'Dimension 6 가 브랜드명이 되었을 수도 있다.

제프 존슨은 1965년에 합류한 블루리본 공식 첫 정규 직원이었다. 장래가 촉망되는 1,500m 육상선수였고, 필 나이트와 스탠퍼드 시절 알고 지내던 친구였다. 그는 달리기와 운동화에 대해서 경건하기까지 했다. 육상선수가 되는 것은 신의 선택을 받은 것이며, 달리기는 올바른 정신을 바탕으로 제대로 된 자세로 하는 신비로운 운동이라 생각했다. 그는 육상을 명상 혹은 기도에 비유하며, 달리기 선수가 열반에 이르도록 돕는 것이 자신의 소명이라 생각할 정도였다. 진정한 슈독이었고, 순수한 이상주의자였다. 필 나이트가 육상계의 신으로 여기는 빌 바우어만 코치조차 달리기라는 스포츠에 대해서는 제프 존슨만큼 경건하지 않았다.

제프 존슨은 입사 이후 필과 떨어져 있었기에 편지로 소통을 했는데 그 양이 엄청났다. 매번 50가지 이상의 질문과 함께 자신이 그 주에 신발을 몇 켤레 팔았는지, 그 날은 또 얼마나 팔렸는지, 고등학교 육상대회에서 자신이 파는 신발을 누가 신었는지, 그들이 몇 등을 했는지 등 사소한 일 하나하나 편지에 적었고, 마지막에는 꼭 자기를 격려해달라고 요청했다. 하지만 필 나이트는 일일이 답장하지 않았다. 너무 많은 내용에 대해 답변해달라고 했기 때문이었다. 제프 존슨은 낙담하지 않았다. 오히려 대화가 부족했기에 더욱 동기부여를 받았다.

제프 존슨은 지나칠 정도로 꼼꼼했고, 필 나이트는 존슨이 하고 싶은 대로 하도록 내버려두었다. 존슨은 무한한 창의성과 에너지로 보답했다. 일주일에 하루도 쉬지 않고 일하며 블루리본의 운동화를 광고하고 판매했다. 제품이 잘 팔리지 않는 날에는 꼼꼼히 고객 데이터 파일을 작성했고, 고객의 신상정보, 신발 사이즈, 선호하는 신발에 관한 내용을 담은 고객카드를 만들어 고객과 수시로 연락을 주고받았다. 크리스마스 카드, 생일카드도 보냈다. 덕분에 고객들은 자신이 특별한 대우를 받고 있다고 생각했다. 필은 자서전에서 이렇게 언급했다. "도대체 이 사람은 이럴 시간이 어디서 나지?"

휠체어를 타고 나이키를 일으켜 세운 밥 우델

밥 우델은 촉망받는 육상선수였다. 하지만 사고로 하반신이 마비되었고, 휠체어를 타게 되었다. 창업 초반 회사에 자금이 없어 고생할 때 우델의 어머니는 아들이 일하는 회사를 믿지 못하면 어디를 믿을 수 있겠냐며 돈을 빌려주었다. 아들이 너무나 신발을 사랑했기에 가능한 일이었다. 1970년 이렇게 빌려준 돈 8,000달러(당시 가치로 약 250만 원)는 1980년 주식을 공모하면서 160만 달러(당시 가치로 약 10억 5천만 원)가 되었다. 우델의 어머니는 "이게 도대체 무슨 일인지 모르겠다"며 놀라워했다.

나이키의 로고는 '스우시'Swoosh다. 계획에 따라 휙 하는 소리를 내며 움직인다는 의미다. 오늘날 세계에서 가장 비싼 상표 중 하나다. 1971년 필 나이트가 회계원리를 강의했던 포틀랜드 주립대에서 만난

미대생 캐럴린 데이비드슨Carolyn Davidson에게 단돈 35달러(당시 가치로 약 13,000원)로 부탁한 것이다. 향후 필 나이트는 그녀에게 다이아몬드 반지와 주식 60만 달러(약 4억 원)어치를 선물했다.

신발 만드는 공장을 섭외할 때도 슈독을 찾다

필 나이트가 신발공급 업체를 발굴하기 위해 뉴햄프셔주 엑서터에서 신발공장 책임자를 만났을 때의 일이다. 부친이 이탈리아 구두 수선공이었던, 이탈리아에서 이민 온 2세대였다. 나이는 쉰, 흰머리는 없었고 성격은 차분했다. 다만 손에 굳은살이 잔뜩 있었다. "지금까지 구두 만지는 일 외에는 다른 일은 해본 적도 없고 하고 싶지도 않습니다."

책임자의 이 말을 들은 필 나이트는 그가 진정한 슈독이라는 것을 알았고, 바로 계약을 체결했다.

나이키의 타이완 거점을 찾다

필 나이트가 타이완을 방문 중일 때 제리 셰이라는 젊은이를 만났다. 다른 슈독들과 다르게 20대 젊은이였다. 그를 찾기 위해 간 곳은 위태로워 보일 정도로 오래되고 낡은 건물이었다. 방 곳곳에는 밑창, 신발 끈, 신발 혀가 여기저기 흩어져 있었다. 젊은이는 차를 준비하며 열정적으로 말했다. 지구상의 국가마다 신발에 관한 관습과 미신이 있다는 것을 아느냐며 선반에 놓여있는 신발을 손에 들고 필의 눈앞에 들이밀었다. 중국에서는 남녀가 결혼할 때 첫날밤을 잘 보내라는 의미에서 빨간색 신발을 지붕 위로 던진다는 이야기를 들려주었다.

또 손에 쥔 신발을 창문 틈으로 스며드는 햇빛에 비추며 한 바퀴 돌려보기도 하며, 이것이 어느 공장에서 만든 제품인지, 자기가 왜 잘 만들어진 제품이라고 생각하는지, 어떻게 하면 이보다 더 잘 만들 수 있을지를 설명했다. 다른 신발들도 내밀었다. 어디 상품인데 왜 잘못 만들어졌는지, 왜 질이 떨어지는지 설명하며 경멸의 눈빛을 드러내기도 했다.

마지막에는 공장의 중요성을 강조했다. "신발의 품질은 거의 틀림없이 공장에 달려있습니다. 디자인, 색상을 포함해서 그밖의 것들은 모두 잊어버려도 됩니다. 공장이 가장 중요합니다." 필 나이트는 그가 슈독이라 직감했고, 그 자리에서 타이완 자회사 설립을 위한 협약서를 작성했다.

버트페이스, 격렬했지만 신뢰했다

버트페이스Buttface는 '엉덩이'와 '얼굴'을 묶은 단어다. 일반적으로 누군가가 성가시거나 비열한 행동을 할 때 사용된다. 모욕적이라는 의미다.

버트페이스는 나이키의 독특한 회의 문화다. 누구든 어떤 아이디어든 제안할 수 있었고 치열하고 허물없이 토론한다. 회의 후에는 올빼미 둥지라고 부르는 술집에 가서 취할 때까지 술을 마셨다. 이 모임에서 나이키의 정신, 미션, 기질이 만들어졌다.

정말이지 모욕과 학대가 난무했다. 서로에게 끔찍한 별명을 지어주었다. 그리고 말로 아주 작살을 냈다. 사업 아이디어 혹은 회사가 직면한 위협에 대해 토론할 때, 상대방의 감정 따위는 전혀 생각하지 않았다. 특히 나한테는 더욱 그랬다.

참석자들은 필 나이트를 회계장부를 속인다는 뜻의 '버키 더 북키퍼'Bucky the Bookkeeper라고 부르며 놀렸다. 하지만 필은 그만두라고 하지 않았다. 그러면 안 된다는 것 정도는 알고 있었고, 또 약한 모습을 보이거나 감정적으로 나오면 완전히 지는 것이라 생각했다. 비록 그들은 야단법석을 떨고 온갖 기행을 다 저지르고 신체적으로 장애가 있는 사람도 있었지만, 그들 스스로는 막강한 팀이라고 생각했다.

이런 터프한 문화가 가능했던 근본적 이유는 모두 신발에 미친 슈독으로서 서로 신뢰했기 때문이다. 그 누구보다도 더 열심히 할 것을 서로가 알았고, 함께 가야 할 동지라는 것을 명확히 인지했다.

그들은 필 나이트가 만든 이런 문화를 좋아했다. 필도 그들을 전적으로 신뢰했기 때문에 어깨 너머로 감시하지 않았다. 그래서 각 단계마다 지시를 하지 않았다. 필은 그들을 붙잡지 않고 풀어주었다. 실수를 해도 내버려두었다. 그 이유를 필은 이렇게 말한다.

다른 사람들이 나를 이런 식으로 대해주기를 바랐기 때문이다.

나이키의 인사이트

필 나이트는 아디다스와 퓨마가 주름잡고 있던 운동화 업계에 블루리본이라는 작은 회사로 뛰어들었다. 달리기를 사랑했고 신발을 사랑했기 때문이다. 창업 후 급여도 가져가지 못할 만큼 어려웠고, 매번 현금 부족으로 은행 대출을 받으러 다니다 신경성 안면장애까지 겪었다. 또 미국 내 경쟁자, 일본기업 오니츠카의 배신, 법적 분쟁, 직원의 배신, 새 공장 찾기, 미국 관세청과의 소송 등 수많은 시련을 겪었다.

창업에는 너무나 많은 변수가 있다. 그것을 해결하는 과정에서 스트레스는 필수다. 이를 견딜 수 있는 최고의 동력은 창업 아이템을 사랑하는 것이다. 필 나이트는 운동화에 대해서는 진심이었다. 또 자신보다 더 신발을 사랑하는 창업멤버를 구했다. 필 나이트와 창업멤버들은 신발에 미친 사람들이었기에 엄청난 고난을 견딜 수 있지 않았을까?

신발 파는 일을 왜 좋아하느냐는 질문에 필은 이렇게 답한다.

그 일은 단순히 제품을 파는 것이 아니기 때문이다. 우리는 달리기에 대한 믿음이 있다. 우리는 사람들이 매일 밖에 나가 몇 마일씩 달리면, 더 좋은 세상이 될 것이라고 믿는다. 그리고 우리가 파는 신발이 달리기에 더없이 좋은 신발이라고 믿는다. 우리는 각자가 슈독이기에 우리를 믿었다. 사람들은 우리 말을 듣고 우리의 믿음에 공감했다.

소프트뱅크

SoftBank

"

무엇이든 골이 빠개지게 생각한다.

"

일본 최대 IT그룹이자 세계적인 투자회사. 재일한국인 3세 손정의가 세운 회사다.

회사명	소프트뱅크 그룹(SoftBank Group)
창업자	손정의(Masayoshi Son)
창업연도	1981년(일본)
사업분야	IT기업 및 투자회사

1981년 9월, 후쿠오카의 사무실에서 자본금 1,000만 엔(당시 환율로 약 3천 2백만 원)의 소프트뱅크 창업식이 열렸다. 직원은 아르바이트생 두 명이었다. 허름한 사무실에서 24세의 손정의는 귤 상자 위에 올라 이렇게 연설한다. "이 회사를 5년 안에 100억 엔, 10년 안에 500억 엔, 향후엔 조 단위로 매출을 올리는 회사로 만들겠다." 이 이야기를 듣자 직원 둘은 손정의를 정신 나간 사람으로 판단했는지 다음 날부터 출근하지 않았다.

그로부터 40여 년이 지난 현재 소프트뱅크 그룹은 이동통신, 프로야구 구단, 단말기 유통, 소프트웨어 유통, 출판, 온라인게임 서비스, 투자회사 등을 갖춘 사원 8만 명, 시가총액 101조 엔이 넘는 광대한 IT그룹이 되었다(2020년 4월 기준). 너무나 무모해 보였던 그의 비전이 현실이 된 것이다.

손정의는 매번 '미쳤다'는 손가락질을 받으면서도 불가능해 보이는 도전에 뛰어들었다. '일본에서 온 거품남'이란 비아냥을 무릅쓰고 야후Yahoo 대주주가 됐고, '망해도 좋다'는 각오로 일본 최초의 초고속인터넷 사업을 시작했으며, 일본 최대 규모의 인수합병을 통해 소프트뱅크 모바일을 설립해 5년 만에 가입자 수를 두 배로 늘리는 기적도 일으켰다.

일본 사회에서 재일조선인이라는 불리한 신분, 지독히도 가난했던 가정환경 그리고 사업을 시작한 지 얼마 되지 않은 26세에 중증 간염으로 시한부 선고를 받는 등 많은 악조건을 타파했다. 그의 인생은 물론이고 CEO로서의 성장과정은 도전에 맞서는 전쟁 같은 삶이었다.

"무엇이든 골이 빠개지게 생각한다."

소프트뱅크 그룹의 핵심가치 중 하나인 '집념, 변명하지 않고, 머리를 쥐어 짜내서 생각하고 행동하기'는 손회장의 평소 지론인 "무엇이든 골이 빠개지게 생각한다"를 부드럽게 변형시킨 것이다. 소프트뱅크 힘의 원동력은 '손정의'라는 말이 있을 정도로 그의 치열했던 삶이 지금의 소프트뱅크를 만들었다.

기업의 혁신 스토리

음식을 두 눈으로 보는 것은 사치다

그는 미국 유학시절 책을 보며 밥을 먹었다. 밥 먹을 시간도 아껴가면서 책을 보느라 흐릿하게 시야에 들어오는 대로 대충 집어 먹다가 매운 겨자소스를 통째로 집어삼키는 낭패를 겪기도 했다. 그는 양손에 포크와 나이프를 들고 두 눈으로 음식을 내려다보며 여유 있게 식사하는 것은 사치라고 생각했다. 또 자신이 폐렴에 걸린 줄도 몰라, 기침이 계속 터져 나오고 목에선 쌕쌕 소리가 났지만 참고 공부했다. 머리가 깨질 듯 아팠지만 계속 책만 봤다. 그에게 쉬는 시간은 오직 잠 잘 때뿐이었지만, 그마저도 최소화했다.

그는 당시를 이렇게 회상한다.

변명하고 싶지 않았다. 영어가 잘 안 된다, 돈이 없다, 그런 자기 위안 따위 허락할 수 없었다. 피 토하는 아버지, 오열하는 어머니를 뿌리

치고 온 유학이었다. 내가 하고 싶은 일을 하면서 왜 우는 소리를 낸단 말인가. 물론 일본에 있을 땐 나도 불평 많은 학생이었다. 하지만 미국에선 그럴 수 없었다. 학생의 본업은 공부다. 본업에 목숨을 걸자. 죽어라 공부하지 않으면 벌 받을 거야! 그런 각오로 나 자신을 몰아쳤다.

하루 중 5분은 발명시간이다

유학 당시 손정의는 집에서 학비를 매달 20만 엔가량 받았다. 이는 아버지가 쓰러진 상황에서 엄청난 부담이었고, 학비와 생활비를 벌어야 했다. 그래서 하루 중 5분을 발명에 할애하기로 했다. 5분은 어찌 보면 보잘것없는 시간이지만, 걷거나 밥 먹을 때조차 책을 볼 만큼 목숨 걸고 공부하던 그에게는 금쪽같은 시간이었다.

그는 정말 매일 하나씩 뭔가를 생각해내기 시작했는데 효율성을 높이기 위해 세 가지 접근법을 택했다. 첫째는 주변의 문제를 해결할 수 있는 답을 찾는다. 둘째는 큰 것을 작은 것으로, 둥근 것을 네모난 것으로 바꿔보는 식의 변환을 시도한다. 셋째는 기존의 것을 새롭게 조합해본다. 구체적으로 먼저 3개의 키워드를 생각하고 나열한 뒤 3개의 키워드를 종합한 리스트를 만들었다. 그 조합으로부터 발명 아이디어를 짜냈다. 도출된 아이디어를 참신성, 비용, 편리성의 관점으로 평가했다. 그런 뒤 점수가 높은 순으로 발명 리스트를 만들었다. 그렇게 150일이 지나 발명 아이템은 250개가 되었다. 대부분 시시한 아이디어였다. 그나마 괜찮은 것이 '다중어 번역기'였다. 이 번역기를 만들기 위해 처음 생각했던 3개의 키워드는 스피치 시스템, 사전, 액정화면이었다. 이 아이디어가 이후 1억 엔짜리가 되어 사업의 종잣돈이 된다.

손정의는 경제학도였기에 엔지니어링 지식도 없었고 시간도 없었다. 그는 아이디어를 면밀히 다듬은 뒤 다짜고짜 자신이 다니는 UC버클리대학의 공과대학 교수를 찾아간다. 교수는 음성발신기술의 권위자였다. "교수님, 절 좀 도와주십시오. 근사한 아이디어가 있는데 돈도 시간도 기술도 부족합니다. 저를 위해 팀을 꾸려 이 제품을 만들어주세요. 그럼 교수님을 고용하겠습니다."

그 교수는 '뭐 이런 미친놈이 다 있나!' 하는 얼굴로 손정의를 봤다고 한다. 하지만 손정의는 아랑곳하지 않고 말을 이었다.

"저는 협상 같은 건 싫어합니다. 일당은 교수님께서 정하세요. 특허가 팔리면 바로 정산해 드리겠습니다. 물론 제품개발에 실패하면 교수님 몫도 없습니다. 이런 조건, 어떠십니까?" 교수는 웃음을 터뜨리며 황당한 얘기지만 어디 한번 해보자며 수락한다. 곧 아이디어를 현실화하기 위한 팀이 꾸려졌고, 손정의도 가능한 모든 시간을 짜내 개발에 매달렸다.

손정의가 유독 관심을 쏟은 건 '사용자 시각'이었다. 영어실력이 부족했기에 자신의 영어공부 경험을 토대로 번역기를 만들었다. 사전만 찾아선 정확한 영어 발음을 알 수 없었기에 그런 아쉬움을 발명과 연결시킨 것이 바로 번역기 아이디어였다. 그는 '기술적으로 얼마나 뛰어나냐?'가 아닌 '사용하기에 얼마나 편리하냐?'에 중점을 두었다. 자신이 제작자면서 동시에 사용자였기에 두 관점으로 바라보기 위해 머리를 쥐어짰다. 그리고 1977년 특허를 따냈다. 이후 작은 벤처기업을 설립한 후 1978년 여름, 방학을 이용해 일본으로 가서 특허를 팔았다.

만성간염으로 5년 시한부 삶을 선고받다

1981년 손정의가 창업한 소프트뱅크는 비약적으로 성장한다. 1년 만에 직원 30명, 매출 20억 엔을 달성하고 2년차에는 직원만 125명,

매출은 45억 엔을 달성했다. 그러던 중 1983년 봄, 손정의는 몸에 이상을 느껴 병원을 찾았다. 검진결과 만성간염 진단을 받았는데, 당시 의사는 생존기간이 5년이라며 시한부 판정을 내렸다. 그는 병을 이기 겠다는 의지를 불태우며 투병생활을 시작했다. 3년간 입원과 퇴원을 반복하며 정신없이 살아갔다.

그는 절망하는 대신 4,000권의 책을 읽는다. 그리고 유명한 말을 남긴다. "수렁에 빠진 느낌이 들 때마다 나는 책을 읽었다." 그리고 그는 극적으로 건강을 되찾아 1986년 5월 회사로 복귀한다. 이처럼 그는 시한부 선고를 받았음에도 골이 빠개지게 공부했던 것이다. 병원 침대에서 했던 독서가 사업의 거대한 밑천이 되었다고 한다.

3시에 보자고 하면 그건 새벽일 수도 오후일 수도 있다

그는 2001년 초고속인터넷 서비스를 시작하고, 2004년 6월에는 일본 국토의 80%를 커버하는 유선전화 네트워크사 일본텔레콤을 인수했다. 2006년에는 보다폰재팬Vodafone Japan 인수로 이동통신사업까지 진출했다. 하지만 실적이 부진했다. 비서에게 앞으로 1년간은 누구와도 골프 일정을 잡지 말라고 부탁했다. 다음 날부터 그는 정말 손바닥만 한 4층 소회의실에서 집무를 보기 시작했고, 하루 15-19시간씩 일했다.

손정의가 누군가에게 "3시에 보자"라고 하면 그건 꼭 오후 3시가 아닐 수도 있었다. 새벽 3시에도 회의를 소집했고, 필요하면 언제든 밤을 새웠다. 사무실에는 온통 직원들의 땀 냄새, 며칠 동안 목욕을 못한 시큼한 냄새가 가득했다. 요즘 사람들의 생각으로는 비상식적으로 보일 수 있겠지만, 손정의의 전쟁 같은 삶에 비추어보면 그리 이상하지 않다.

5분 만에 투자결정을 한다

손정의는 2000년 중국 인터넷 상거래 업체인 알리바바Alibaba의 사업모델 설명을 5분 동안 듣고, 바로 그 자리에서 20억 엔(약 250억 원)의 투자를 결정했다. 당시 알리바바는 잘 알려진 기업이 아니었다. 기대하지 않았던 이 투자는 이후 2014년 알리바바가 미국증시에 상장되면서 약 8조 엔(약 88조 원)의 수익으로 돌아왔다. 약 4,000배의 수익을 낸 것이다. 또 엄청난 매출성장률을 보이고 있었지만, 한편으로는 엄청난 영업적자로 어려웠던 쿠팡Coupang에 2015년 10억 달러(약 1조 원), 3년 뒤 2018년 20억 달러 총 30억 달러(약 3조 3천억 원)를 투자했다. 다른 글로벌 기업이 정보기술IT의 성장성에 의문을 던지고 있을 때 그는 과감했다. 2021년 쿠팡이 미국증시에 상장되면서 투자금 30억 달러의 약 6배인 190억 달러(약 21조 원)의 수익을 올렸다.

그가 투자를 결정하는 기준으로 가장 먼저 보는 것은 '기업이 인류의 미래를 위하여 무엇인가 기여하고 있는가'이다. 즉, 시대를 바꾸는 기술변화를 주도하는 기업과 손을 잡는다는 것이 그의 첫 번째 투자원칙이다. 기술변화의 길목을 선점하겠다는 것이다. 그는 틈날 때마다 "나의 목표는 소프트뱅크를 300년간 지탱할 수 있는, 기술변화를 주도할 기업에 크게 지분 투자해 그들과 연대하는 것이다"라고 말한다.

또 단기적인 수익성보다 남이 가지 않는 길에서 직관적으로 기회를 찾는 것을 선호했다. 그리고 투자효과가 아주 먼 훗날에 나올지라도 과감하게 투자해 새로운 산업과 시장의 선구자 역할을 원했다. 그리고 손정의는 젊은 시절 다중어 번역기 개발을 의뢰했던 공대교수에게 했던 것처럼 상대를 찾아가 매우 진지하면서도 간결하게 설득하는데, 본인이 직접 브리핑하고 모든 질문에 성심껏 답했다.

자신이 잘 모르는 분야라고 하더라도 향후 사람들의 생활에 큰 영향을 미칠 기술력을 갖춘 기업이라고 판단될 때, 그리고 그 사업에 대해 철저하게 분석한 후 승산이 보일 때, 그는 전광석화처럼 빠르게 투자 결정을 내렸다.

손정의는 너무 과도한 목표와 과감한 투자결정으로 허풍쟁이라는 별명도 있었다. 이는 그를 잘 모르는 사람들이 하는 이야기다. 그는 19살 때 이미 인생 50년 계획을 세웠을 정도로 치밀한 전략가였다. 그 계획을 잠깐 살펴보자.

- 20대에는 내 사업을 시작해 그 분야에서 이름을 알린다.
  - **▶ 소프트뱅크 창업**
- 30대에는 1천억 엔, 2천억 엔 단위의 자금을 모은다.
  - **▶ 증시 상장 후, 야후에 투자해 야후재팬을 설립**
- 40대에는 1조 엔, 2조 엔 규모의 큰 승부를 건다.
  - **▶ 초고속인터넷 사업과 보다폰 등을 인수**
- 50대에는 비즈니스 모델을 확립하고 완성한다.
  - **▶ 아시아의 대표 정보통신기술그룹으로 발돋움**
- 60대에는 후대 경영진이 철학과 사업을 잇게 하기 위해 경영권을 넘긴다.
  - **▶ 후진 양성기관인 '소프트뱅크 아카데미' 설립**

그는 단기적으로 굴곡도 있었지만, 장기적으로는 전혀 흔들림이 없었다. 위에서 보는 것처럼 놀랍게도 마음먹은 것은 반드시 이루어냈다. 그가 5분 만에 투자결정할 수 있는 것도 이미 주도면밀하게 계산을 끝냈기에 가능했던 것이다.

손정의는 창업 전부터 경영진단 시스템을 만들었다. '100번의 노크'(100 Knocks)라는 것이다. 이것은 특정 사업에 대한 100가지 지표를 만들고 그래프화해 일목요연하게 체크할 수 있도록 한 것이다. 검토항목을 1만 개까지 늘릴 수도 있다. 이처럼 그는 무엇이든 골이 빠개지게 생각한다는 신념을 평생 지켰다.

소프트뱅크의 인사이트

소프트뱅크에는 손정의와 관련해서 전해지는 이야기가 있다. 첫째는 소프트뱅크 임직원의 원동력은 손정의라는 것이고, 둘째는 손정의에게 너무 가까이 다가가지 말라는 것이다. 첫 번째는 임직원들이 손정의의 엄청난 열정 즉, 그의 말과 행동을 존중하고 따르고 싶어한다는 의미다. 두 번째는 손정의가 태양 같아서 가까이 다가서면 불에 타 사라질 수 있고, 또 반대로 너무 멀리 떨어지면 얼어죽을 수도 있기에, 따듯함을 느낄 수 있는 적정거리에서 대해야 한다는 뜻이다. 이렇듯 손정의는 존경의 대상이자 두려움의 대상이었다. 의도한 것은 무엇이든 골이 빠개지게 생각하는 그의 뜨거움 때문이었다.

그의 이런 태도는 자연스럽게 조직문화에 스며들어 소프트뱅크의 비전과 핵심가치가 되었다. 한국인 할머니가 어린 자신을 리어카에 실고 산책하면서 자주 했던 "우리 모두는 다른 사람들의 도움을 받고 살고 있다는 것을 절대 잊으면 안 된다"는 말을 실천하기 위해, 자신도 누군가에게 도움을 줄 수 있는 존재가 되고자 소프트뱅크의 비전을 '정보혁명으로 사람들을 행복하게'로 삼았다. 핵심가치는 악착스럽게 살았던 자신의 삶을 반영한 '노력이란 즐겁다!'이다. 그 구체적인 핵심가치는 ① No1, 압도적 No1이 되자. ② 도전, 실패를 두려워하지 않고 높은 목표에 도전하자. ③ 역산, 오를 산(목표)을 정하고 어떻게 행동할지 역산하자. ④ 스피드, 빠른 행동으로 빠른 성과를 내자(1주일 후 100%보다 3일 후 70%). ⑤ 집념, 변명하지 않고, 머리를 쥐어 짜내서 생각하고 행동하자(골이 빠개지게 생각하자).

얼마나 오래 사느냐가 아니라, 얼마나 스스로를 불태웠는가가 중요하다며 손정의는 이렇게 말한다. "세상이 문제네, 정치가 잘못이네, 경기가 나쁘네." 이런 푸념 따위는 소용없고 그런 것으로 세상은 바뀌지 않는다고. 그런 불평은 본인의 그릇을 작게 만들 뿐이라며 그는 다음의 말을 우리에게 던진다. "불평할 시간이 있으면 목숨 던질 각오로 덤벼라. 그래야 파문이 일어난다."

스스로 나태해질 때, 밥 먹을 시간도 아껴가며 투쟁했던 손정의를 떠올려야 한다.

카일리 코스메틱

Kylie
Cosmetics

"

당신이 사랑하고
열정이 가는 곳에 투자하라.
그리고 진솔하게 공유하라.

"

창업자 카일리 제너의 이름을 딴 화장품 회사. 카일리 제너는 30초 완판녀로 통한다. 요즘 말로 '성덕(성공한 덕후)'이다. 그녀는 화장하는 것을 좋아했다. 그리고 자신이 좋아하는 것을 사업 아이템으로 만들어 전통적인 화장품 브랜드들을 제치고 단기간에 큰 성공을 거뒀다.

회사명	카일리 코스메틱(Kylie Cosmetics)
창업자	카일리 제너(Kylie Jenner)
창업연도	2016년(미국)
사업분야	화장품 제조 및 판매

카일리 제너는 만 18세였던 2016년 2월 립스틱 단일제품으로 화장품 사업을 시작해 2년 만에 매출 6억 3,000만 달러(약 7,085억 원)를 올렸다. 2019년 9월까지 대략 10억 달러(약 1조 1천억 원)의 매출을 기록했다. 전통적인 화장품 기업인 에스티로더Estée Lauder가 10년 동안 번 금액보다 더 많은 액수다.

카일리는 20세 생일날 '버스데이 컬렉션'The Birthday Collection을 발표했다. 아이섀도, 립스틱, 립글로스 등을 세트로 만들어 325달러(약 37만 원)에 판매했는데, 순식간에 매진됐다. 하루에만 1천만 달러(약 110억 원)의 매출을 기록했다. 추수감사절에는 일일 매출로 1천 9백만 달러(약 219억 원)를 달성했다.

카일리는 카일리 코스메틱 지분의 100%를 가지고 있다. 평가액은 10억 2,000달러(약 1조 1,490억 원)며 2019년 22세 나이에 세계 최연소 1조 원대 부자에 등극했다. 당시 회사의 정규직 직원은 고작 7명이었다. 페이스북 CEO 마크 저커버그가 23세에 1조 원대 부자가 되었는데, 카일리 제너가 그 기록을 갈아치웠다. 비현실적으로 보이는

〈포보스〉 표지 속 카일리 제너(2018년 8월 31일)

카일리 코스메틱의 성공은 카일리의 소셜미디어 영향이 컸다. 그녀는 거의 1시간에 한 번꼴로 인스타그램에 등장한다. 욕실을 배경으로 '생얼'로 나와 눈 화장법을 10분가량 조곤조곤 가르쳐준다. 어린 시절 보았던 엄마의 화장대 이야기도 하고 손등에 립스틱을 발라서 보여주기도 한다. 자신이 직접 홍보 담당자가 되어 제품

스케줄도 알리고 문제가 생기면 사과도 한다. 이렇듯 혼자 많은 것을 한다.

카일리 코스메틱스의 놀라운 성장 속도는 세계 뷰티업계를 깜짝 놀라게 했다. 〈뉴욕타임스〉The New York Times 는 "바비 브라운 코스메틱Bobbi Brown Cosmetics 이 25년 걸린 일을 카일리 제너는 단 3년 만에 해냈다"라고 평가했다. 그녀의 기적 같은 성공의 근간에는 2022년 10월 기준 3.7억 명에 이르는 인

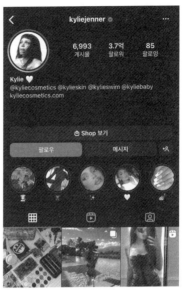

카일리 제너 인스타그램

스타그램 팔로워가 있었다. 대부분 10-30대의 여성이다. 그녀는 이곳에서 자신을 진솔하게 공유했다.

혁신을 이끈 한 문장

**"당신이 사랑하고 열정이 가는 곳에 투자하라.
그리고 진솔하게 공유하라."**

'사랑하고 열정이 가는 곳에 투자하라'는 말은 너무 많이 들어 식상하다. 하지만 우린 이 말이 진실이라는 것을 안다. 한 문장에서 중요한 점은 '진솔하게 공유하라'이다. 카일리 제너는 자신의 일상을 소셜미디어에 끊임없이 공유한다. 그녀가 성공한 결정적인 이유 중 하나다.

자신이 좋아하는 분야라면 열정이 생기고 그 일을 지속하게 될 확률도 높다. 지치고 힘들어도 다시금 의욕이 생기기 마련이다. 그것을 진솔하게 공유했을 때, 요즘처럼 초연결된 사회에서는 자신을 솔직하게 드러내는 것 자체가 무기가 될 수 있다. 대중은 영향력 있는 사람의 진솔한 삶을 궁금해한다.

기업의 혁신 스토리

열정이 가는 곳을 찾기 위해 치열하게 고민하다

카일리 제너는 10살 때부터 미국의 유명 리얼리티쇼 〈4차원 가족 카다시안 따라잡기〉Keeping Up With the Kardashians 에 출연했다. 카다시안 패밀리의 막내였다. 그녀는 카메라 앞에서 어린 시절을 보내며 자신의 외모에 불안감을 느꼈다고 한다. 특히 자신의 얇은 입술에 콤플렉스가 심했다. 그래서 립라이너, 립글로스 등 입술을 도톰하게 보일 수 있는 립 제품에 관심이 많았고 그러다 2014년 입술을 도톰하게 하는 시술을 받고 이미지 변신에 성공한다. 카일리의 인기는 급상승했고 그 기세를 몰아 평소 좋아하던 입술 관련 화장품 사업을 시작한다.

그녀는 〈포보스〉Forbes 와의 인터뷰에서 "내 스스로 할 수 있는 것을 찾기 위해 매순간 치열하게 고민했다"라고 말한다. 킴 카다시안Kim Kardashian 을 비롯한 형제들은 저마다 자기 명성을 이용한 사업계획이 있었기에 뒤처지지 않고자 자신만의 아이템을 찾기 위해 분투했다.

모든 것을 진솔하게 드러내자 대중이 열광하다

카일리 코스메틱은 립스틱 단일제품으로 시작해 점차 제품을 추가했다. SNS로 고객의 피드백을 받고 중요한 지적은 직접 정중하게 사과하고 빠르게 반영했다. 예를 들어 고객이 배송이 늦거나 분실 사고가 잦다고 지적하자 "눈에 띄게 만든 배송상자로 인해 나쁜 사람들이 중간에 훔쳐가 분실되는 것으로 밝혀졌다"고 공표하고 배송상자 디자인을 무난하게 변경했다. 또한 가짜 제품에 대해서는 소셜미디어에 공개적으로 판별법을 알려줬다.

제품이 품절되면 사과하고 언제 입고될지 알려주는 것도, 신제품 출시를 알리는 것도, 립스틱의 발색력 테스트를 하는 것도 모두 카일리 제너였다. 심지어 배송상자 안에는 그녀가 예쁜 손글씨로 쓴 엽서도 들어있었다. 팬들은 열광했다.

그녀가 인스타그램에 영상을 올리면 팔로워이자 그녀의 팬인 고객은 즉각 '좋아요' 수백만 개로 응답한다. 여기에는 심리학자 로버트 치알디니Robert Cialdini가 제안한 설득의 6요소 중 '상호성' '호감' '합의'가 모두 들어있다.

"여러분을 위해 아이섀도 팔레트를 만들었어요. 이걸로 여러분이 어떤 얼굴을 연출할지 기대돼요"라고 그녀가 말을 걸면 팔로워들은 '상호성' 원칙에 의해 좋아요를 누르고 구매로 응답했다. 또한 카일리는 개인적 일상, 감정, 소망 등을 공유하는 데 적극적이다. 대중은 '카일리도 나와 비슷한 고민을 하는구나'라고 공감하며 '호감'을 느꼈고 소셜미디어에서 매일 볼 수 있는 그녀를 친숙하게 느꼈다. 순식간에 쌓이는 댓글과 좋아요 숫자는 '합의'의 상징이 됐다. '이렇게 많은 사람이 원하는 걸 봐. 이건 사야 해'라고 대중은 느낀다.

팔로워들은 모든 것이 리얼이고 실제로 그녀와 소통하고 있다고 느꼈고, 카일리가 일상의 디테일을 공개할수록 자신의 삶에 카일리가 존재한다고 여겼다. 이처럼 카일리는 소비자가 이름도 잘 모르는 다른 기업의 CEO와는 달랐다. 이것이 카일리 코스메틱의 성공 레시피다.

가족과 소수의 직원으로 운영하다

카리일 코스메틱에서 재무를 담당하는 어머니 크리스 제너Kris Jenner는 딸의 영향력에 대해 "우리가 일상 속 소통을 위해 사용하는 휴대전화가 지금 우리 사업의 80%를 가능케 하고 있다. 특히 우리 아이 또래인 밀레니얼 세대는 내 딸을 우상시하고 그녀의 일거수일투족을 그들의 휴대전화를 통해 접한다. 이것은 우리의 매출에 직접적인 영향을 준다"라고 말한다.

실제로 총 결제액 중 70%는 휴대전화로 이루어졌다. 주 고객층은 18-34세다. 그들은 SNS에 신제품 소식이 업로드되면 바로 링크를 타고 들어가 결제한다.

2019년 10억 달러(약 1조 원)대 매출을 올린 카일리 코스메틱은 단 7명의 정규직 직원과 5명의 임시직 직원으로 운영되고 있다. 제조 및 포장은 '시드 뷰티'Seed Beauty에서 아웃소싱 중이고, 판매는 온라인 플랫폼 '소피파이'Shopify에서 하고 있다.

소셜미디어를 매시간 활용하다

카일리의 기적 같은 성공의 배경에는 3.7억 명(2022년 10월 기준)에 이르는 인스타그램 팔로워가 있었다. 우리나라 인구의 7.4배가량이 그녀를 팔로우하고 있는 셈이다. 그녀는 거의 매시간 인스타그램과 스냅챗Snapchat*에 올릴 카일리 화장품과 셀피를 찍고 곧 출시될 제품의 영상도 촬영해 올렸다.

---

*   수신인이 내용을 확인하고 나면 사라지는 단명 메시지

카일리는 이 모든 성공을 소셜미디어의 공으로 돌렸다.

아무것도 기대하지 않았어요. 미래는 그 누구도 예측할 수 없으니까요. 하지만 인정받은 것 같아 기분이 좋습니다. 이 모든 건 소셜미디어의 힘이에요. 소셜미디어는 많은 사람에게 가장 빠르게 퍼뜨릴 수 있는 강한 도달력을 지녔기 때문이죠.

그녀는 인스타그램에 좋은 것 나쁜 것 가리지 않고 게시물을 올렸다. 소셜미디어의 탄생 배경은 자신의 삶을 실시간으로 보여주고 타인과 연결되고 싶은 욕구가 있다. 그녀는 소셜미디어의 본래 기능에 충실했다.

카일리 코스메틱의 인사이트

카일리 제너는 엄청난 성공을 거두었지만 다른 사람에게 맡기기보다는 스스로 처리한다. 다른 기업이라면 해당 부서의 업무 담당자가 할 일을 그녀는 직접 한다. CEO인 그녀의 행보는 다른 기업에서는 보기 힘든 모습이다. 이 모든 것이 가능했던 이유는 그녀가 화장하기와 그 과정을 소셜미디어에 공유하기를 좋아했기 때문이다. 좋아하는 일을 하는 단 한 명이 마지못해 일하는 10명보다 더 멋진 결과물을 낼 수 있음을 보여준다. 점점 발달하는 소셜미디어 기능으로 소셜미디어는 한 명이 많은 일을 해낼 수 있는 환경을 제공한다.

대중은 자신이 구매하려는 제품이나 서비스를 속속들이 알고 싶어 한다. CEO가 무엇을 하는지도 궁금해하고, CEO의 주변환경이 진솔하게 드러나면 더 안심하고 신뢰하는 경향이 있다. 이런 조건이 갖춰지면 그때서야 대중은 편하게 결제 버튼을 누른다. 막강해지려면 투명해야 한다.

좋아하는 일은 어떻게 찾을까?

뭔지는 모르지만 마음속에 하고 싶고 끌리는 일이 있다면 그게 좋아하는 일일 확률이 높다. 좋아하는 일을 찾으면 견디는 힘이 강해져 지속할 확률도 높아진다. 물론 고비는 있다. 일이 되면 마냥 즐겁지만은 않다. 하지만 힘들고 지쳐도 며칠 뒤면 다시금 의욕이 생긴다. 좋아하는 일에는 에너지가 있다. 열정이 머무는 곳을 찾는 것은 일생일대 우리가 해결해야 할 중요한 임무다.

요즘 고객이 있는 곳은 어디인가?

티모바일T-Mobile 의 CEO 존 레저John Legere 는 말한다. "SNS에 누가 있습니까? 우리의 고객과 직원이 거기에 있습니다. 경쟁사의 고객도 모두 그곳에 있습니다. 그럼 저는 어디에 있어야 할까요?"

버진그룹Virgin Group 의 CEO 리처드 브랜슨Richard Branson 은 트위터 팔로워들과 하는 소통을 중요한 경영 활동의 일부라고 말한다. 그는 매일 글과 사진을 직접 올리면서 소탈한 인간미를 자연스럽게 드러내고 개인 일상이나 유용한 팁, 어린 시절의 실패 경험도 공유하며 신뢰를 구축했다.

이제는 책상에서 서류를 작성하는 일뿐만 아니라 고객이 있는 곳, 즉 소셜미디어에서 소통하는 것도 중요한 일이 됐다. CEO의 소통 능력이 점점 중요해지고 있다. CEO가 유명해지면 회사도 유명해진다. 물론 CEO의 잘못된 소통은 회사에 치명타를 입힐 수 있다. 소통이 위험을 수반하는 것도 사실이지만 CEO가 고객과 소통하지 않는 것도 위험요소다.

소셜미디어에서의 소통도 오프라인 만남처럼 해야 한다. 상대방의 눈빛 하나, 말 한마디에도 진솔하지 못한 느낌이 들면 신뢰하지 않듯이 소셜미디어에서도 진정성 있게 대중을 대하지 않으면 신뢰를 잃어버리기 쉽다. 상대방을 위하는 마음으로 진솔하게 자신을 드러내야 한다. 가끔 직원이 CEO를 대신해서 CEO인 척하며 고객과 소통하는 경우가 있다. 그렇게 할 거면 하지 않는 게 낫다. 대중은 단어 하나에도 숨겨진 의도를 금세 알아차린다.

ONE
sentence

구체화를 넘어 미세함으로

Bonobos

"

허벅지 굵은 남자가 좋다.

,,

남성 바지 전문 온라인 쇼핑몰. 제품을 남성 바지로 한정한 이유는 허벅지 굵은 남자들이 편하게 입기 위한 바지를 만드는 데 주력하고 싶었기 때문이다. 보노보스는 창업을 어떻게 시작해야 쉽게 무너지지 않는지를 명확하게 보여주는 좋은 예다.

회사명	보노보스(Bonobos)
창업자	앤디 던(Andy Dunn), 브라이언 스팔리(Brian Spaly)
창업연도	2007년(미국)
사업분야	남성 의류 제작 및 판매

보노보스는 온라인 남성 맞춤바지 회사로 사업을 시작했다. 창업자 앤디 던과 브라이언 스팔리는 스탠퍼드대학 MBA 동기로, 앤디 던은 2000년 노스웨스턴대 경영학과를 졸업하고 곧바로 글로벌 컨설팅 회사인 베인앤컴퍼니Bain&Company에 입사했다. 이곳에서 온라인 카탈로그를 통해 옷을 판매하는 의류업체 랜즈엔드Land's End를 고객사로 맡으면서 온라인 의류 판매업을 처음 접한다.

보노보스는 창업 3년 만인 2010년 매출 1천만 달러(약 113억 원), 2016년 매출 1억 달러(약 1,137억 원), 기업가치 3억 달러(약 3,411억 원)로 성장한다. 중견기업이자 하나의 브랜드로 자리 잡았으며 당시 벤처캐피털과 노드스트롬그룹 등으로부터 얻어낸 투자금은 1억 2,700만 달러(약 1,440억 원)에 이른다.

현재 보노보스는 종합 남성 의류 쇼핑몰로서 셔츠, 넥타이, 재킷, 정장, 신발까지 모든 제품을 제작 및 판매하지만 초기 보노보스는 '편안한 허리 라인'을 강조한 남성 바지만 판매했다.

2017년 월마트Walmart는 보노보스를 3억 1,000만 달러(약 3,500억 원)에 인수했고 앤디 던은 월마트의 모든 디지털 브랜드를 담당하게 됐다.

혁신을 이끈 한 문장

"허벅지 굵은 남자가 좋다."

'이게 무슨 해괴망측한 이야기인가?'라고 생각할 수 있다. 하지만 보노보스는 허벅지가 굵은 남자에게 주목했다. 허벅지 굵은 남자들이 편하게 입을 수 있는 바지를 만들고 싶었다. 보노보스의 창업 초기 타깃은 분명했다. 소비 타깃을 극도로 좁혀 특히 남성복, 그중에서도 남자 바지, 바로 자신의 몸에 딱 맞는 바지를 찾는 사람들이었다. 보노보스의 슬로건은 "더 잘 맞게, 더 멋지게"Better Fitting, Better Looking다. 창업 초기에는 이 슬로건보다 "허벅지 굵은 남자를 위한 바지"가 시장에서 주목받았다.

기업의 혁신 스토리

허리를 맞추면 허벅지가 작았고, 허벅지를 맞추면 허리가 작았다

보노보스는 이런 남자들을 타깃으로 삼았다. 그래서 허벅지가 두꺼운 남자들을 위한 맞춤바지를 만들었다. 또 허리 부분에 밴드를 넣어 여유를 주기도 했다. 지금은 다수의 다른 브랜드도 바지에 이 기술을 적용하고 있다.

처음 이런 생각을 한 사람은 공동창업자 브라이언 스팔리였다. 그는 자기 몸에 딱 맞는 바지를 입고 싶었다. 기성복은 일률적으로 만들어져 허리 또는 허벅지가 맞지 않았고, 맞춤형 고가 브랜드 바지는 너무 비쌌다. 남성 바지의 경우 대충 허리만 맞으면 입어야 한다는 것이 스팔리의 불만이었다. 그는 보노보스 창업 전 남성 바지 재단사로 일한 경험을 바탕으로 '편안한 허리 라인'을 강조한 제품을 만들고 싶어 재봉틀을 빌려 직접 바지를 만들기도 했다. 그는 투자 회사에서 일하면서 편안하면서도 매력적인 핏을 고민하며 취미 삼아 집에서 바지를 만들었고 웹사이트를 통해 판매도 했다. 그러던 중 던의 권유로 보노보스를 공동 창업하게 됐다.

이유 불문하고 반품해준다

앤디 던은 스탠퍼드에서 함께 공부하며 브라이언 스팔리를 눈여겨봤다. 던은 스팔리가 만든 바지에 관심이 있었다. 한편 던의 불만은 기존 남성 바지 판매방식이었다. 매장은 사람들로 붐벼 제대로 쇼핑하기가 곤란했고 반품규정도 마음에 들지 않았다. 던은 복잡하지 않은 온라인 숍을 생각했고, 또 반품규정에 집중해 '어떤 바지든 언제든 이유를 불문하고 반품해준다'라는 원칙을 세웠다. 이유를 묻지 않고 반품해준다는 것은 비즈니스에 있어 쉽지 않은 결단이었다. 보노보스에서 바지 주문은 두 치수로 할 수 있다. 예를 들어 32인치인지 31인치인지 확실치 않을 때는 둘 다 주문하면 군소리 않고 보내준다. 그리고 하나를 반품할 수 있도록 회사가 미리 비용을 지불한 우편 서비스 프로그램을 가동한다. 또 언제 샀든, 세탁을 했든, 수선을 했든 개의치 않고 반품해준다. 빠른 교환이나 환불을 원하는 고객들은 가이드숍을 찾아 교환이나 환불을 받거나 다른 제품을 입어보기도 한다. 이렇듯 보노보스는 쇼핑을 어색해하는 남성들의 취향을 간파해 충족시켰다.

쇼핑백을 들고 싶지 않은 남성을 위한 가이드숍

쇼핑백은 들고 싶지 않지만 핏은 포기할 수 없는 남자. 보노보스는 이런 남성들이 있다는 사실에 주목했고 그들의 어려움을 해결하는 데 초점을 맞췄다. 2011년 미국 뉴욕에 첫 번째 가이드숍을 열고 매장명도 가이드숍Guideshop이라 지었다.

완벽한 핏은 온라인으로 해결하기 어렵다. 직접 입어봐야 자신에게 맞는 핏을 알 수 있다. 가이드숍은 100% 사전 예약을 받아 일대일 맞춤 상담을 무료로 진행한다. 처음에는 매장당 하루에 두 명의 고객만 받았지만 고객이 늘면서 한 명당 45분간 응대하는 것으로 정책이 바뀌

보노보스 Bonobos

었다. 가이드숍에서는 옷을 팔지 않고, 고객은 마음에 드는 제품을 찾았더라도 그곳에서 구입할 수 없으며 온라인으로 구입해야 한다. 그래서 계산대가 없는 대신 직원들이 아이패드를 들고 다니며 주문을 받는다. 주문한 제품은 1-2일 내에 배송되며 배송비는 무료다. 이런 행태를 고객은 크게 개의치 않았다. 이것도 보노보스가 패션업계에 알려준 깨달음이었다. 가이드숍은 보노보스가 다시 한 번 유명해지는 계기가 됐다. 오프라인 매장은 일반적으로 유지비가 많이 들어 이익을 보기가 어렵지만, 보노보스의 가이드숍은 지점마다 빠르게 흑자전환되었다.

가이드숍에는 닌자가 있다

가이드숍에는 닌자Ninja 라고 불리는 직원이 있다. 이들은 내부 트레이닝을 통해 보노보스의 제품을 충분히 이해한 상담직원으로, 고객의 불만을 전문적으로 처리한다. 이들의 목표는 타 브랜드 매장에서 느낄 수 없는 보다 특별한 경험을 선사하는 것이다. 이들은 회사 데이터베이스에 고객의 치수와 과거 구입 제품, 선호도를 참고해서 고객이 옷을 고르는 시간을 절약해주기도 한다. 또 고객과 함께 맥주를 마시며 어떤 바지가 가장 잘 맞는지 의논하기도 한다.

보노보스의 시작은 온라인이었다. 그들은 오프라인 시장에 진출하지 않을 거라 단언하기도 했다. 하지만 그들은 오프라인 시장의 새로운 가능성을 발견했고, 좋은 성과를 내고 있다. 앤디 던은 오프라인 시장 진출이 그들의 터닝 포인트였다고 말한다.

더 나은 소비자 경험 제공을 위한 콜센터

보노보스의 경우, CEO도 고객의 전화를 직접 받는다. 고객이 문의 전화를 하면 직원 누구라도 받는다. 보노보스의 CEO도 예외 없이 수

화기를 들고 전화를 받으며 담당자가 통화 중이라고 해서 기다리라고 하지 않는다. 많은 기업이 겪는 전화 서비스에 대한 불만을 없애려고 노력했다.

소규모의 온라인 쇼핑몰이나 초기 온라인 쇼핑몰을 제외하면 어느 정도 규모가 있는 회사의 경우 소비자 콜센터를 인건비가 비교적 낮은 외부에 맡긴다. 그래서 제품을 사용해보지 않은 콜센터 직원이 고객과 대화를 하기도 한다. 미국에서 콜센터를 운영하는 것은 인도나 다른 개발도상국에서 운영하는 것보다 인건비가 배 이상 든다. 하지만 보노보스는 콜센터 운영비용이 단순한 지출이 아닌 더 나은 소비자 경험을 제공하는 투자라고 생각했다. 이 책에도 언급된 신발 온라인 쇼핑몰인 자포스Zappos도 같은 생각을 하고 있다. 이런 기업이 늘어남에 따라 고객의 만족도는 높아지고 있다.

보노보스의 인사이트

허리에 밴드가 들어간 바지, 선택지가 많은 옵션, 고민의 시간을 줄여주는 제안, 핏을 찾아주는 가이드숍 등 보노보스의 다양한 경험 설계는 의도되었다기보다 분명한 타깃 선정에서 비롯되었다. 이처럼 허벅지가 굵은 남자에 집중해 바지를 판매함으로써 충성도 높은 고객층을 확보할 수 있었으며, 좁힌 타깃 고객의 불편한 점을 물고 늘어져 해결책을 제시했기에 고객은 지갑을 열었다. 또한 보노보스가 조금씩 알려지기 시작할 때 그들은 여성 의류 등의 다른 제품 분야로 진출해야 한다는 유혹도 있었다. 하지만 보노보스는 남성 바지에만 집중했다.

그들의 목표는 단순히 '온라인으로 옷을 팔자'가 아니라 '인터넷으로 독자적인 남성복 브랜드를 만들자'는 것이었기 때문이다.

허벅지가 굵은 남자와 쇼핑백을 들고 다니고 싶지 않은
남자를 위한 쇼핑몰

타깃 고객층이 너무 좁혀지면 제품이 극소수 몇 명에게만 팔릴 것 같아서 불안해하는 경우도 있다. 하지만 타깃이 분명하면 제품을 어떻게 만들지, 서비스는 어떻게 할지 등 모든 것이 명확해진다. 타깃 고객이 좁으면 좁을수록 그 타깃 고객은 반드시 그 제품에 관심을 가지게 된다. 자신을 위한 상품이자 서비스이기 때문이다. 그 고객이 감동할 확률은 당연히 높아지고, 고객은 그 감동을 주변 사람에게 알리고 싶은 욕망을 억누를 수 없을 것이다. 자연스럽게 타깃 고객이 아닌 다른 고객의 관심도 불러일으킬 확률이 높다.

보노보스는 혁신적인 사업 모델은 아니다. 몇몇 고객의 불만을 해소하는 것에 집중하고 고객에 대한 작은 배려들로 경험을 완성해가는 형태다. 그들의 혁신은 고객 불편을 읽어내는 예민함과 고객에 대한 애정에서 비롯되었다. 모든 사람에게 자신의 제품과 서비스를 팔겠다는 생각보다 소수의 불편을 해소해주고 싶다는 창업동기가 조직의 정체성을 명확하게 만들었고, 그로 인해 굳건한 토대를 만들어 성장한 사례다.

룰루레몬

Lululemon

"

우리 고객은
콘도 회원권을 보유하고 있으며
여행과 운동을 좋아하고
패션에 민감한 32세 전문직 여성이다.

"

'요가복계의 샤넬'이라 불리는 스포츠 의류 회사. 레깅스 붐을 일으킨 장본인이기도 하다. 룰루레몬의 성공 배경에는 타깃을 세분화한 마이크로 마케팅 전략이 있다.

회사명	룰루레몬(Lululemon)
창업자	칩 윌슨(Chip Wilson)
창업연도	1998년(캐나다)
사업분야	스포츠 의류

칩 윌슨은 스노보더를 위한 고탄력 고급 내의 브랜드 웨스트비치Westbeach를 운영했다. 그러다 우연히 수강하게 된 요가수업에서 요가복의 문제점을 발견하고는 고탄력 의류 소재를 사용해 새로운 요가복을 제작했다. 신축성이 좋아 움직임이 편했고 통기성도 뛰어났으며 고탄력이라 여성의 뒤태도 제대로 살려주었다. 원단 내부는 플랫 심(봉제 부분을 평면으로 잇는 방식) 처리를 해서 피부 마찰을 최소화했다. 거기에 과감하고 화려한 색감과 패턴을 접목해 외출할 때도 입을 수 있도록 디자인했다.

룰루레몬 제품은 집에서 1마일 떨어진 장소, 즉 집 주변에서 편하게 입는 옷을 의미하는 '1마일 웨어'로 불렸다. 또한 2010년 미국 뉴욕을 휩쓴 룰루레몬의 레깅스 붐은 '애슬레저룩'이란 이름으로 의류시장에 폭풍을 일으켰다. 애슬레저Athleisure란 애슬레틱atheletic과 레저leisure의 합성어로, 운동할 때뿐만 아니라 일상생활에서도 입을 수 있는 옷을 말한다. 세계적인 레깅스 붐의 배경에는 룰루레몬이 있었다.

룰루레몬은 창업 10년 만인 2008년 3억 5,000만 달러(약 4,097억 원)의 매출을 기록했다. 2020년에는 코로나19로 인한 타격에도 불구하고 44억 달러(약 4조 8천억 원)라는 사상 최고의 매출을 달성했다.

룰루레몬은 '요가복계의 샤넬'이라는 별명을 가지고 있다. 다른 브랜드의 운동복보다 비싼 가격대임에도 고급화된 브랜드 정체성을 통해 전 세계 사람들에게 사랑받고 있다.

혁신을 이끈 한 문장

"우리 고객은 콘도 회원권을 보유하고 있으며

여행과 운동을 좋아하고 패션에 민감한 32세 전문직 여성이다."

이 말은 칩 윌슨이 CNN과의 인터뷰에서 강조한 말이다. 룰루레몬은 '종합 스포츠 의류'가 아닌 '요가복'이라는 특정 스포츠 의류만을 전문적으로 취급했으며 타깃팅도 매우 구체적으로 세분화했다. 그리고 이 마이크로 타깃팅은 고객에게 확실히 먹혔다. 과거 카페에서 사과 그림이 그려진 애플Apple 노트북으로 일하는 사람을 실리콘밸리의 프로그래머라고 인식했듯이, 룰루레몬 레깅스를 입은 사람은 성공한 전문직 여성이라는 이미지가 사람들에게 안착됐다.

기업의 혁신 스토리

헐리우드 여성 연예인을 타깃팅하다

룰루레몬은 32세 전문직 여성을 집중 공략했다. 전문직 여성이 경력과 경제력 등에서 안정감이 마련되는 시기를 32세로 잡고 제품개발부터 서비스, 마케팅 전략까지 여기에 초점을 맞췄다. 경제적 여유가 충분한 전문직 여성이라면 자신만의 패션과 만족을 위해 100달러(약 10만 원)가 넘는 요가복을 기꺼이 살 의향이 있을 거라 예상했다. 그 예상은 적중했다.

룰루레몬은 2000년 미국 산타모니카에 첫 매장을 열었다. 이곳은 헐리우드 스타가 많이 사는 곳이다. 미국의 여성 연예인들, 이들은 경제적으로 성공했고 패션에 민감한 전문직을 갖고 있다. 룰루레몬의 마이크로 타깃팅 대상과 거의 일치했다. 헐리우드 유명 스타들이 룰루레몬 레깅스를 입고 다니는 모습이 자연스럽게 노출되면서 파파라치에 의해 전 세계로 뻗어나갔다. 이는 광고 효과뿐만 아니라 실제 전문직 여성들에게 더욱 어필하는 계기가 돼 폭발적인 반응이 일어났다.

매장에서 요가 체험을 하다

지금은 체험형 마케팅이 일반화됐지만 2000년대 초반만 해도 체험을 통해 제품을 판매한다는 발상은 신선했다. 룰루레몬은 매장 한쪽에 요가 체험공간을 만들어 무료 요가수업을 진행했다. 이에 고객들은 자연스럽게 커뮤니티를 형성했고 브랜드 충성도는 높아졌다.

현재는 요가수업뿐만 아니라 명상, 호흡, 건강 식단, 꽃꽂이 등 다양한 무료 체험 이벤트를 제공한다. 이벤트를 이용하는 사람들은 룰루레몬의 충성 고객이 됐고 지인들에게도 소개했다. 브랜드 인지도는 자연스럽게 높아졌다. 잠재 고객이 충성 고객이 되는 선순환 고리가 만들어졌다. 그래서 룰루레몬이 오프라인 매장을 오픈할 때마다 고수하는 조건이 됐다. 바로 매장에 요가 체험공간이 함께 제공돼야 한다는 점이다.

지역 특수성을 고려한 커뮤니티를 만들다

칩 윌슨은 요가의 특수성에 주목했다. 요가는 개인보다 커뮤니티로 움직인다는 사실에 착안해 매장별로 지역 특수성에 맞게 자율성을 높였다. 그 일환으로 매장이 있는 지역 출신의 사람을 매니저로 채용해 해당 매장의 영업 등 모든 일을 담당하게 했다. 매니저는 책임을 지고 매장 진열이나 색 조합 등을 결정했고 커뮤니티 활동에도 적극 관여했다. 커뮤니티를 통해 룰루레몬은 요가복이 아닌 요가문화를 팔았다.

지역 인플루언서를 적극 활용하다

룰루레몬은 매장이 있는 해당 지역의 요가강사를 집중 공략했다. 사업 초기 커뮤니티를 통한 입소문 형성에 많은 공을 들였는데, 먼저 각 매장 주위에서 활발하게 활동하는 영향력 있는 요가강사와 개인 트레이너, 피트니스 관계자 20명을 선정했다. 이들과 집중적으로 교류하며 룰루레몬을 소개했고 무료로 제품을 제공했다. 또한 이들의 멋진 요가 장면을 사진에 담아 매장에 전시했다. 이들의 영향력으로 고객은 자연스럽게 룰루레몬에 호감을 가지게 됐다.

나이키와 아디다스 등 글로벌 스포츠 의류 기업들은 세계적인 스포츠 스타들을 앞세워 브랜드와 제품을 홍보한다. 하지만 룰루레몬은 엄청난 비용을 들여 스타를 섭외하는 대신, 매장이 위치한 지역의 유명 요가강사나 피트니스 관계자를 섭외해 '고객 밀착형' 홍보 활동을 펼쳤다. 이 또한 마이크로 마케팅 전략이다.

룰루레몬의 인사이트

"모든 것이 중요하면 모든 것이 평범해진다"라는 말이 있다. 모두에게 중요한 건 모두에게 평범하다는 의미다. 모두를 위한 옷이면 평범한 옷이 된다. 룰루레몬 마케팅의 차별화 포인트는 마이크로 타깃팅이다. 현재 룰루레몬 제품은 성공한 여성이 입는 옷이라는 이미지 형성에 성공했다.

마이크로 타깃팅이 사람들의 관심을 끌 수밖에 없다는 사실을 보여주는 예를 들어보겠다. 'ㅇㅇ대학 디자인학과 3학년 정강민 학생'이 학교신문에 난 기사 종류에 따른 호기심의 강도를 살펴보자. 첫 번째, 학교신문에 자신의 학과인 '디자인학과'에 대한 기사가 났다면 정강민 학생은 읽어볼 것이다. 하지만 바쁜 일이 있으면 나중에 읽어볼 것이다.

두 번째, '디자인학과 3학년'에 대한 기사가 났다면 좀 더 관심이 생길 것이다. 자신이나 친구의 이야기가 있을 수 있기 때문이다. 세 번째, '디자인학과 3학년 정강민' 자신에 대한 기사가 났다면 아무리 바쁘더라도 기사를 보는 순간 읽을 것이다. 이것이 마이크로 마케팅이 사람들에게 통하는 이유다. 자신에 대한 이야기는 관심을 가질 수밖에 없다.

하지만 이런 의문이 생길 수 있다. 룰루레몬의 타깃 고객층인 '콘도 회원권을 보유하며 여행과 운동을 좋아하고 패션에 민감한 32세 전문직 여성'에만 집중하면 제품의 고객층이 너무 한정돼 확장이 어렵지 않을까? 라는 의문이다.

콘도 회원권을 보유하며 여행과 운동을 좋아하고 패션에 민감한 32세 어떤 전문직 여성이 실제로 이 광고를 본다면 호기심을 가질 것이고 관심 있는 제품이라면 구입할 확률이 높다. 자신을 위한 옷이기 때문이다. 이 여성이 제품을 사용해보고 감동했다면 주변에 이 사실을 알릴 것이다. 인간은 감동하면 퍼뜨리고 싶어한다. 이게 강력한 구전 마케팅이다. 만약 룰루레몬이 단순히 기능성 운동복이라는 것만 내세웠다면 다

런던의 룰루레몬 매장에서 무료 요가수업을 진행하는 모습

른 글로벌 브랜드에 묻혀 조용히 사라졌을 수도 있다.

칩 윌슨은 말한다.

다른 여성들을 소외시킨다는 걱정은 하지 않았다. 모든 사람을 위한 제품이나 서비스는 의미가 없다. 그건 어떤 누구를 위해 만들지 않는 다는 뜻과 같기 때문이다.

마이크로 마케팅은 소규모 창업 초반에 반드시 필요한 전략이다. 룰 루레몬의 사례처럼 작은 시장을 장악한 뒤 중대형 시장으로 나아가는 전략이 필요하다. 전문직 여성을 타깃팅해 내놓은 레깅스가 최근에는 청바지를 위협할 정도다. 다양한 소비층이 생겨나고 있다. 현재 룰루 레몬은 남성복 등 거의 모든 소비층을 겨냥해 제품을 출시하며 나이키 등 글로벌 스포츠 의류 기업들과 경쟁하고 있다.

GitLab

"

메신저로 대화할 때는
대문자를 쓰지 않는다.

"

소스코드를 공유할 수 있는 소프트웨어를 개발하는 회사. 특이한 점은 코로나19 발생 전인 2014년부터 수백 명의 직원이 100% 원격근무를 한다는 사실이다. 소통미흡 등 원격근무의 여러 단점이 있지만 깃랩에서는 통하지 않는다. 깃랩은 막강한 소통력을 자랑한다.

회사명	깃랩(GitLab)
창업자	드미트리 자포로제츠(Dmitriy Zaporozhets), 시드 시브랜디(Sid Sijbrandij)
창업연도	2014년(미국)
사업분야	소프트웨어 개발

깃랩은 2011년 드미트리가 우크라이나 자택에서 처음 만든 회사로, 법인은 2014년 실리콘밸리에 설립했다. 개발자들이 소스코드를 쉽게 공유할 수 있게 하는 오픈소스 소프트웨어를 개발하는 회사다. 창업 3년 만에 마이크로소프트Microsoft, 알리바바Alibaba, 나사NASA 등 10만 개 이상 기업에 소프트웨어를 판매했고 4,550만 달러(약 517억 원) 이상의 투자를 받았다. 2019년 9월 기준 1,200명의 직원이 66개국에 퍼져있으며, 당시 기업 가치는 27억 5,000만 달러(약 3조 3,000억 원)였다. 2021년 10월 나스닥 상장 후 주가가 크게 오르면서 기업 가치도 20조 규모로 뛰었다.

넷플릭스에서 6년 동안 인재영입 부사장으로 일했던 바비 그레이버Bobby Graver가 2017년 깃랩으로 이직하면서 넷플릭스보다 더 매력 있는 회사는 없을 것이라 생각했는데 자신이 틀렸다며 깃랩을 평가했다.

깃랩은 원격근무를 원칙으로 한다. 그래서 직원들은 화상통화를 통해 서로 소통한다. 이렇게 전 직원이 원격으로 근무함에도 회사가 성장할 수 있었던 이유는 깃랩 특유의 조직문화 덕분이다. 그 근간에는 「깃랩 핸드북」The GitLab Handbook이 있다. 이 핸드북에는 회사 운영과 관련된 거의 모든 것을 규정해놓았다. 그래서 깃랩을 '문서 덕후'라 부른다.

혁신을 이끈 한 문장

"메신저로 대화할 때는 대문자를 쓰지 않는다."

「깃랩 핸드북」에서 발견한 문장이다. 메신저 대화에 대소문자까지 규정한단 말인가? 메신저로 대화할 때 대문자를 쓰면 상대방에게 고함치는 느낌이 들기에 쓰지 않아야 한다는 것이다. 직원들 사이의 소통을 위해 사소한 것에도 주의해야 한다는 의미다.

깃랩은 전 직원이 원격으로 업무를 처리하기에 회사의 철학과 비전, 정체성, 인사법, 이메일 제목 쓰는 법 등 아주 사소한 것까지 문서화했다. 깃랩이 문서화를 고집하는 이유는 원격근무를 '잘하기' 위해서다. 직원들이 모두 떨어져 있으니 회사의 생각과 방향, 운영에 관한 공유가 더욱 절실하기 때문이다.

기업의 혁신 스토리

원격근무를 더 잘하기 위해 깃랩 핸드북을 만들다

원격근무가 가능하다는 것은 자신이 원하는 곳, 원하는 장소에서 일할 수 있음을 의미한다. 직원 입장에서는 출퇴근 시간을 절약하고 자율적으로 근무할 수 있다는 장점이 있고, 기업 입장에서는 사무실 임차비용을 줄일 수 있다는 장점이 있다. 하지만 비효율적이라는 비판도 있다. 직원간 서로 얼굴을 보지 못해 빠른 업무 처리가 어렵고 팀워크도 사라져 장기적으로 불리하다는 것이다.

깃랩은 이런 원격근무의 단점을 보완하고 사무실에서 대면해 일할 때와 같은 효율을 내고자 여러 제도를 만들었다. 그 실천의 핵심이 깃랩의 철학부터 이메일 제목 쓰는 법까지 적어놓은 「깃랩 핸드북」이다. 화상회의와 직원교육 등 회사 전반을 이 지침에 따라 운영한다. 한마디로 「깃랩 핸드북」은 직원들의 생산성과 소통을 높이는 문화를 만들기 위한 매뉴얼이다.

「깃랩 핸드북」은 2018년 1월 1일 228쪽이었고 2022년 10월 1일에는 2,724쪽이었다. '뭐 이런 것까지!'라는 생각이 들 정도로 매우 자세하다. 갓 입사한 직원도 집에서 이것만 읽으면 곧바로 업무를 시작할 수 있다. 다음은 「깃랩 핸드북」의 몇 가지 내용이다.

기본 작문법

- 메신저로 대화할 때는 대문자를 쓰지 않는다. (소리 지르는 느낌이 들어서)
- '오늘 아침' '오늘 밤' 같은 표현은 쓰지 않는다. (서로 다른 시간대에 근무하기 때문에)

이메일 보낼 때

- 채팅은 업무에 방해가 될 수 있으니 가급적 이메일을 이용한다.
- 시간 절약을 위해 인사는 생략한다.
- 이메일 제목은 내용 첫 문장을 복사해 붙인다.

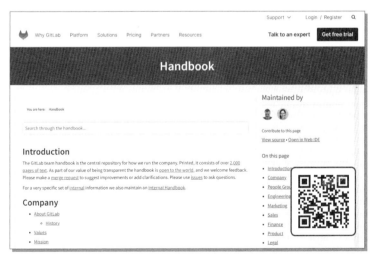

깃랩 홈페이지에 있는 「깃랩 핸드북」

- 이메일은 받은 즉시 답장한다. 답장할 내용이 없으면 '확인'(check), '감사'(thanks)라도.

화상통화할 때

- 3번 이상 이메일과 채팅을 했는데 문제가 해결되지 않으면 화상통화가 필요하다.
- 용건이 있는 사람이 먼저 '전화?'(Call?)라고 묻고 요청받은 사람은 대답 대신 먼저 전화를 건다.

협동할 때

- 다른 사람을 돕는 것이 우선이다. 심지어 당신이 달성하려는 목표와 당장 관련 없는 경우라도 마찬가지다.

핸드북에는 경영치침도 담겨있다

친절

우리는 사람들을 '친절하게'가 아니라 '정확하게' 평가한다고 말하는 회사에 동의하지 않는다. 우리는 모두 정확한 평가를 위해 노력하지만, 친절한 평가가 필요하다고 생각한다. 최대한 긍정적인 피드백을 공개적으로 한다.

예민한 스톡옵션 부여기준 안내

스톡옵션은 각 부서별 수준별에 따라 부여한다. 기준표를 확인하라! 신입사원은 어떤 옵션 보조금을 제공받는지 대해 궁금한 점이 있으면 Compensation and Benefits팀에 전자우편(payment@gitlab.com)으로 문의하라.

핸드북의 장점

핸드북은 구성원 모두와 관련 있기에 광범위하고 업무에서 중요한 부분이다. 핸드북은 우리가 누구이며 어떻게 의사소통하는지를 알려주는 중요한 도구다. 핸드북은 다음과 같은 이점이 있다.

- 읽는 것은 듣는 것보다 훨씬 빠르다.
- 읽기는 정해진 시간에 관계없고, 사용가능할 때까지 기다릴 필요가 없다.
- 사람들이 우리가 무엇을 의미하는지, 어떻게 운영하는지를 알면 채용이 더 쉬워진다.
- 회사의 다른 부분이 어떻게 작동하는지 읽을 수 있으면 팀워크가 더 쉬워진다.
- 입사 전 문서화된 회사와 관련된 모든 정보를 발견하면 지원자는 더 쉽게 입사를 결정할 수 있다.
- 현재 프로세스가 무엇인지 읽을 수 있다면 변경사항에 대해 토론하는 것이 더 쉽다.

- 당신이 단지 그 차이를 지적할 수 있다면 변경 내용의 전달이 더 쉽다.

새로 입사한 사람은 철저한 문서화 때문에 회사가 너무 엄격하지 않을까 우려한다. 하지만 깃랩의 현재 프로세스를 핸드북에 기록하면 직원들은 수정사항을 더 쉽게 제안할 수 있다. 그렇기에 결과적으로 깃랩의 핸드북은 엄격하지 않다. 관련된 변경사항을 보려면 핸드북 변경내역만 살펴보면 된다.

어떤 일이 발생하면 관련사항을 즉시 핸드북에 추가한다

코로나19가 발생했을 때 깃랩은 2020년 3월 1일에 긴급하게 핸드북에 관련 내용을 추가했다.

우리는 팀원들의 건강과 안정을 최우선으로 한다. 당신이 외부 출장을 가야 한다면 반드시 회사에 알리고, 팀원들에게도 의견을 물어야 한다.

이처럼 핸드북은 깃랩의 행동지침이기에 추가할 사항이 있으면 즉시 반영한다.

직원들은 매일 얼굴을 봐야 한다

깃랩은 구성원의 결속을 위해 회상회의를 장려한다. 팀워크를 위해 모니터로 매일 얼굴을 맞대야 한다는 원칙이 있다. 20년 전이라면 불가능하겠지만 지금은 가능하다.

업무상 화상회의 외에도 팀콜Team call 이라는 이름으로 직원들은 매일 30분씩 화상 채팅방에서 만난다. 업무와 전혀 상관없는 주제로 대화를 나누며 미참석자나 다른 팀 직원도 볼 수 있도록 영상을 녹화한다. 업무상 화상통화를 할 때도 자녀나 배우자, 강아지가 있다면 서로 소개하고 가벼운 인사를 나누도록 권장한다. 또한 잡담을 장려하기 위해 쉬는 시간에는 일대일로 화상 채팅을 한다. 각자 커피 한 잔을 들고 모니터 앞에서 얼굴 마주 보며 수다를 떤다.

또 매주 월요일 챗봇이 무작위로 짝 지어준 직원과 대화한다. 요일에 따른 주제를 정해놓기도 했다. 월요일에는 스포츠와 웰빙, 화요일은 음악, 책, TV, 영화 등 엔터테인먼트, 수요일은 여행, 가족, 반려동물, 목요일은 요리, 예술, 금요일은 모든 주제가 가능하다는 등 대략적인 주제를 주어 직원들이 편하게 이야기할 수 있게 했다.

그리고 온라인에서 봤던 직원들끼리 실제 친목을 더욱 도모하기 위해 9개월에 한 번씩은 휴양지에 모여 단체 휴가를 즐긴다.

깃랩의 인사이트

깃랩은 사무실에서 얼굴을 맞대지 않고도 소통을 늘리고 생산성을 높이기 위해 회사의 거의 모든 것을 「깃랩 핸드북」으로 문서화했다. 영상이 글을 대체하는 시대라고 해도 내용을 빨리 보고 숙지해야 할 때, 반복해서 보고 싶을 때는 영상보다 글이 더 효율적이다. "메신저로 대화할 때는 대문자를 쓰지 않는다." 이런 사소한 것까지 규정해 문서화했다는 데에서 깃랩의 고집이 느껴진다. 또 모든 문서의 내용에는 친절과 친밀함이 묻어 있다. 원격근무로 만들어진 소통문화가 고객응대에도 그대로 적용되고 있어 깃랩은 지속적으로 성장하고 있다. 원격근무를 시행하려는 다른 기업들에 깃랩의 핸드북은 좋은 참고자료가 되고 있다.

　구글 벤처스Google Ventures의 데이브 무니칠로Dave Munichiello는 깃랩에 투자한 이유를 다음 같이 설명했다.

　원격근무를 성공적으로 정착시키려는 강한 열정이 있고, 이를 위해 소통과 투명성, 그리고 경영철학뿐 아니라 사소할 수 있는 '인사하는 법'까지 문서화하는 고집을 가진 창업자라면 성공할 것이라 확신했다.

징거맨

Zingerman's

"

빼어난 음식이 자물쇠라면
탁월한 서비스는 그 열쇠다.

"

샌드위치를 만드는 회사. 오바마 전 미국 대통령을 비롯한 저명인사들이 샌드위치 맛을
격찬한 것으로 유명하다. 서비스의 끝판왕으로 불린다.

회사명	징거맨(Zingerman's)
창업자	애리 바인츠바이크(Ari Weinzweig)
창업연도	1982년(미국)
사업분야	샌드위치 가게, 푸드체인

1982년 직원 두 명으로 시작한 작은 샌드위치 가게였다. 2005년부터 현재까지 징거맨 사업공동체Zingerman's Community of Businesses를 구성해 베이커리, 레스토랑, 커피로스팅 업체, 샌드위치를 파는 징거맨 델리카트슨Zingerman's Delicatessen 등 12개의 사업체가 모여 군단을 이루는 푸드체인이다. 이곳에서는 거대한 콘비프 샌드위치, 다양한 농가 치즈, 에스테이트 병에 담긴 올리브 오일, 품종 식초, 훈제 생선, 살라미 소시지, 커피, 차 등을 판매한다. 연매출 7,000만 달러(원화 약800억) 정도다. 많은 언론으로부터 '미국에서 가장 멋진 중소기업'으로 인정받고 있다.

징거맨의 성공을 가능하게 했던 것은 뛰어난 서비스였다. 그들은 서비스에 대한 명확한 정의, 실천, 측정 및 평가, 보상 등 다양하고 미세한 매뉴얼을 만들어 실천했고, 이후 많은 기업이 징거맨의 서비스를 벤치마킹했다. 그래서 그들은 서비스 노하우를 전파하기 위해 서비스 트레이닝 전문업체인 '징트레인'을 설립해 컨설팅도 하고 있다. 매년 수천 명의 방문객이 훌륭한 음식과 서비스를 징거맨에서 경험하고 있다. 징거맨은 미시간주 앤아버Ann Arbor 시의 명물이 되었다.

혁신을 이끈 한 문장

"빼어난 음식이 자물쇠라면 탁월한 서비스는 그 열쇠다."

음식점에서 맛은 기본이자 본질이다. 맛이 빛을 발하려면 서비스가 탁월해야 한다. 맛에 화룡점정을 찍는 것은 서비스라는 뜻이다.

기업의 혁신 스토리

청각장애 손님을 대하는 방법

청각장애 손님이 오면 종업원에게 머리 뒤쪽으로 밝은 불빛이 있는 곳에 서지 말라고 한다. 종업원의 얼굴이 어둡게 보여 손님이 종업원의 입술 모양이나 표정을 잘 볼 수 없기 때문이다.

청각장애 손님을 대할 때의 매뉴얼을 좀 더 살펴보자. 첫 번째는 "말을 시작하기에 앞서 손님과 눈길을 마주쳐야 한다." 청각장애 손님은 상대의 입과 입술을 읽음으로써 대화를 이어 나가기 때문이다. 두 번째는 "얼굴을 청각장애 손님 쪽으로 고정시키고 말을 할 때 손으로 입을 가리지 말고, 또 바닥을 보면서 말하지 않아야 한다." 청각장애 손님이 계속 직원의 입모양을 볼 수 있어야 하기 때문이다. 세 번째는 "목소리 크기를 적당히 하고, 말하는 속도를 좀 늦추며 일정하게 말해야 한다." 말이 빠르면 입술 움직임이 빨라져 청각장애 손님이 이해하기 어럽기 때문이다. 네 번째는 "무슨 말을 했는데 청각장애 손님이 말을 이해하지 못할 수 있다. 그때 '방금 한 말은 신경 쓰지 마세요'라는 등의 말은 하지 않아야 한다." 이런 말은 청각장애 손님을 더욱 혼란스럽게 만들 수 있다. 다섯 번째는 "너무 시끄럽고 주위가 산만할 경우 청각장애 손님을 조용한 곳에 모셔 주문을 받아라." 이럴 때도 조심해야 한다. 어떤 고객은 좋아하겠지만, 또 어떤 고객은 비장애인과 똑같은 조건에서 주문하고 싶어한다. 그러므로 반드시 물어봐야 한다. 여섯 번째는 "소통이 전혀 되지 않을 때는 글로 써서 설명해라." 이때도 반드시 청각장애 손님에게 의사를 물어봐야 한다.

이처럼 청각장애 손님을 위해 매뉴얼을 디테일하게 만들었다. 또한 다른 장애인, 노약자 등 특별한 주의를 필요로 하는 사람들을 위한 매뉴얼 등도 만들어서 실천했다.

불만고객을 대하는 자세

징거맨에는 고객이 불만을 토로할 때 시행하는 '고객불만해소 5단계' 절차가 있다. 1단계는 고객의 불만에 수긍한다. 2단계는 진지하게 사과한다. 3단계는 문제를 바로잡기 위한 조치를 취한다. 4단계는 문제를 지적해준 데 대해 감사한다. 5단계는 고객불만 내용을 기록하여 보존한다.

다음은 고객의 샌드위치에서 이물질이 나와 대처한 사례다. 해당 고객은 황당해하며 불만을 표시했고, 징거맨의 홀에서 일하는 직원은 고객의 불만을 귀담아 들으며, 화내는 게 당연하다고 공감했다. 1단계를 실행한 것이다. 하지만 고객의 화는 쉽사리 풀리지 않았고 직원에게 계속 불만을 토로했다. 직원은 당황했지만 2단계를 생각하며 진지하게 "죄송합니다"라며 사과했다. 마음속으로 자신이 샌드위치를 만들지 않았기에 '매니저에게 가서 말씀하세요. 저는 어떻게 해볼 수가 없습니다' '샌드위치 만드는 사람이 어제 입사해서 그렇습니다' '그렇지 않아도 제가 매니저에게 언젠가는 이런 일이 생길 거라고 말했었죠' '종종 있는 일이에요' '무슨 말씀이세요?' 이런 말들을 하고 싶었지만, 이런 종류의 말은 고객에게 이 상황을 떠넘기는 행태라 고객을 더욱 화나게 한다는 교육을 받았기에 하지 않았다.

직원은 한참 동안 불만을 들으며 수긍한 뒤에 고객의 표정이 조금 풀릴 때, "고객님, 죄송합니다. 어떻게 해드리면 고객님의 불만이 풀릴까요? 말씀해주세요"라고 묻고 고객의 답변을 기다렸다. 놀랍게도 고객은 같은 샌드위치를 포장해달라고만 했다. 회사에서 교육받을 때 고객의 요구는 회사가 생각하는 것보다 훨씬 못 미치는 경우가 많다는 것을 확인하는 순간이었다. 그리고 직원은 문제를 지적해준 데에 대해 감사를 표시했다. 그러자 고객은 여전히 불쾌하지만 그래도 직원의 친절한 태도에 징거맨을 다시 보게 되었다며 호감을 표시했다. 만약 직원이 '고객불만해소 5단계'를 실천하지 않았다면, 고객은 징거맨을 다시는 찾지 않았을 것이며 더불어 지인들에게 자신이 당한 일을 더 부풀려 이야기했을 것이다.

설립자 애리 바인츠바이크는 말한다.

실제로 고객 10명 중 한 명만 불만을 털어놓는다. 그래서 우리는 불만을 표시하는 고객에게 감사해야 한다. 우리에게 제대로 일할 기회를 주었기 때문이다. 그리고 불만을 토로한 고객 가운데 80-90%는 자신들의 불만을 해소하기 위해 취해진 조치 때문에 더 화를 내게 된다고 한다. 그러므로 회사는 적절한 노력을 했을 때만 고객의 기분이 풀어진다는 사실을 명심해야 한다.

　그리고 그 직원은 '고객불만사항 접수' 양식에 오늘 발생한 불량사례에 대해 기입했다. 혹시 샌드위치를 만들 때 이물질이 들어갈 수도 있지만, 원재료 자체에 이물질이 있었을 수도 있다고 생각했다. 징거맨은 고객불만을 통합 관리함으로써 다른 매장에서도 이런 불량에 더 신경 쓸 수 있었다.

　물론 좋은 사례만 있었던 것은 아니다. '고객불만 5단계'를 훤히 꿰고 있었던 어떤 관리자는 불만 있는 손님의 화를 풀어주기 위해 3단계 해결책만 반복해서 손님을 더욱 화나게 한 경우도 있었다. 1단계와 2단계를 반복해서 손님의 화난 감정에 공감해주고, 좀 더 불평을 들어주어야 했는데, 그렇게 하지 못했다는 기록도 있다.

　그럼에도 '고객불만해소 5단계' 절차로 징거맨은 '불만고객'을 '충성고객'으로 바꾼 사례가 많았다.

탁월한 서비스를 위한 3단계

고객에게 탁월한 서비스를 제공하는 3단계가 있는데 "1단계는 고객이 원하는 것을 알아내라. 2단계는 고객이 원하는 것을 정확히, 공손히, 열성적으로 제공하라. 3단계는 고객이 원하는 수준에서 한 걸음 더 나아가라"이다. 이처럼 징거맨은 누구나 알 만한 내용이지만 문서로 정리해둔다.

몇 가지 재미있는 것이 있는데, 우선 징거맨에는 '3-1 공식'이라는 것이 있다. 3m쯤 떨어진 거리에서 눈을 맞춘 다음, 1m쯤으로 가까워졌을 때 말을 시작하라는 것이다. 또 고객에게 최대한 말을 많이 하도록 하면 고객이 원하는 것을 좀 더 쉽게 알아낼 수 있다고 한다.

손님 중에는 직원들이 신나게 자신을 대하는 것을 싫어하는 사람도 있기에, 우선 고객이 원하는 것을 잘 파악해야 한다. 하지만 애리 바인츠바이크는 "종업원이 너무 열성적이어서 마음에 안 든다"는 불만이 접수되면 이름이 호명된 그 직원에게 상을 주어야 한다고 강조한다.

손님의 입에서 "정말 괜찮은데"라는 말이 나오게 하려면 기대 이상의 말과 행동을 보여주어야 한다. '정기 고객에게 새로 선보이는 음식의 시식 기회 제공' '감사 이메일 또는 손편지' '배송 후 며칠 뒤 전화를 걸어 불편함이 없었는지 물어보기' '주문한 것에 곁들여 다른 상품의 샘플 보내기' 등 한 발짝 더 나아가라고 강조한다.

전화 매뉴얼 3단계

1단계 : 전화기가 울리면 받는다.

2단계 : 전화 통화를 할 때에도 몸 동작에 신경 쓴다.

3단계 : 같은 말이라도 '지시하는 식'으로 하지 않고 '묻는 식'으로 말한다.

전화를 건 사람에게 받는 사람의 몸짓은 보일 리 없지만, 목소리를 통해 몸 동작이나 태도 같은 것이 그대로 전달된다. 그렇기에 미소 지으며, 바른 자세로 전화를 받아야 한다는 것이다. 그리고 전화를 건 고객이 잠시 기다려야 할 때에는 "잠시 기다려주십시오"라고 지시하는 말투 대신, "잠시 기다려주실 수 있을까요?"라고 의향을 물어보는 방식이 좋다는 것이다. 서비스의 모든 것은 리더의 솔선수범에서 나온다고 애리 바인츠바이크는 이야기한다.

직원들이 고객을 대하는 태도는 경영주나 관리자가 고객을 대하는 수준 이상을 넘을 수 없다. 종업원이나 직원들은 관리자나 경영진의 행동을 보고 따라 하는 것이지, 그들의 지시대로 행동하는 게 아니다. 예를 들어 매장직원이 일손이 달린다고 도움을 요청하는데, 관리자는 회의 도중이라 도울 수 없다고 거절한다면? 손님을 받는 것보다 회의가 더 중요하다고 말하는 것이다. 승진해서 관리직이 되면 서비스는 덜 중요한 일이라는 말까지 덧붙이는 경우도 있다.

오픈북 경영

징거맨에는 1990년부터 시작한 오픈북Openbook 경영이라는 것이 있다. 매주 전 직원이 모이는 자리를 마련해 매출목표와 실제 매출액, 식자재 구매량과 사용량 등 경영과 관련된 모든 재무현황과 업계현황 등의 정보를 공개하는 제도다. 처음에는 숫자를 이해하지 못하는 경우도 많았고, 허드렛일을 하는 사람들은 왜 자신들에게 많은 정보를 주는지 의아해하며 귀찮아하기도 했다.

하지만 징거맨은 그들의 피부에 와닿을 정보 즉, 매장 서비스와 음식의 질에 대한 평가, 고객만족도, 내부직원 근무만족도 등을 추가했다. 오픈북 경영이 뿌리를 내리는 데 5년 이상이 걸렸다.

　징거맨에서 10년 이상 근무한 어떤 직원은 정보가 공유되면서 모두 같은 목표와 같은 언어를 사용하게 되었고, 팀의 목표를 달성하지 못하면 자신의 일처럼 스트레스를 받았다고 한다. 그러면서 자신도 조직을 운영하는 방법을 배웠고, 이제는 정보를 감추는 회사에서는 일할 수 없을 것 같다고 말한다.

경영회의 '허들'

　한 아르바이트생이 접시를 닦을 때마다 감자튀김이 많이 남아도는 것을 보고, 손님들에게 무료로 리필해주자고 제안했다. 회사는 아르바이트생의 제안을 받아들였다. 이후부터는 음식물 쓰레기가 줄었고, 또한 손님은 자신들이 원하는 만큼 먹을 수 있어 만족도가 높아졌다.

　이런 서비스가 가능했던 이유는 징거맨에는 아르바이트생도 참석하는 '허들'Huddle 이라는 주간 경영회의 제도 덕분이다. 고객과 가장 많이 만나는 그들의 이야기를 듣고, 그런 과정에서 새로운 서비스가 나와야 정교한 서비스를 제공할 수 있다는 생각에 그들을 회의에 참석시켰다. 관리자들이 책상에 앉아 고객은 이러이러할 것이라는 상상력에 집중해서 서비스를 만들면 아무래도 서비스 디테일이 약해진다는 것이다.

　징거맨이 서비스의 끝판왕이 된 것은 디테일한 매뉴얼과 오픈북 경영, 허들 회의 등을 통해 직원들의 참여의식을 북돋우었기 때문이다.

서비스에는 위선이 필요하다. 손님이 어떻게 느끼는지가 가장 중요하다. 관객은 연극을 보면서 주연배우의 기분이 어떤지 신경 쓰지 않는다. 또 배우가 자기 배역이 마음에 들지 않을까 불안해하지 않는다. 관객은 입장료를 냈으니 그저 멋진 연극을 보고 싶을 뿐이다. "오늘 너무 바빠 손님에게 무례할 수도 있으니 30% 할인합니다." 이럴 수는 없다. 서비스는 그런 것이다.

직원은 기분이 나쁘더라도 티를 내면 안 된다. 손님은 직원의 솔직한 태도를 보기 위해서가 아니라, 탁월한 서비스를 받으며 즐거운 시간을 보내기 위해 돈을 지불하는 것이다.

애리 바인츠바이크는 탁월한 서비스가 갖는 엄청난 장점을 다음처럼 이야기한다.

탁월한 서비스는 그 자체로 선이다. 서비스 수준을 끌어올리면 일할 맛 나는 일터가 된다. 여러분과 직원들이 어떻게든 주변 사람에게 베풀고자 노력하고, 친절하고자 애쓰고, 고객에게 조금이라도 뭔가 더 해주려고 하면, 그 정신은 직원들이 일하면서 서로를 대하는 태도에까지 스며든다. 풍족한 복지제도, 풍성한 보너스, 고액의 퇴직금… 그 어느 것도 직원들끼리 서로를 대하는 태도만큼 직장을 좋은 일터로 만드는 데 기여하지 못한다.

우리가 탁월한 서비스를 실천하지 못하는 이유는 그런 서비스를 알지도, 겪어보지도 못했기 때문이다. 경험한다면 그와 비슷한 정도의 서비스를 제공할 확률은 높아진다. 이런 점에서 징거맨의 탁월한 서비스 및 매뉴얼 등은 다른 기업들에 좋은 영향을 미치고 있다. 성공의 핵심은 자기 아이템을 최고로 만들어야 하고, 서비스로 마침표를 찍는 것이다. 그래야 그 아이템이 엄청난 힘을 발휘할 수 있다.

ONE
sentence

목표를 넘어 원대함으로

스페이스엑스

Space X

"

2030년까지
인류를 화성으로 이주시키겠다.

„

인류백업플랜 회사. 지구가 위험에 처했을 때를 대비해 제2의 지구를 만드는 프로젝트를
진행하고 있는 민간항공우주기업이다.

회사명	스페이스엑스(Space X)
창업자	일론 머스크(Elon Musk)
창업연도	2002년(미국)
사업분야	항공우주장비 제조 및 우주수송

일론 머스크는 스페이스엑스 창업에 앞서 나사 NASA 홈페이지를 검색했다. 나사에 지구백업 플랜이 없다는 것을 확인한 후, 그는 자신이 직접 해야겠다고 결심했다. 세계 최고의 우주항공기술을 가진 나사가 하지 않는다면 어느 누구도 못할 거라고 생각하는 게 일반적인데, 그는 사람들이 손을 뗀 곳에서 시작한 것이다.

스페이스엑스는 2008년 세계 최초로 민간 액체 추진 로켓을 지구 궤도에 도달시켰고, 2010년 우주선을 발사해 궤도 비행에 성공했다. 2011년 나사의 상업용 우주선 개발 프로젝트의 파트너로 선정됐으며, 2012년 국제 우주 정거장에 우주선을 도킹한 세계 최초의 민간항공우주 기업이 되었다. 또한 2015년 세계 최초로 로켓 1단 부스터를 역추진해 착륙시켰다. 그리고 마침내 2017년 로켓발사비용을 획기적으로 줄인 로켓재사용에 성공했다.

창업자 일론 머스크는 1995년 대학을 졸업하고 집투Zip2를 창업해 1999년 컴팩Compaq에 매각한다. 매각으로 벌어들인 자금으로 신생 기업 페이팔PayPal에 투자해 전자 금융시대를 열었다. 2002년 이베이 eBay가 페이팔을 15억 달러(약 18조 원)에 인수하면서 그는 큰 부자가 되었다. 그 후 2002년 스페이스엑스를 설립해 민간 우주항공기업을 탄생시켰으며, 2004년 테슬라Tesla CEO가 되어 전기자동차 시장을 개척했다.

2006년 솔라시티Solar City를 설립해 태양에너지 시스템을 발전시키고 있고, 2012년 공기 마찰이 없는 진공튜브와 시속 1,200km로 달리는 캡슐형 열차인 진공튜브열차 하이퍼루프Hyperloop 연구를 시작했다. 2015년 오픈AIOpenAI를 설립해 인공지능 관련 연구도 하고 있다. 2016년 뉴럴링크Neuralink를 창업해 인간의 뇌와 컴퓨터를 연결시키는 시도를 하고 있다.

또 2016년 땅속에 터널을 만들어 교통체증을 해결하기 위해 더보링컴퍼니The Boring Company를 설립해 운영하고 있다.

2021년 8월 기준 머스크는 스페이스엑스부터 더보링컴퍼니까지 6개 기업을 운영하고 있다. 특이한 것은 각 회사의 업종이 완전히 다르다는 것이다. 하지만 목적은 같다. 모두 인류의 미래를 위한 사업이다.

혁신을 이끈 한 문장

"2030년까지 인류를 화성으로 이주시키겠다."

인류역사상 가장 대담한 비전이 아닐까? 스페이스엑스가 추진하는 것은 지구가 위기에 처할 때, 인류의 대가 끊어지는 것을 방지하기 위한 프로젝트다. 그들의 목적은 우주수송 비용을 획기적으로 줄여서 다음 세기에 적어도 100만 명의 사람을 제2의 지구에 이주시켜 인류를 다행성에 거주하는 종족으로 만드는 것이다. 이 소설 같은 이야기를 실현하기 위해 머스크는 인생을 걸고 있다.

기업의 혁신 스토리

좋은 의도였지만 최악을 경험하고 있었다

일론 머스크는 2008년부터 모든 게 끝장나기 시작했다. 스페이스엑스는 로켓 만드는 법을 알아냈지만, 세 번에 걸친 로켓발사가 모두 실패로 끝났다. 회사를 유지하기 위해서는 네 번째 로켓발사가 무조건 성공해야만 했다. 그리고 오직 한 번의 발사를 위한 자금만 남은 상태였다.

또 일론 머스크가 운영하는 전기자동차 업체인 테슬라도 첫 번째 자동차인 로드스터roadster를 시장에 내놓지 못하고 있었다. 실리콘밸리 가십블로그gossip blog에서는 테슬라 로드스터를 2007년 가장 큰 실패작이라고 선정했다. 때마침 세계 금융위기가 터지면서 투자 자금마저 씨가 말랐고, 테슬라의 운영자금 역시 바닥을 보이기 시작했다. 머스크가 비즈니스에서 이 두 가지 엄청난 시련을 겪는 동안, 결혼생활도 파국을 맞아 결국 이혼하게 된다. 그의 삶에 완벽한 암흑기였다. 당시 머스크가 투자자들에게 투자요청 전화를 하면, 투자자들은 머스크가 전화했다는 사실만으로도 불같이 화를 냈다. 거절하는 수준이 아니라 온갖 욕설을 퍼부었다. 당시 그는 몰랐지만 신경쇠약에 걸린 상태였다고 한다.

그의 젊은 시절로 잠깐 돌아가 보자. 처음 창업했던 집투와 페이팔을 성공시켰고, 매각해서 31살이라는 젊은 나이에 억만장자가 되었다. 일론 머스크는 거기서 멈추지 않고, 인류의 미래를 위해 모든 것을 걸기로 다짐한다. 지구의 위험에 대비해 인류를 다른 행성에 이주시키려는 백업플랜, 화석연료를 억제하여 지구환경을 지키고, 지속가능한 태양에너지를 대중화시키는 것 등 사익보다 공익을 위한 일을 시작했다. 하지만 그의 비즈니스와 삶은 고난의 연속이었다.

『일론 머스크, 미래의 설계자』ELON MUSK: Tesla, spaceX, and the Quest for a Fantastic Future의 저자 애슐리 반스Ashlee Vance는 이야기한다.

일론 머스크는 내가 만나본 어느 누구보다 열심히 일하고 스트레스를 이겨낼 능력이 있습니다. 그가 2008년에 겪었던 일은 세상 어느 누구도 이겨낼 수 없었을 겁니다. 하지만 그는 그냥 버티기만 하지 않았습니다. 계속 일했고 집중력을 잃지 않았습니다. 머스크가 다른 경쟁자보다 눈에 띄게 우수한 점은 바로 위기가 최고조에 달했을 때조차 목표에 집중하는 능력입니다.

대부분의 사람은 엄청난 압력을 받으면 두려움을 느낀다. 그로 인해 잘못된 결정을 내리기 쉽다. 하지만 머스크는 그런 순간에도 극도로 이성적 태도를 취하며, 장기적 관점에서 명확한 결정을 내렸다. 그는 상황이 어려울수록 더욱 이성적으로 판단했다. 그래서 옆에서 지켜본 사람들은 그를 존경하게 된다고 한다. 고난을 이겨내는 능력만큼은 머스크가 최고라고 그들은 입 모아 말한다.

마지막 순간에 성공하다

5, 4, 3, 2, 1, 발사… 팰컨9이 하늘로 올라가는 모습을 모두가 숨죽여 지켜보았다. 궤도진입, 발사성공이라는 무전이 들려왔다. "와우, 진짜 이륙했어!" 제어실 연구원은 손으로 입을 가리고, 어떤 이는 그저 멍하니 로켓을 바라보았다. 머스크도 말없이 모니터 화면을 주시하며, 천천히 같은 말을 반복했다. "말도 안 돼! 이건 말도 안 되는 거야!" 그는 가만히 앉아있는 게 힘들어 밖으로 나가 로켓을 보며 외쳤다. "이건 말도 안 돼! 와우, 어떻게 이게 가능하지?"

2008년 9월 28일, 만약 4차 발사가 실패했다면 그의 삶과 스페이스엑스 우주산업은 아마 사라졌을 것이다. 이 발사의 성공 직전까지 회사자금은 씨가 말랐고, 성공하지 못하면 더 이상 투자받을 곳도 없었다. 모든 것을 잃을 수 있는 절체절명의 순간에 로켓발사는 성공했다.

2002년 10명의 직원으로 시작한 스페이스엑스는 2005년부터 실시한 발사시험에서 3차까지 실패했고 4차 발사에서야 비로소 성공을

출처 | 나사 홈페이지

스페이스엑스의 재사용 가능한 우주발사체 '팰컨9'

거두었다. 이를 계기로 나사NASA와 16억 달러(1조 6천억 원) 규모의 계약을 체결하면서 숨통이 트였다.

　로켓이 성공적으로 발사되고 머스크가 제어실 밖으로 나오자 직원들은 그를 슈퍼스타처럼 환영했다. 머스크는 감격에 차서 말했다.

　살면서 가장 뜨거운 감정입니다. 정말 소름 끼치게 짜릿합니다. 우리가 해낼 수 없을 거라고 생각하는 사람이 많았습니다. 정말 많았어요. 하지만 속담에도 있듯이 정말 네 번째는 행운이 따랐습니다. 이러한 업적을 달성한 나라는 지구에 몇 안 됩니다. 일반적으로 이런 일은 나라가 하지, 일개 기업이 하지 않아요. 정신이 기진맥진해 말이 잘 나오지 않지만 어쨌거나 오늘은 내 평생 가장 위대한 날입니다.

이후 스페이스엑스는 20번 이상 로켓발사에 성공한다. 나사는 고정 고객이 되었고 스페이스엑스는 역사상 가장 낮은 비용으로 우주에 무언가를 보낼 수 있게 되었다.

일론 머스크는 12살에 블래스터Blaster 비디오게임을 만들었다고 한다. 공상과학 소설에서 영감을 얻은 우주 관련 게임이었다. 당시 이것을 컴퓨터 잡지사에 500달러에 팔았는데, 현재 가치로 약 1,200달러(약 120만 원)였다. 어릴 때부터 그는 우주에 대한 관심이 남달랐다.

주 100시간 이상 일하다

일론은 극단적으로 성실했다. 매일 자신의 육체를 쥐어짜냈다. 그의 일주일 일과를 보면 한시도 허투루 보내지 않으려는 노력이 엿보인다. 우선 그는 월·금·토에는 LA에 있는 스페이스엑스에서 40시간 일한다. 화·수·목에는 샌프란시스코에 있는 테슬라에서 42시간을 일하고, 그리고 일요일 반나절도 활용하는데 그때는 오픈AI에서 일한다. 그는 2017년 테드TED 강연에서 더보링컴퍼니The Boring Company에서는 개인적인 취미처럼 2-3%의 시간을 일에 투자하고 있다고 했다. 그는 시간을 절약하기 위해 시간을 분 단위로 설계해 매주 100시간 이상을 일하고 있다.

"깨어있는 시간 내내 일했습니다. 하루에 22시간 일했습니다. 매주 100시간이 넘었습니다. 누구도 이렇게 일해서는 안 됩니다. 좋지 않습니다. 너무나 고통스럽기 때문입니다."
"어떤 의미에서 고통인가요?"
"뇌와 심장이 상합니다."
"해변에 누워 일광욕을 즐기며 한가로이 사는 건 생각만 해도 끔찍해요. 나는 치열하게 사는 게 좋습니다."

테드 CEO 크리스 앤더슨Chris Anderson과의 대담이다. 머스크의 극도의 성실함이 드러난다.

"페이팔, 솔라시티, 테슬라, 스페이스엑스, 하이퍼루프, 오픈AI 등 많은 프로젝트가 모두 서로 다른 분야이고 하나같이 규모도 엄청 큰데, 도대체 어떻게 한 사람이 이 모든 혁신을 이룰 수 있죠?"
"저도 실은 모릅니다. 음… 마땅히 좋은 답이 없네요. 저는 많이 일해요. 진심으로 많이 일합니다."

물리학적으로 불가능한 것도 해결하다

머스크는 우주산업의 발전이 더딘 이유를 엄청난 비용 때문이라 판단했다. 그래서 그는 기존 발사비용을 10분의 1로 줄이기 위해 고민했고, 마침내 '로켓재사용'이라는 혁신적 아이디어를 냈다.

로켓재사용을 위해서는 로켓이 발사된 장소에 되돌아와야 했다. 당시 모두가 불가능하다고 생각했지만 머스크는 이 부분이 해결되어야 많은 사람을 우주로 보낼 수 있다고 판단해 연구에 몰두했다. 다음은 머스크가 언론인과 대담한 내용 중 일부다.

"일론, 나도 물리학을 전공했는데요. 그렇게 짧은 시간 내에 시속 1,000킬로미터까지 가속했다가 0킬로까지 감속시킨다는 게 불가능할 것 같은데요. 이 점에 대해 생각해봤나요?"
"네, 그 점이 문제예요. 그걸 풀어야 해요."

물리학적으로 불가능한 것도 풀어야 한다고 머스크는 생각했다. 당시 스페이스엑스의 개발자들은 로켓재사용을 염두에 두지 않고 제작했다면 2년은 더 빨리 로켓발사에 성공했을 거라고 말한다. 여하튼 머스크는 불가능하다는 로켓재사용을 가능하게끔 바꾸었다.

로켓은 보통 한 번 발사할 때마다 약 5,000-7,000억 원 가량이 든다고 한다. 미국회계감사원GAO에 따르면 스페이스엑스 로켓 팰컨9의 발사 비용은 6,000만 달러(약 700억 원)였다고 한다. 재활용 로켓기술 덕분이었다.

특허를 무료로 공개하다

세계의 유수기업들이 치열한 특허전쟁을 벌이고 있는 와중에 일론 머스크는 2014년에 자신들의 특허를 전면 무료로 개방한다. 다른 이들도 우주산업에 뛰어들면 판이 커질 거라고 생각해서였다. 그는 인류를 더 나은 곳으로 만들고 싶어했다. 이는 경쟁보다 중요했다.

스페이스엑스를 시작할 때 성공 확률은 10%가 안 된다고 생각했어요. 모든 것을 잃을지도 모른다는 걸 받아들였어요. 그렇지만 그게 전진을 가져오리라 생각했어요. 우리 회사가 망한다 해도, 우리가 공만 굴리면 어떤 다른 회사가 바통을 이어받아 계속 앞으로 나아갈 수 있을 거라 생각했어요.

그는 자신의 성공도 중요하지만, 실패하더라도 인류를 위한 일은 누구든 해야 한다는 신념이 있었다.

일론 머스크가 석유 대신 전기로 가는 테슬라를 만든 것도, 천연 에너지인 태양광을 사용하자는 발상으로 솔라시티를 설립한 것도 결국 인류가 화성에 갈 시간을 벌기 위해서였다. 이처럼 지구가 온난화 등으로 파괴되는 시간을 최대한 벌자는 목표로 다수의 회사를 설립했다.

"민간기업에서 천문학적인 비용이 드는 우주로켓을 발사할 수 없다"며 모두가 고개를 절레절레 흔들 때, 그는 스페이스엑스를 설립한다. 그리고 주 100시간 이상을 일하며 뇌와 심장이 상하는 고통을 겪지만 포기하지 않았다. 자신의 안위만 위했다면 더 이상 돈을 벌지 않아도 되었지만, 그는 인류의 미래를 위해 가만히 있지 않았다. 그리고 로켓재사용이라는 엄청난 혁신을 인류에게 선물했다.

"왜 이렇게 힘든 일을 하시나요?"

"우리가 다른 행성에서 살 수 없다면 저로서는 굉장히 실망스러울 것 같아요. 저는 인류를 구제하는 사람이 되려고 하는 게 아닙니다. 단지 미래를 생각했을 때 슬프지 않았으면 할 뿐이죠."

까칠한 업무태도, 무모하리만치 과감한 실행력, 직원들과의 불화, 여성편력 등 그를 비난하는 목소리도 많다. 하지만 평론가들은 스티브 잡스가 '인류의 일상'을 바꿨다면, 일론 머스크는 '인류의 환경'을 바꿀 수 있는 결정적 인물이라고 말한다.

화성을 제2의 지구로 만들어 인류를 이주시키겠다는 말을 처음 들었을 때, 사람들은 얼토당토않은 망상이라 여겼다. 하지만 천재성과 극단적 성실함, 이를 바탕으로 계획을 하나씩 이루어가고 있는 모습에 사람들은 기대를 갖기 시작했다.

거대한 꿈은 인류를 위하는 마음과 닿아있다. 보통 인류의 진보와 관련된다. 그래서 그런 꿈을 접했을 때 우리의 가슴은 뛴다. 여러분의 시작이 거대한 꿈이었으면 한다.

페이스북

Facebook

"

'세상을 연결하겠다'에서
'세상을 친밀하게 만들겠다'로 바꾸다.

"

소셜 네트워크 서비스 회사. 사용자 간의 자유로운 의사소통과 정보 공유, 그리고 인맥 확대 등을 통해 사회적 관계를 생성하고 강화해주는 플랫폼이다.

회사명	페이스북(Facebook)
창업자	마크 저커버그(Mark Zuckerberg)
창업연도	2004년(미국)
사업분야	소셜 네트워크 서비스(Social Network Service)

2004년 2월 설립된 페이스북은 2008년 8월 기준 가입자 수가 1억 명이 넘었다. 2010년 6월에는 전 세계 회원 수가 5억 명을 돌파했고, 2020년 2월에는 월간 사용자 수가 24억 명에 이르렀다. 세계 인구 3명 중 1명은 페이스북을 사용한다는 말이다. 페이스북은 세계 5대 정보통신기술 기업인 애플, 구글, 아마존, 마이크로소프트 등과 함께 빅테크 기업으로 손꼽힌다.

창업자 마크 저커버그는 1984년생이다. 하버드대학교 2학년 때 페이스북을 창업하고 학교를 자퇴했다. 〈타임〉Time 은 2008년 세계에서 가장 영향력이 있는 인물 중 한 명으로 그를 선정했다. 그때 나이 만 23세였다.

마크 저커버그는 학생의 기본적인 정보와 사진이 들어있는 디렉터리, 즉 페이스북에 대한 애착이 대단했다. 대학에 요청했지만, 하버드대학Harvard University 은 사생활 정보를 모으는 데 반대해 페이스북 만드는 것을 허락하지 않았다.

그는 대담하게 하버드대학의 전산시스템을 해킹해서 학생들의 기록을 빼냈다. 대학은 뒤늦게 사태를 파악하고, 저커버그의 인터넷 접속을 차단했다. 그는 하버드 측의 학생정보에 대한 비공개 정책을 어떤 방식으로든 깨뜨리고 싶었다. 이처럼 정보공개에 대한 열망과 해커 정신이 녹아든 작품이 바로 페이스북이다.

2004년 '더페이스북'TheFaceBook 이라는 이름으로 서비스를 본격적으로 시작한 후, 페이스북은 하버드대학뿐만 아니라 다른 대학으로 파급력을 넓혔다. 2005년에는 실리콘밸리에 입성해 거침없이 성장한다. 그리고 2021년 10월 28일, 사명을 '메타플랫폼'Meta Platforms 으로 변경했다.

"'세상을 연결하겠다'에서 '세상을 친밀하게 만들겠다'로 바꾸다."

페이스북의 첫 번째 비전은 "세상을 연결하겠다"였다. 이것은 마크 저커버그가 창업을 한 이유였고, 이 비전으로 회사는 엄청나게 성장했다. 그리고 2017년에 비전을 "세상을 친밀하게 만들겠다"로 수정했다. 비전의 실현을 위한 핵심가치로 2004년에는 "생각하기보다 빨리 실행하라"는 구호를 내세웠다. 이후 2014년에 이것을 "빠르게 실행하라, 안정적 구조 속에서"로 수정한다.

10억 달러의 매수 제안을 거절하다

페이스북을 이끌어가는 데 가장 힘들었던 시기는 창업 후 2년 정도 흐른 뒤였다. 많은 경쟁자가 생겨나고, 자금은 점점 줄어들고, 직원들과 협업하며 그들을 끌어가는 과정에서 많은 어려움도 있었다. 그때 페이스북을 10억 달러(약 1조 원)에 사겠다는 회사가 나타났다. 주변의 거의 모든 사람이 제안을 받아들이기 원했다. 페이스북이 처해 있는 어려움 속에서 더 성장시키는 건 대단히 위험한 도박처럼 보였기 때문이다.

페이스북 이전 최고의 소셜 네트워크 서비스로 유명한 마이스페이스Myspace는 뉴스코퍼레이션News Corporation의 5억 8천만 달러(약 5,860억 원)의 매수 제안을 받아들였고, 유튜브 역시 구글에 16억 5천만 달러(약 2조 원)에 팔렸다. 많은 어려움을 겪고 있는 상황에서 10억 달러는 거절하기 힘든 금액이었지만, 젊은 저커버그는 과감하게 이 제안을 거절한다.

이 결정은 더욱 비싸게 팔기 위해서가 아니었다. 비전 때문이었다. 페이스북 초기부터 함께한 구성원들과 서로에 대한 신뢰도 있었고, 동시에 정보를 공유하는 소셜 네트워크 서비스가 확대되면 세상은 훨씬 더 살 만한 곳이 될 거라는 확신 때문이었다. 저커버그에게 돈은 문제가 아니었고, 자신의 긍정적 이상 즉 세상을 연결시켜 더 나은 세상을 만들고 싶다는 공익적 비전 실현이 중요했다.

연결을 통한 공익적 가치를 강조하다

저커버그는 2017년 5월 모교 하버드대학 졸업연설에서 페이스북의 비전이자 근간인 '연결'에 대해 이야기한다.

나는 하버드 재학 당시 친구들에게 하버드 커뮤니티를 서로 연결해주는 것이 즐거웠다. 또 언젠가 전 세계를 연결하는 사람이 나올 거라고 믿었다. 그게 우리가 될 것이라고는 그땐 전혀 생각지 못했다.

투자자에게 보낸 메일에서도 '연결'에 대해 이야기한다.

우리는 사람들이 비즈니스와 경제에서 연결되는 방법을 향상시키고 싶습니다. 더 개방적이고 연결된 세계에서 더 나은 제품과 서비스가 만들어지며, 진정성 있는 비즈니스가 생겨나고, 더 강력한 경제가 창조된다고 생각합니다. 더 많이 공유될수록, 신뢰도가 높은 사람들이 상품과 서비스에 대한 의견을 더 많이 표출할 것이며, 대중은 그런 의견을 더 많이 접할 수 있을 겁니다. 이는 가장 좋은 상품들을 발견하고 삶의 질과 효율성을 향상시키는 데 도움이 됩니다. 더 좋은 제품을 찾는 것이 가능하게 되면 더 나은 상품을 만들게 되지요. 더 개방된 세계는 고객에게 진정으로 다가가도록 만듭니다. 말씀드린 대로 페이스북은 회사 설립을 위해 만들어진 것이 아닙니다. 세상을 더 열린 공간과 서로 연결된 곳으로 만드는 사회적 임무를 달성하기 위해 구축됐습니다.

'연결'에서 '친밀'로 비전을 수정하다

위 편지에서 볼 수 있듯이 그는 연결을 통한 공익적 가치에 집중하고 있었다. 그러다 2017년 6월 22일 시카고에서 열린 '커뮤니티 서밋'에서 페이스북 비전을 수정한다. 창업 이후 14년간 유지했던 비전 '세상을 연결하겠다'에서 '세상을 친밀하게 만들겠다'로 바꾼 것이다. 페이스북은 세상을 연결하는 것뿐만 아니라 세상을 더 가깝게 만들 책임이 있다는 의미였다. 페이스북을 단순히 사람들을 연결해주는 도구에서 '친밀감을 높여 갈등을 해결하는 도구'로 만들겠다는 의지 표명이었다.

코드는 논쟁을 이긴다

페이스북이 성장한 이유 중 하나는 강력한 실행정신 즉, 해커웨이 Hacker Way 문화 덕분이다. 해커웨이는 두려움 없이 빠르게 실행하는 능력을 말한다. 실패를 두려워하지 않고, 빨리 실행하는 기동력이 핵심이다. 해커는 컴퓨터 침입이라는 부정적인 개념으로 인식되지만 원래 뭔가를 재빨리 만들거나 시도하는 것을 뜻한다. 완성도보다 빠름을 강조하는 린 스타트업 Lean Startup 과 비슷하다.

페이스북에는 해커톤 Hackathon 이라는 업무방식이 있다. 해킹과 마라톤의 합성어인 해커톤은 정해진 시간에 해킹하듯 프로그램을 짜는 일종의 소프트웨어 개발 마라톤이다. 팀원 한 명이 아이디어를 내면 동료들이 오후 8시에 모여 다음날 새벽 6시까지 해커톤을 한다. 아무리 작은 아이디어라도 누구나 의견을 내고, 이 아이디어를 한 달 후 실제 서비스로 출시할 수 있도록 만든다. 페이스북의 '좋아요'Like 버튼이나 '비디오 채팅'은 해커톤으로 탄생한 것이다.

페이스북 사무실에는 "코드는 논쟁을 이긴다"code wins arguments 라는 문구가 붙어있다고 한다. '새로운 아이디어가 가능할까?' '무엇이 최고의 아이디어일까?' 이런 논쟁을 하는 대신 그냥 빨리 뭔가를 시험하고 제작해 그것이 잘 돌아가는지 눈으로 확인하라는 것이다. 언쟁 대신 빨리 실행해보라는 의미다.

핵심가치를 '실행기반'에서 '신뢰기반'으로 수정하다

앞서 이야기했듯이 저커버그는 비전을 중시했다. 그래서 '연결'에서 '친밀'로 비전을 바꾸며 회사의 정체성을 만들어갔다. 비전을 실행할 때 기준이 되는 핵심가치도 수정해가며 회사를 운영했다.

2004년부터 2014년까지 10년이 넘게 대표적 핵심가치는 해커웨이와 맞닿아 있는 '빠른 실행'이었다. 페이스북이 대학 기숙사에서 시작해서 세계 최대 SNS로 성장했던 이유 중 하나가 이 핵심가치의 실행 덕분이라는 분석이 많았다.

2014년 4월 30일에 열린 페이스북 개발자 '컨퍼런스F8'Conference F8 에서 마크 저커버그는 대표 핵심가치가 바뀌었다고 공표한다. 지난 10년간 폭발적 성장을 도왔던 핵심가치인 "생각하기보다 빨리 실행하라"Move fast and break things 를 "빠르게 실행하라, 안정적인 구조 속에서" Move fast with stable infrastructure 로 수정한다.

그는 이유를 이렇게 설명했다.

개발자로서 빠르게 움직이는 것은 매우 중요하고, 그럼으로써 우리는 몇 가지 버그를 견뎌왔습니다. 그러나 지금 회사는 거대하게 성장하고 있습니다. 개발을 빨리 하는 것은 여전히 중요합니다. 하지만 더 중요한 것은 버그를 최소화하고, 그것을 수정하는 시간을 줄이는 것입니다. 이것이 우리를 더 빠르게 성장시킬 겁니다.

페이스북은 이미 거대한 SNS이며, 더욱 성장하기 위해서라도 '속도'보다 '효율과 신뢰'를 갖춰야 한다는 것이다. '안정적인 구조 속에서'라는 문장에 '효율과 신뢰'가 녹아있다. 빠르게 실행하라는 해커정신이 페이스북의 초기부터 10년의 성장을 만들었다면 2014년부터 급성장한 회사규모에 발맞추어 기존 해커정신에 신뢰가 가미되어야 한다는 뜻이다. 강력한 '실행기반'을 '신뢰기반'으로 수정한 것이다. 거대 플랫폼을 유지하기 위한 필수 단계였다.

정체성에 걸맞은 책임감을 부여하다

2020년 10월 페이스북은 홀로코스트*를 부정하거나 왜곡하는 정보를 금지한다고 공표한다. 이것은 2년 전에 저커버그가 '표현의 자유'를 위해 왜곡된 정보를 삭제하지 않겠다는 것과 대조된 입장이었다. 그는 유대인을 혐오하는 폭력이 증가했다는 데이터를 보았고, 자신들이 추구하는 표현의 자유 때문에 이런 폭력이 더욱 증가한다고 생각해 이같은 결정을 내렸다고 밝혔다. 마크 저커버그 자신이 유대인이라서가 아니라 사회적 책임 때문이었다.

기업 규모가 거대해지면서 그만큼 사회적 책임도 커지고 있다. 이런

*　1930–40년대 나치에 의해 600만 명의 유대인이 학살된 사건

와중에 페이스북은 개인정보 유출, 광고효율 왜곡 등 여러 문제를 일으키고 있다. 제국이 된 페이스북에서 저커버그가 말한 신뢰기반이라는 가치가 더욱 절실한 시점이 되었다.

페이스북의 인사이트

저커버그는 자신의 정보를 공개하고 타인과 연결되고 싶은 욕구가 강력했다. 또한 사람들이 타인에 대한 궁금증을 지니고 있다는 것을 알았다. 그래서 어떻게 하면 사람들을 잘 연결시킬 수 있는지 고민했고, 이는 페이스북 창업으로 이어졌다.

그는 기업이 성공하려면 무엇보다 방향성이 중요하다고 말한다. '자신이 진정으로 원하는 것, 돈을 제외하고 진짜 바라는 것이 무엇인가?' 이 질문에 대한 답이 결국 비전과 핵심가치가 된다는 것이다. 그리고 이를 이루기 위해서는 반드시 훌륭한 팀을 만들어야 한다고 말한다. 비전과 핵심가치, 훌륭한 팀이 있어야 창업과정에서 생기는 수많은 변수와 고난에 조금 덜 흔들린다는 것이다.

사람들은 그가 하버드 출신에 젊고 머리 좋은 창업자였기에 성공했다고 생각할 수도 있겠지만, 우리가 주목해야 할 점은 저커버그가 돈을 벌고 싶다는 개인적 욕망을 넘어서 세상을 더 나은 곳으로 바꾸고 싶어했다는 점과 경험이 없었던 경영자였지만 회사의 비전, 핵심가치, 정체성 등이 얼마나 중요한지를 명확하게 알고 있었다는 점이다.

이 젊은 경영자가 자신의 신념을 공익적 비전과 핵심가치로 만들었고 이를 바탕으로 경영한다는 것이 새삼 놀랍다.

테드

TED

"

가치 있는 아이디어는
확산되어야 한다.

"

세계적인 비영리 강연 플랫폼. 18분 동안 강연하는 방식이 특징이다.

회사명	테드(TED_Technology, Entertainment, Design)
창업자	리처드 솔 워먼(Richard Saul Wurman), 해리 마크스(Harry Marks)
창업연도	1984년(미국)
사업분야	강연 플랫폼

테드TED는 기술Technology, 오락Entertainment, 디자인Design의 앞 글자를 따서 만든 합성어다. 설립했을 때만 해도 당시 미국 첨단기술 산업관계자들의 향연이었다. 수학자 만델브로트 Benoît B. Mandelbrot의 프랙탈 이론, 과학자 마빈 민스키Marvin Minsky의 인공지능 강연 등이 대표적이다. 애플의 매킨토시 컴퓨터와 소니의 콤 팩트디스크가 테드를 통해 대중에게 처음 공개되기도 했다. 매년 한 차례 열렸으며, 모집된 청중은 대략 800여 명이었고, 이들을 대상으로 영향력 있는 다양한 분야의 연사 80여 명이 5일간 강연하는 행사였다.

2002년 크리스 앤더슨Chris Anderson이 테드를 인수했다. 이후 테드 는 기술, 엔터테인먼트, 디자인뿐 아니라 인문학, 사회운동, 과학 등 다 양한 분야를 아우르는 방향으로 나아갔다.

보통 강연회는 특정 산업분야나 관련 전문가들이 나와 자신의 전문 분야를 이야기하는 반면, 테드는 천체 물리학에 대한 이야기를 한 다 음에 의자 디자인에 대한 이야기가 나오는 식이다. 극단과 극단, 동종 과 이종끼리 충돌시켜야 새로운 것이 탄생하듯이, 테드는 다양한 분야 의 사람들의 이야기를 표출시켜 각각의 지식을 서로 연결시키려는 시 도였다.

빌 클린턴 전 미국 대통령, 마이크로소프트 설립자인 빌 게이츠, 영 화〈아바타〉Avatar의 감독 제임스 캐머런James Cameron, 아카데미상 무 대 디자인을 한 건축계 거장 데이비드 록웰David Rockwell, 침팬지 연구 로 유명한 제인 구달Jane Goodall, 음악가 허비 행콕Herbert Hancock, 구글 안경을 쓰고 연사로 나온 구글 창업자 세르게이 브린Sergey Brin 등 다 양한 분야의 영향력 있는 인사들이 강연했다. 앨 고어 전 미국 부통령 과 애플의 공동 창업자인 스티브 워즈니악Steve Wozniak이 강연자가 아 닌 일반 청중으로 참석할 정도다.

크리스 앤더슨은 2006년에 파격적 행보를 시도한다. 당시 테드 강연 참가비는 약 4,400달러(약 410만 원)로 비싼 강연이었는데, 이 강연 영상을 인터넷에 무료로 공유하겠다는 결정을 내린 것이었다. 당연히 주변에서는 무모하다며 만류했다. 하지만 크리스 앤더슨은 세상의 많은 것이 인터넷이란 매체에서 무료로 공유되는 흐름을 간파하고 있었다. 또 테드의 가치 있는 강연들이 확산되면 세상을 이롭게 하는 데 도움이 될 거라고 믿었다.

2006년 테드 강연 영상이 처음 무료로 공유되었을 때 1,500만 건의 조회수를 기록하더니, 강연이 온라인을 통해 퍼지고 강연 내용에 감명받은 각국 네티즌들이 직접 제 나라 언어로 번역하면서 더욱 화제가 되었다. 녹화영상은 2014년에 매달 3억 회 이상 재생되었고, 2017년 누적 조회수는 무려 61억 회를 기록했다. 현재 테드는 세계에서 가장 영향력 있는 강연 플랫폼으로 손꼽힌다.

한편 테드 참가비는 점점 올라가고 있다. 초창기 5일간 1,500달러(약 120만 원), 2006년까지 4,400달러(약 400만 원), 2017년에는 8,500-17,000달러 등 현재는 원화로 약 1,000-1,700만 원 내외다. 이렇게 높은 참가비에도 거의 매진된다. 아마존 CEO 제프 베조스는 테드에 연간 100만 달러(약 10억 원) 이상 기부하고 있는 것으로도 유명하다.

혁신을 이끈 한 문장

"가치 있는 아이디어는 확산되어야 한다."

수년간 자신이 갈고 닦아온 비법을 무료로 공유할 수 있는가? 그동안 들인 시간과 노력이 모두 허사가 될 수도 있다. 하지만 크리스 앤더슨은 가치 있는 강연에서 뿜어져 나오는 인사이트가 확산되면 될수록 세상은 좋아질 것이고, 그럴수록 테드의 영향력은 더욱 커질 것이라 판단했다.

기업의 혁신 스토리

아이디어를 확산하기 위해 영상을 무료로 개방하다

2006년 인터넷은 점점 활성화되고 있었고, 그로 인해 많은 정보가 무료로 공유되는 흐름을 타고 있었다. 공유경제 개념도 활기를 띠는 시기였다. 크리스 앤더슨은 본능적으로 큰 기회라 생각해 강연 영상을 무료로 공개했다. 처음에는 아무도 보지 않으면 어쩌나 싶어 6개의 영상만 올렸다. 다행히 영상은 좋은 반응을 보이며 인터넷에 빠르게 퍼져나갔다. 이에 크리스 앤더슨은 자신감을 갖고 나머지 영상도 모두 올렸다.

또한 크리스 앤더슨은 테드를 영리에서 비영리단체로 전환했다. 그게 아이디어의 확산에 더 도움이 될 거라는 판단에서였다. 비영리단체가 가치 있는 일을 하니 대중은 열광했고, 블로그 등 개인 플랫폼에 테드 영상을 더 많이 공유했다. 이는 영상이 더욱 확산되는 계기가 되었다.

18분 내로 강연을 끝내다

테드가 대중에게 각인된 요소 중 하나가 강연시간이다. 각 연사에게 배분된 시간은 18분이다. 이 짧은 시간 안에 압축적인 메시지를 가

테드 강연

시적으로 전달할 것을 요구했다. 그래서 빠른 템포는 필수였다. 자연스럽게 청중은 집중해서 청취했다. 테드가 강연시간을 18분으로 정한 것은 인간이 한 번에 집중할 수 있는 시간이 18분 정도라는 데서 착안한 것이었다.

강연을 패키지화하다

테드는 강연콘텐츠를 패키지화했다. 발표준비는 스피치교육, 프레젠테이션 및 리허설을 포함하는 7단계의 준비과정과 메이크업과 의상, 무대까지 컨트롤하는 공연시스템을 갖추고 있으며, 무대는 콘서트장과 비슷한 모습으로 꾸며진다. 6개 이상의 조명이 사용되고 연사는 조명에 맞는 색으로 옷을 맞춰 입는다. 이처럼 테드는 연사들을 철처히 지원한다. 하지만 어떤 연사들은 테드에 의해 컨트롤당하는 것 같아 자유롭지 못하다고 느끼기도 한다.

여하튼 테드 강연은 이런 요소들을 철저히 준수해 들쭉날쭉하지 않게 정형화되었다. 이에 대중은 편히 강연을 들을 수 있다.

테드의 목적은 통제력을 잃는 것이다

테드는 2008년에 테드엑스TEDx 라는 사업을 시작한다. 테드TED 라는 이름으로 강연을 개최하고 싶어하는 전 세계 사람에게 테드 브랜드를 무료로 빌려주었다. 테드 강연 포맷을 무료로 공유했고, 기본 조건만 갖추면 테드 본사와는 무관하게 각 지역, 각 대학에서 테드엑스란 이름으로 강연회를 진행할 수 있었다. 이 과정에서 전 세계 곳곳에 테드가 알려졌다. 이후 대학, 기업, 정부기관을 포함해 다양한 기관이 145개국 1,700여 도시에서 30,235번의 테드엑스 행사가 개최된다. 예정된 것만 1,856개의 행사가 있다(2019년 8월 기준). 국내에서도 삼성전자와 서울 명동 등에서 행사가 열렸다. 청중 500명을 모집했는데 마감까지 1분 30초밖에 걸리지 않았다. 스페인의 한 교도소에서 열리기도 했다.

테드가 급격히 확장되면서 연사의 강연 품질이 떨어진다는 지적도 있었다. 이에 크리스 앤더슨은 강조한다.

우리의 목적 자체가 통제력을 잃는 겁니다. 그래야 전 세계의 수천 명이 스스로 흥분하여 불꽃을 점화하게 됩니다. 물론 테드엑스 강사 중에는 질이 떨어지는 사람도 있습니다. 하지만 훨씬 좋은 영향력을 지닌 분들이 더 많다고 생각합니다.

저작권도 느슨하게 조정하다

특정 조건에 따라 저작물 배포를 허용하는 저작권 라이선스 중 하

130

나인 크리에이티브 커먼즈 라이선스Creative Commons License를 적용했다. 대중이 영상을 공유하는 데 부담을 없앤 것이다. 보통은 저작권을 지키지 않으면 처벌을 하겠다는 방침인 데 반해서 테드는 라이선스를 지키는 한 자유롭게 풀어주었다. 테드의 크리에이티브 커먼즈 설정은 'BY-NC-SA'(저작자 표시, 비영리, 동일조건 유지)여서 테드 강연을 편집해 재창작물을 만드는 '리믹스 활동'은 불가능하지만 자신의 블로그에 퍼가거나 교실 내 상영 등 저작자를 표시하고 비영리로 사용하면 자유롭게 이용하게 했다.

또한 번역 프로그램도 개방했다. 자연스럽게 테드 영상은 110개국 언어로 번역되었고, 각 국가에서 자원봉사자들이 강연을 자기 나라 언어로 변환했다. 그 결과 비영어권 국가에서 강연조회수가 3배 이상 늘어났다. 테드 번역자들에게는 행사 실시간 중계시청권을 주었다.

테드는 백스테이지가 없다

일반적으로 뒷무대(백스테이지)는 강사들을 위한 공간이다. 청중은 들어가지 못한다. 테드는 이런 것이 청중과 심리적 거리감을 만든다고 생각했다. 그래서 테드 강연자는 뒷무대가 아닌 청중석에 있다가 무대에 올라가고 청중석으로 퇴장한다.

테드의 인사이트

가치 있는 아이디어는 확산되어야 한다! 이런 말은 누구나 할 수 있다. 하지만 자신의 핵심을 무료로 공유하는 것은 여간 어려운 일이 아니다. 테드는 개방의 위험을 알았지만, 가치 있는 아이디어가 확산되어 더 나은 사회가 되었으면 하는 바람으로 개방정책을 선택했다. 크리스 앤더슨이 개방에 대해 어떻게 생각하는지 다음의 말에서 알 수 있다.

최고를 주는 것이 개방이다. 차선을 주는 것은 개방성을 가장한 미끼다. 폐쇄성의 변장일 뿐이다.

무료로 개방한다고 모든 것이 확산되는 건 아니다. 테드는 18분이라는 짧은 강연시간을 원칙으로 삼았다. 자연스럽게 강사도 청중도 집중할 수밖에 없었다. 강연의 질은 높아졌다. 수준 있는 강연과 짧은 영상은 온라인으로 확산되는 데 결정적 계기가 되었다. 또한 테드는 질 높은 강연을 위해 무대세팅 등 강연을 패키지화했다. 시간이 지날수록 팬덤은 두터워졌고, 더 좋은 강사들이 오르고 싶어하는 무대가 되었다. 자연스럽게 오프라인 강연도 매진되는 등 선순환이 이루어졌다.

테드는 테드엑스 등을 실행할 때 강연 기본 포맷을 강조하면서도 또한 자신들이 통제력을 잃는 것이 목표라고 말한다. 영상이 만들어지고 소비되고 공유되는 것을 전적으로 대중에게 맡겼다. 이 또한 테드가 확산되는 계기였다.

가치 있는 삶에 대해 크리스 앤더슨은 이렇게 말한다. "삶이란 자신보다 중요하고 거대한 아이디어에 대해 고민할 때 가치가 생긴다." 자기 자신만이 아닌 인류를 위하는 일을 생각할 때, 삶에 가치가 만들어진다는 의미다.

자신의 가장 가치 있는 것을 공유할 수 있다면, 그리고 그것이 공유되면 주변의 삶이 나아질 수 있다는 확신이 들면, 우린 과감하게 창업에 뛰어들어야 한다. 그게 가치 있는 삶을 사는 방법이기 때문이다.

수많은 유명강사와 일한 그가 책『테드토크』TED TALKS 에서 '대중 앞에서 떨지 않고 말 잘하는 비법'을 소개했다. 이 책의 독자에게도 도움이 될 것 같아 소개한다. 개인적으로 이 말을 알고 난 후부터 강연할 때 조금은 덜 떨고 있다.

뭔가 멋진 말을 하려고 하지 말고, 단지 자신이 가진 최고의 아이디어를 청중의 마음에 이식시킨다고 생각하라!

아마존

Amazon

"

10년 뒤에 변하는 것보다
10년이 지나도 변하지 않는 것을 추구하라.

"

인터넷 쇼핑몰. 하지만 이렇게 부르기에는 너무 광대하다. 아마존은 분명 유통 채널이지만 이제는 '인터넷'이란 도구처럼 비즈니스 플랫폼이 되었다.

회사명	아마존(Amazon)
창업자	제프 베조스(Jeff Bezos)
창업연도	1994년(미국)
사업분야	온라인 쇼핑몰

아마존은 제국이다. 온라인 신발 쇼핑몰 자포스, 유기농 식품업체 홀푸드, 자율주행 배송로봇 스타트업 디스패치 등 쇼핑, 물류, 패션, 금융, 제약, 헬스, 식품, 교육, 엔터테인먼트, 교통·모빌리티 서비스 등 아마존이 설립 이후 M&A를 통해 사들인 기업만 100개가 훌쩍 넘는다. 제프 베조스 개인 자격으로 미국 유력 일간지 〈워싱턴포스트〉The Washington Post 도 인수했고, 2010년에는 우주산업을 위해 블루오리진Blue Origin 도 창업했다. 아마존은 1994년 온라인 서점으로 시작했지만, 지금은 아마존이 만들어놓은 세상에 전 세계인을 가둘 수 있게 되었다. 아마존의 2020년 매출액은 3,860억 달러(약 420조 원)를 기록했다. 2020년 대한민국의 본예산이 512조 원이었으니, 우리나라 국가예산의 82%에 해당하는 수치다. 2021년 3월말 기준 시가총액은 1,740조 원으로, 미국 최대 규모의 회사라고 할 수 있다.

제프 베조스는 1986년 프린스턴대학 졸업 후 인텔, AT&T 등 큰 회사에서 입사제의를 받았지만, 벤처기업에 입사했다. 이후 뉴욕의 헤지펀드 회사로 옮겼다. 회사에서 일하던 중 웹사이트가 매년 23배씩 성장했다는 사실을 발견해 인터넷의 잠재력에 눈을 떴다. 이때가 1994년 무렵이다. '물건을 인터넷으로 팔면 오프라인보다 훨씬 더 폭발적일 수 있겠다'고 확신했고, 1995년 7월에 인터넷으로 규격화된 책을 팔기로 했다.

베조스는 프린스턴대학 물리학과에 입학했지만 컴퓨터공학으로 전공을 바꿨다. 물리학 수업에서 자신은 몇 시간째 풀지 못하는 수학문제를 학과 동기가 쉽게 푸는 것을 보고 이론물리학에서 최고가 될 수 없겠다는 생각을 했기 때문이다. 또 창업을 하게 된 개인적 동기 역시 직장생활을 하면서 다른 사람들과의 경쟁에서 이길 수 없겠다는 한계를 느꼈기 때문이다. 그의 성향을 짐작할 수 있다.

혁신을 이끈 한 문장

"10년 뒤에 변하는 것보다 10년이 지나도 변하지 않는 것을 추구하라."

시간이 지나도 변하지 않는 것을 연구하고 집중하겠다. 즉, 10년 뒤에도 살아남을 것을 추구하라는 것이다. 제프 베조스의 장기적 시각을 보여주는 말이다.

"좀 느리게 배송해주세요. 좀 비싸게 팔아주세요. 좀 불편하게 쇼핑하고 싶어요." 세월이 아무리 지나도 고객의 이러한 요구는 없을 것이다. 10년 뒤에도 사람들은 싸고, 편리하고, 빠른 것을 원할 것이다. 이처럼 아마존은 투철한 실용주의다. '실용주의' 하면 단기적 관점을 떠올리게 마련이다. 하지만 아마존의 실용주의는 장기적이다. 시간이 지나도 변하지 않을 가치에 주목했다.

기업의 혁신 스토리

1만 년 시계

제프 베조스는 1만 년 시계라고 불리는 '롱나우의 시계'clock of the long now를 2018년 자신의 텍사스주 자택 인근 산에 설치했다. 시계 높이는 152m에 달한다. 시계 침은 100년에 한 번씩 움직이고, 1000년에 한 번씩 시계에서 뻐꾸기가 나온다. 1만 년 동안 멈추지 않고 자동으로 작동하는 시계다. 1989년 미래학자 데니스 힐리스가 처음 고안했다.

이 시계를 만드는 프로젝트에 베조스는 4,200만 달러(약 500억 원)를 투자했다. 1만 년 후 후손들이 살아갈 미래를 그려보자는 취지였다.

단기적 수익 관점으로 보면 이해하기 어려운 일이다. 베조스는 이 시계가 장기적 사고의 상징으로 설계된 특별한 시계라고 강조한다.

장기적 시각을 강조하다

제프 베조스는 주주들에게 매년 편지를 써서 회사 현황을 공유한다. 이 편지는 아주 유명하다. 제프 베조스가 1997년 처음으로 주주들에게 보낸 편지의 첫 장은 굵은 글씨로 '가장 중요한 것은 장기적 시각' long term thinking 이라는 문장으로 시작한다.

장기에 집중하기 때문에 우리는 여타 기업들과는 다른 결정을 내리고 거래의 비중을 다른 곳에 두곤 합니다. … 우리는 단기적 이윤이나 월스트리트의 반응에 좌우되지 않고 항상 장기적인 시장 주도자의 시각에서 투자 결정을 내릴 것입니다. … 시장주도자로서 우위를 얻을 가능성이 충분할 때는 소심한 투자가 아닌 대담한 투자를 결정할 것입니다. 성공하는 투자도 있고 그렇지 못한 투자도 있을 테지만, 어떤 경우에서든 우리는 또 다른 귀중한 교훈을 얻을 것입니다.

부정적 리뷰를 허용한 이유

2003년 편지에도 '장기적 사고'를 강조하며 소비자가 제품에 대한 부정적 리뷰를 올리는 것을 승인한 이유를 설명했다. 아마존은 1995년 아마존닷컴을 론칭한 직후 제품 리뷰 권한을 소비자에게 부여했다. 지금은 관행이 되었지만, 당시에는 몇몇 판매업체로부터 많은 항의를 받았다. "아마존도 물건을 팔아야 돈을 버는데, 왜 고객이 아마존 웹사이트에 부정적인 리뷰를 올리는 걸 허용하느냐?"라고 말이다. 그리고 베조스 자신도 아마존닷컴에서 상품을 구매하기 전에 부정적 혹은 미온적인 고객 리뷰를 보고 마음을 바꾼 적 있다고 고백하며 다음과 같이 말했다.

부정적 리뷰는 단기적으로 일부 매출 기회를 놓치게 만들지만 우리가 돈을 버는 때는 물건을 팔 때가 아닙니다. 고객이 구매 결정을 내리는 것을 도울 때입니다.

기업을 인수하는 조건

아마존은 100여 개 이상의 기업을 인수합병했다. 그렇게 아마존 제국을 만들었다. 제프 베조스가 기업을 인수하는 기준이 있다. 바로 회사를 설립한 기업가가 용병인지 선교사인지를 본다는 것이다. 용병은 주가를 높이려고 노력하는 반면 선교사는 자신의 제품이나 서비스를 아끼며 고객에 대한 애정으로 탁월한 서비스를 만들기 위해 노력한다는 것이다. 그리고 가장 큰 모순은 용병보다 선교사들이 더 많은 돈을 번다는 것이다. 용병인지 선교사인지는 이야기를 나누어보면 금방 구분할 수 있다고 한다. 예를 들어 식품업체 홀푸드 인수를 검토하면서, 이 기업은 선교기업이며 설립자 매키는 선교사라는 것을 직감했다고 한다. 선교사를 지향하는 기업은 미션이 있어야 하고, 그 미션은 세상에 도움이 되는 것이어야 한다. 그렇기에 보통 장기간의 시간이 요구되는 것이다.

제프 베조스는 "장기적 사고는 혁신을 가능하게 합니다. 우리는 무언가를 발명하고 새로운 일을 하는 것을 좋아합니다. 그런데 발명에는 장기지향적 시각이 필수적입니다. 발명의 과정에는 많은 실패가 따르기 때문입니다"라고 말한다.

임원을 재계약하는 조건

임원들과 재계약을 고려할 때 올해 거둔 매출과 이익 등으로 평가하는 것이 보통이다. 하지만 베조스는 매출과 이익보다는 5-7년 후 미래의 그림을 누가 더 제대로 그리느냐를 본다.

베조스는 1-2년이 아닌 5-7년의 관점으로 봐야 한다고 강조한다. 지금의 성과는 이미 2-3년 전에 결정되었다는 것이다. 다음 분기는 이미 실질적으로 완성된 상태고, 완성된 지 2년은 됐을 거라는 것이다. 이런 식으로 사고하면 시간을 쓰는 방법이 바뀔 것이고, 계획을 짜는 방식과 에너지를 집중하는 대상도 바뀔 것이다. 그러면 사각지대를 내다볼 수 있는 능력이 생긴다는 것이다.

또 아마존은 보상도 장기적 관점에 입각해 현금보다 스톡옵션에 비중을 두었다.

미래 창업자들에게 우주 인프라를 만들어주고 싶다

우주산업을 하는 블루오리진 공장에는 라틴어로 이렇게 적혀있다. '그라다팀 페로키테르'Gradatim Ferociter 이것은 '한 단계씩 맹렬하게'라는 의미다. 블루오리진의 강령은 "블루오리진은 장기적인 목표를 차근차근 끈기 있게 추구한다"이다. 베조스는 팀원들에게 토끼가 아닌 거북이가 되라고 말한다. 그가 어마어마한 자금을 들여 우주산업에 투자하는 이유는 당장 얻을 수 있는 이익이나 결과 때문이 아니었다.

30년 뒤 창업자들이 저렴한 비용으로 우주기업을 설립할 인프라를 만들어주고 싶다. 그들이 그렇게 생각해주면 기쁠 것 같다.

아마존이 성공할 수 있었던 배경에는 인터넷, 잘 정비된 도로망, 우편제도 등이 있었다. 신용카드라는 편리한 결제수단이 있었고, 개인 컴퓨터를 통해 많은 일을 할 수 있었다. 베조스는 누군가 구축해놓은 것들 덕분에 저렴하게 창업할 수 있었으며, 이렇듯 인프라가 갖춰지면 창업가들이 놀라운 일을 할 수 있을 거라고 생각했다.

우주산업이 어떻게 발전할지 베조스가 정확히 예측하고 있는 것은 아니다. 다만 미래세대가 분명히 답을 찾을 거라고 믿었다. 그렇게 되기 위해서는 충족되어야 할 조건들이 있는데, 그것을 앞선 세대가 준비해두지 않으면 미래세대는 절대 그 일을 해내지 못한다는 것이다. 『제프 베조스, 발명과 방황』Invent & Wander의 서문을 쓴 월터 아이작슨의 말이다. "장기적 시각을 갖는 것은 베조스의 장점 중 하나다. 아무나 가질 수 있는 능력이 아니다. 그의 이 능력은 아마존에서 꾸준히 발휘되고 있다."

파워포인트 대신 서술된 보고서를 요구하다

아마존은 파워포인트 대신 6쪽짜리 서술된 보고서를 요구한다. 읽는 사람은 시간이 들지만, 보고하는 사람은 충분히 자신의 의견을 표현할 수 있고, 글을 쓰면 사고력이 깊어지기 때문이다. 베조스는 스토리텔링의 힘을 굳게 믿고 있다. 남에게 자신의 아이디어를 설득시키려면 재미있게 읽히는 서사를 만들 수 있어야 하는데, 파워포인트는 생각을 요약해서 전달하는 문서형태라 이야기를 만들 수 없다는 것이다. 아마존 직원들은 서사 구조를 가진 6쪽짜리 글을 작성해 매 회의시간 때마다 조용히 글을 읽는 일종의 자습시간을 갖는다.

이야기가 있는 보고서는 단어를 나열하는 보고서보다 고민의 시간이 더 필요하다. 작성하는 데도 읽는 데도 시간이 더 들지만 나중에 다시 읽어도 이해할 수 있다. 단어만 나열된 보고서는 그때가 지나면 작성자조차도 이해하기 쉽지 않다. 그래서 아마존의 보고서에는 느리더라도 탄탄하게, 또 시간이 지나도 변하지 않는 장기적 관점이 녹아있다. 2013년 제프 베조스는 개인 자격으로 미국 유력 일간지 〈워싱턴포스트〉를 인수했다. 그는 어릴 때부터 독서광이었고, 글 쓰는 것을 좋아했다. 글의 힘을 알고 있었다.

고객에 집착하다

아마존이 추구하는 두 개의 축이 있다. 하나는 앞서 설명한 '장기적 관점'이고, 다른 하나는 '고객 집착'이다. 1997년 주주에게 보내는 편지에 '장기적 관점'과 '고객에 집착한다'는 문장이 등장한다. 이후 주주들에게 보내는 편지에 두 문장은 빠지지 않았다.

다음은 1998년 편지의 일부다.

우리의 목표는 세계에서 가장 고객중심적인 회사가 되는 것입니다. … 저는 매일 아침 두려움 속에서 눈을 뜨라고 직원들에게 끊임없이 상기시킵니다. 그 두려움은 경쟁이 아닌 고객에 대한 두려움이어야 합니다. … 그들이 아마존의 충성고객이 되는 것은 아마존보다 더 나은 서비스를 제공하는 다른 회사가 등장하기 직전까지입니다. …
우리 회사의 핵심은 경쟁에 대한 집착이 아닌 고객에 대한 집착입니다. 고객중심적인 것의 장점은 고객이 결코 만족을 모른다는 데 있습니다. 고객은 언제나 더 많은 것을 바라고, 우리를 다그칩니다. 경쟁자에게 집착하는 리더라면 어떨까요? 주위를 돌아보고 모두가 자기 회사보다 뒤처져 있으면 속도를 늦출 겁니다.

20년 동안 갈고닦은 '고객 집착'Customer Obsession 덕분에 아마존은 온라인 서점, 서버, 우주산업 등 다양한 사업분야를 운영할 수 있었다. 고객 집착은 고객의 말에 귀를 기울일 뿐 아니라, 고객을 대신해서 발명하는 것이다. 고객은 항상 불만이 있는데 스스로 깨닫지 못할 뿐이며, 만족한다고 생각할 때도 실제로는 더 나은 방식을 원한다. 다만 그것이 무엇인지 알지 못할 뿐이다.

아마존이 추구하는 '장기적 관점'과 '고객 집착'은 같은 뿌리다. 둘다 고객을 만족시키는 것이 목표이기 때문이다. 고객 집착은 고객 스스로 인식하지 못하는 것을 대신 고민해서 해결해주겠다는 의미인데, 그러려면 장기적 관점으로 경영할 수밖에 없다. 단기적 관점으로 접근해서는 고객이 인식 못하는 것을 찾기도 어렵거니와 찾아도 해결책을 제시할 시간이 없다. 결국 베조스는 고객을 지속적으로 만족시키기 위해 고객 집착을 중요한 모토로 여기는 것이다.

아마존의 놀라운 점 중 하나는 제3자가 아마존 플랫폼을 통해 고객에게 물건을 직접 판매할 수 있도록 허용한 것이다. 예를 들어 아마존이 10달러에 파는 책을 다른 업체가 9달러에 판다고 할 때 이 업체가 파는 책의 정보를 고객에게 같이 보여준다. 유통을 통제하고 있다면 고객 선택권을 제한하여 자기 사이트에서 판매하는 제품만 강요하고 싶을 텐데 아마존은 그렇게 하지 않았다.

또 C.R.A.P Can't Realize Any Profits 라는 제도가 있다. 이것은 포장이나 배송을 바꿔도 안 팔리는 상품은 포기하는 것을 말한다. 되는 건 더 열심히 하고, 안 되는 건 더 빨리 포기할 수 있도록 관리하는 제도다. 모두 고객에게 집착하기 위한 것이다.

닷컴 버블 때처럼 위기를 맞았을 때 야후를 비롯한 많은 기업이 단기 성과와 외양에 신경 썼다. 하지만 아마존은 장기적 성장을 추구했다. 이익률이 너무 낮은 데다 무리한 투자를 한다는 비난과 언제 망할지 모른다는 여론이 들끓을 때도 베조스는 더 큰 성장을 위해 더 멀리 봐야 한다고 주장했다. 또 돈을 쉽게 벌지는 않지만, 쉽게 무너지지 않을 기업을 만들겠다고 약속했다. 아마존은 설립 후 9년 만인 2003년에 처음 수익을 냈다. 그가 욕심이 없어서가 아니라 야망이 있었기에 길게 내다볼 수 있었던 것이다.

장기적 관점으로 경영할 때 많은 것이 개선되고 혁신도 일어난다. 하지만 이것은 인간에게 부자연스러운 사고방식이다. 불확실한 미래는 늘 불안을 야기하기 때문이다. 특히 위기상황이 닥치면 단기적 관점을 취하게 되는 것은 본능에 가깝다. 결국 명료한 비전을 바탕에 두고 내적인 투쟁을 통한 철학이 정립되어야만 장기적 시각을 가질 수 있다. 베조스는 평소 단기 성과주의 경영이 장기적으로 기업과 사회에 해롭다는 투철한 신념이 있었기에 가능했다.

월마트 출신으로 초창기 아마존 성장에 큰 역할을 했던 릭 달젤Rick Dalzell은 제프 베조스에 대해 이렇게 말한다. "많은 사람이 자신은 진실을 받아들일 줄 안다고 생각합니다. 하지만 사실은 대부분 그렇지 않습니다. 그러나 제프는 진실을 수용할 줄 알았습니다. 그렇기에 진실에 기반한 의사결정을 했습니다. 그리고 그의 두드러진 특징은 습관적 사고에 구애받지 않았다는 겁니다. 베조스는 자연이 만든 물리법칙 외에 나머지는 모두 바꿀 수 있고, 협상의 대상이라고 생각하는 사람이었습니다. 그래서 관습적인 생각에 얽매이지 않았고 반드시 필요한 것과 반드시 해야 할 것을 찾았습니다."

베조스는 자신의 신념에 반대하면서 자신에게 상처를 주는 어떤 것에도 두려워하지 않았다. 하지만 그가 두려워했던 것이 있었다.

두려운 것은 매출이 떨어지거나 기업가치가 떨어지는 것이 아니라 아마존의 철학을 잃어버리는 것이다. 고객 집착의 수준이 낮아지거나 단기 지향적이 되거나 지나치게 조심스러워지거나 실패를 두려워해 발명도 개척도 못하게 되는 것들이다.

파타고니아
Patagonia

"

새로 출시하는 재킷을 사지 마세요.

"

프리미엄 아웃도어 의류회사. 새 옷을 사지 말라고 강조하는 기업. 비즈니스 통념에 역행하지만 세계적인 기업이 됐다. 환경 파괴는 최소화하면서 최고의 제품을 만들겠다는 철칙을 지켜온 창업자 이본 쉬나드의 남다른 경영철학을 살펴보자.

회사명	파타고니아(Patagonia)
창업자	이본 쉬나드(Yvon Chouinard)
창업연도	1973년(미국)
사업분야	아웃도어 의류 제조 및 판매

1973년 미국 캘리포니아 벤투라에서 창업했다. 창업자 이본 쉬나드는 등반가 출신으로, 파타고니아는 등반 장비를 만드는 쉬나드 이큅먼트Chouinard Equipment 의 자회사로 출발했다.

그는 자신이 등반가였기에 환경을 파괴하는 것을 극도로 싫어했다. 나아가 친환경을 더욱 철저히 추구하기 위해 2007년 발자국 찾기The Footprint Chronicles 라는 사이트를 열었다. 파타고니아에서 사용하는 원재료가 어디서 만들어지고 환경에 어떤 영향을 미치는지 추적해 살피는 사이트다. 옷을 만들 때는 의도적이든 아니든 환경에 영향을 미친다는 사실을 숨기지 않고 당당하게 밝혔다. 덕분에 소비자들은 파타고니아를 신뢰하기 시작했다.

파타고니아는 사업을 오래 지속하려면 사회와 환경에 미치는 피해를 줄이거나 없애 나가야 한다고 믿는다. 그들은 대기업이 관행적으로 해온 성장주의 전략은 자신의 브랜드 철학과 맞지 않는다고 생각한다. "우리는 우리의 터전, 지구를 되살리기 위해 사업을 합니다"We're in business to save our home planet 라는 비전 아래 친환경 정책을 철저히 고수한다.

파타고니아의 경영철학은 전 세계 아웃도어 마니아의 열렬한 지지를 받으며 글로벌 기업으로 성장하는 발판이 됐다. 현재 파타고니아는 노스페이스The North Face , 컬럼비아Columbia 와 함께 세계 아웃도어 시장을 리드하는 글로벌 브랜드가 되었다.

파타고니아 직원들의 이직률은 기이할 정도로 낮다. 미국 소매업의 평균 이직률이 60%를 넘는 것에 비해 파타고니아는 4%다. 〈포보스〉Forbes 는 6년 연속 '일하기 좋은 100대 기업'에 파타고니아를 선정했다. 직원수첩의 첫 페이지에 적혀있는 문장에서 이직률이 낮은 이유가 보인다.

Let my people go Surfing.
회사 사람들에게 서핑을 하도록 하겠다.

혁신을 이끈 한 문장

"새로 출시하는 재킷을 사지 마세요."

처음 이 문장을 보면 고도의 마케팅 전략이라고 생각할 수도 있다. 하지만 파타고니아는 진심이었다. 다소 도발적인 느낌의 이 문장은 파타고니아가 2011년 〈뉴욕타임스〉The New York Times 에 게재한 광고 문구다. 당시는 1년 중 미국에서 최대 소비가 일어나는 블랙프라이데이 기간이었다. 모든 기업이 자사제품을 더 팔려고 애쓸 때, 파타고니아는 자사제품을 사지 말라는 광고를 했던 것이다. 환경을 보호하기 위해서였다. 아무리 애써도 제품 하나를 만들 때마다 어쩔 수 없이 환경은 파괴된다는 사실을 알기에 신중히 생각해보고 꼭 필요한 경우에만 구입하라는 의미였다.

기업의 혁신 스토리

클린 클라이밍

이본 쉬나드는 1972년부터 쉬나드 이큅먼트를 운영했다. 금속으로 암벽 등반용 쇠못인 피톤을 만들어 판매했다. 등산에 대한 관심이 높아지면서 피톤의 수요도 늘어났지만 동시에 암벽을 손상시키는 주범이 됐다. 이본 쉬나드는 피톤으로 인해 눈에 띄게 자연이 훼손되는 모습을 보고는 회사에서 가장 잘 팔리던 제품의 생산을 중단했다. 돈보다 자연이 좋아 시작한 사업이었기에 가능했다.

그는 대안을 찾기 시작했다. 암벽에 박아서 사용하는 피톤 대신 암벽 틈 사이에 끼우는 쐐기인 초크를 개발해 바위의 훼손을 줄였다. 또한 이본 쉬나드는 클린 클라이밍Clean Climbing 이라는 신조어를 만들었다. 바위의 깨끗한 본래 모습을 그대로 유지하면서 등반하는 것을 가리킨다. 암벽을 훼손하지 않아야 등반을 더 오래 할 수 있기에 이본 쉬나드는 파타고니아를 친환경을 추구하는 기업으로 만들었다.

일찍이 환경에 관심을 갖고 유기농 재료를 사용하다

1988년 파타고니아 보스턴 매장을 연 뒤 그곳에서 근무하는 직원들이 자꾸 머리가 아픈 일이 발생했다. 원인은 포름알데히드였다. 면 제품을 보관하는 지하 창고에서 포름알데히드가 검출된 것이다. 이를 계기로 면 제품에 얼마나 많은 화학물질이 나오는지 연구했고 파타고니아는 1996년부터 모든 제품에 유기농 방식으로 재배한 목화로 생산한 면만 사용했다. 또한 1993년부터 쓰레기 중에서도 처리가 골치 아픈 페트병에서 폴리에스테르를 추출하여 신칠라Chinchilla 플리스와 같은 제품도 개발하였다.

환경 담당임원과 철학 담당임원이 있다

옷을 만들어 파는 회사에 '철학 담당임원'과 '환경 담당임원'이라는 제도가 있다는 것부터 놀랍다. 철학 담당임원은 '이 재킷을 사지 마세요'라고 광고한 이유에 대해 "아무리 노력해도 우리가 자연에서 얻는 것보다 자연에 되돌려주는 것이 적다"라고 말한다.

'이 재킷을 사지 마세요'라는 문구는 환경 담당임원이 작성했고 광

〈뉴욕타임스〉에 실린 파타고니아의 재킷 광고와 원 웨어 광고

고와 함께 실린 제품 생산과정에서 배출되는 이산화탄소와 소비되는 물에 대한 글은 철학 담당임원이 작성했다. 파타고니아가 환경보호라는 명분을 내세워 마케팅하는 것이 아닌 지구환경을 보호하려는 진심을 엿볼 수 있는 부분이다.

수익이 나지 않아도 기부하다

1986년 파타고니아는 일찍이 환경보호 단체를 만들고 지원했다. '지구를 위한 1%' 1% For the Planet 라는 프로젝트를 통해 매출액의 1%를 풀뿌리 환경단체에 지원한다. 이익이 아닌 매출의 1%를 기부하는 예는 흔치 않다. 수익이 나지 않아도 기부하겠다는 의미이기 때문이다. 또한 환경보호 활동가를 대상으로 교육과 콘퍼런스 등도 개최해 그들의 활동을 돕고 있다.

낡은 옷을 고쳐 입다

2013년에는 낡고 오래된 옷을 고쳐 입는 '원 웨어'Worn Wear 프로젝트를 계획한다. 이 프로젝트를 통해 2017년 한 해에만 50,295개의 제품이 수선으로 새롭게 탄생했다.

의류가 아닌 다른 영역에서도 친환경을 추구하다

파타고니아는 2014년부터 식품업으로 영역을 확장해 철저히 친환경으로 만들어진 훈제연어와 육포, 맥주 등을 판매하고 있다. 연어의 동선을 파악해 개체 수에 영향을 주지 않은 적정선에서 포획된 연어만 사들여 훈제연어 제품을 만든다. 또한 호르몬이나 항생제 투여 없이 풀만 먹고 자란 버팔로로 육포를 만들고, 화학비료나 살충제 없이 키운 보리를 사용해 맥주를 만든다.

유기농 재료 사용을 위해 직원을 직접 농장에 데려가다

회사는 포름알데히드 사건 후 모든 제품을 유기농 방식으로 재배한 목화의 면을 사용하기로 했다. 하지만 문제가 있었다. 제품 생산라인도 바꿔야 했고 농장, 공장 역시 새로운 파트너를 물색해야 했다. 가장 큰 난제는 구성원을 설득하는 일이었다. 유기농 면으로 바꾸려면 제품 하나당 5달러의 추가 비용이 발생했다. 낯선 방식에 직원들은 거부감을 표현했다.

그래서 전 직원을 버스에 태우고 기존 목화재배 농장을 탐방했다. 직원들이 버스에서 내리자마자 농약 냄새가 진동했고, 밭에는 곤충 한 마리 없었다. 반면 유기농 목화재배 농장에서는 자연의 냄새, 벌과 곤충들이 가득한 밭이 직원들을 맞이했다. 그제야 직원들은 '왜 제품 원료를 바꿔야 하는지'에 대해 공감했다.

대통령을 고소하다

파타고니아는 미국 국립보호구역인 '베어스 이어스'Bears Ears 의 지정 면적 축소를 계획한 미국 트럼프 행정부를 대상으로 행정명령 저지 소송을 제기해 큰 화제를 모았다. '대통령이 당신의 땅을 훔쳤습니다' The President Stole Your Land 캠페인으로 전 세계 5,500개의 미디어에 개발 반대의 목소리를 전했다. 대통령을 고소할 만큼 환경에 대한 강한 신념을 지니고 있다.

파타고니아의 인사이트

"기업의 성장은 결국 환경에 나쁜 영향을 끼칠 텐데 그러면 기업이 성장을 해서는 안 됩니까?"

이본 쉬나드는 이렇게 답한다.

"저는 성장에 반대하지 않습니다. 다만 인위적인 수요 촉진보다는 자연적인 가치 창출로 환경을 보호하는 건전한 성장을 희망합니다."

제품을 판매해 이윤을 남기고 성장을 중요하게 여긴다는 점에서 파타고니아도 여느 기업과 다르지 않다. 하지만 필요에 의해 발생하는 자연스러운 수요와 이를 충족하는 가치 있는 제품으로 얻게 되는 자연스러운 성장을 추구한다는 점은 분명 다르다. 대중은 억지 수요를 만들지 않겠다는 파타고니아의 철학에 공감하고 지지와 성원을 보냈다.

기업의 사회적 책임은 이미지 제고와 매출 확대의 수단을 넘어 기업을 존속시키는 필수요소가 되고 있다. 많은 기업이 친환경을 표방하는 이유다. 하지만 진심으로 친환경을 실천하는 기업은 많지 않다. 좋은 기업 이미지로 포장하여 더 많은 매출을 올리는 게 목적인 그린워싱 Greenwashing* 기업도 꽤 많다. 하지만 진정성 없이 친환경을 외치는 기업을 소비자는 직감적으로 파악한다는 사실을 명심해야 한다.

파타고니아의 철학은 한편으로 무모하고 어리석어 보이지만 진정성이 있었다. 그렇기에 대중이 알아봐준 것이다. 이런 철학은 기업의 장기적 관점으로 볼 때 파타고니아에게 결코 불리하지 않을 것이다.

누디진

Nudie Jeans

"

우리를 모방하라.

"

프리미엄 청바지 회사. 친환경 등 공익적인 생산공정을 추구하면서도 수익창출이 가능하다는 것을 보여준다. 지구환경을 위한 책임감으로 똘똘 뭉친 회사다. 누디진의 비즈니스 목표는 수익증대가 아닌 옳다고 생각하는 신념의 실천이다.

회사명	누디진(Nudie Jeans)
창업자	마리아 에릭슨(Maria Erixon)
창업연도	2001년(스웨덴)
사업분야	청바지 제조 판매

누디진은 지속가능한 소비를 위해 환경친화적이며 공정한 방식으로 고품질 청바지를 생산한다. 환경에 유해한 워싱 과정을 생략하고 100% (화학비료를 쓰지 않는) 오가닉 코튼을 사용해 워싱이 들어가지 않은 드라이 청바지를 만든다. 또한 원료 구매부터 생산, 판매, 소비, 폐기까지 전 과정을 모두 투명하고 공정하게 처리한다.

창업 초기에 가졌던 환경친화적인 신념에 충실하고자 빠르게 성장하면서도 외부투자를 받지 않았다. 그럼에도 100여 년 된 유명 청바지 전문 브랜드들과 어깨를 나란히 하고 있다. 현재 40여 나라에 2,000여 개 매장을 두고 있다. 나아가 청바지는 물론이고 패션 산업 전반에 걸쳐 친환경과 공정한 방식을 가장 잘 실천하는 브랜드로 주목받고 있다.

누디진에서 운영하는 리페어 매장도 유명하다. 고객 스스로 친환경을 실천할 수 있도록 낡은 청바지를 무료로 수선해준다.

혁신을 이끈 한 문장

"우리를 모방하라."

기업들은 특허권과 지적재산권 등을 활용해 경쟁사에서 모방하지 못하도록 철저하게 관리한다. 누디진은 반대다. '제발 자신들을 모방하라'라고 강조한다. 기존 비즈니스 흐름에 역행하고 있는 것이다. 이렇게 자신감을 가질 수 있는 이유는 누구나 공감할 만한 공익적 가치를 실천하고 있기 때문이다. 누디진은 세상이 자신들을 모방할수록 지구환경과 사회가 더 좋아진다고 생각한다.

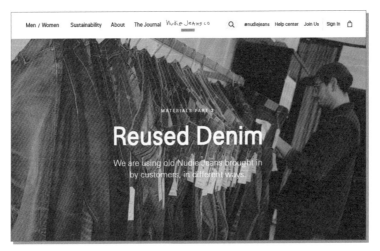

누디진 홈페이지의 재사용 데님

기업의 혁신 스토리

자신들의 핵심을 모방하기 쉽게 보여주다

누디진 홈페이지에 들어가면 '생산 가이드'production guide 를 통해 제품의 생산 관련 정보를 한눈에 볼 수 있다. 국가별 생산 비중은 물론 청바지, 재킷, 니트 등 카테고리별 공급자와 공장에 대한 정보를 상세히 제공한다. 어느 국가에서 어떤 공급자를 통해 어떤 제품을 생산하는지, 원자재와 부자재는 어떤 기업에서 구매하는지 모두 보여준다.

이렇듯 누디진은 모든 핵심정보를 투명하게 제공한다. 경쟁이 심한 패션업계에서 투명성 즉, 정보 공유는 자기 경쟁력을 무력화시키는 행위일 수 있다. 하지만 누디진은 다른 기업들이 자신의 생산 가이드를 보며 생산방식을 따라해 모든 기업이 인류를 위해 사회적 책임을 다하기를 바란다.

wear it, tear it, repair it

"생산한 뒤에도 환경친화적이고 지속가능한 소비를 실천한다. 입고 낡아지면 수선해서 입는다." 누디진의 모토다. 누디진은 별도의 리페어 매장을 운영해 자사제품을 무료로 수선해준다. 매장 방문이 어려운 고객에게는 직접 청바지 수선 도구를 보내주고 수선 방법도 영상으로 제공한다. 이런 요인들로 소비자들은 충성고객이 된다. 또한 기존에 입던 누디진 제품을 가져오면 새 제품 구매 시 20%를 할인해준다. 그렇게 모은 누디진 제품은 재가공해 다시 중고로 판매한다. 그래서 누디진 제품을 구매하는 것 자체가 친환경적 행위라 할 수 있다. 누디진 홈페이지 곳곳에 친환경과 관련된 청바지 이야기가 있다.

우리는 '청바지'와 '쓰레기'가 같은 의미의 단어라고 생각하지 않습니다. 의복을 적절하게 관리하고 필요할 때 수선한다면 지구환경에 이바지할 뿐만 아니라 자신의 이야기가 담긴 독특한 의복도 얻게 됩니다.

FINE ART

누디진의 특별한 경험은 구매 뒤 시작된다. 누디진은 마음에 드는 청바지를 최대한 오래 입는 것이 가장 친환경적인 행위라 여겨 청바지를 길들이고, 리페어repair, 리유즈reuse, 리사이클recycle 하는 '누디진 에코 사이클'을 운영한다. 청바지를 세탁하지 않고, 입어 길들인 뒤 입다가 구멍이 나면 수선해서 다시 입고, 더 이상 수선할 수 없을 때는 다른 방법으로 재활용하자는 것이다.

누디진은 구매한 청바지를 최소 6개월 동안은 세탁하지 않고 입기를 권장한다. 시간이 지나면서 자신만의 생활습관이 그대로 자국을 남겨 자신만의 청바지를 만들 수 있다는 것이다. 6개월 뒤 청바지를 세탁하는 순간은 'FINE ART'라 부른다. 그만큼 이 원칙에 자부심을 느끼고 있다. 빨지 않는 청바지, FINE ART에는 '구매한 직후보다 오래 입었을 때 그 매력이 배가 된다' '세제 사용을 조금이라도 줄이자'는 의미가 담겨있다.

사람을 생각하다

창업자인 마리아 에릭슨은 세계적인 청바지 회사 리Lee 에서 디자인 매니저로 일했다. 단기 이익만 좇는 패션산업에 실망한 후, 매출을 늘리고 규모를 키우는 일반적인 상업 전략에는 관심을 두지 않았다. 어떻게 하면 가장 친환경적이고 사회적 책임을 다하는 비즈니스 모델을 만들 수 있는지가 에릭슨의 최우선 고려사항이었다.

에릭슨은 누디진 론칭 때부터 100% 오가닉 코튼을 사용해 환경에 피해를 주는 면화재배를 친환경적으로 바꾸기 위해 노력했다. 기존 면화재배, 옷 제조과정에서는 근로자들이 농약, 비료, 고엽제 등에 노출되지만 오가닉 코튼을 사용하면 이를 막을 수 있었다. 그래서 누디진은 고객뿐만 아니라 전 공급체인에 속한 사람들에게 오가닉 코튼의 장점을 설명했다. 또한 직원은 물론이고 전 공급체인에서 누디진을 위해 일하는 모든 사람에게 최저임금이 아닌 생활임금을 지급한다. 누디진은 어느 누가 따라 해도 좋을 공익적 가치를 실천하고 있다.

누디진의 인사이트

비즈니스에서 경쟁력은 자신만의 노하우다. 그래서 기업들은 특허

권 등 지적재산을 보호하는 데 힘쓴다. 가끔 대기업이 특허권을 무료로 배포하는 경우가 있긴 하지만, 자신이 오랫동안 경험하고 연구한 결과물을 지키고 싶은 것은 본능이다.

누디진은 그 어떤 기업도 하지 못한, 투명성이라는 이름으로 생산 공정, 관련 거래업체 등 회사의 핵심정보를 공개했다. 더 나아가 다른 기업에게 자신들을 모방하라고 말한다. 따라 하다보면 자연스럽게 친환경을 실천하고 사회적 책임을 다하게 되기 때문이다.

누디진은 이익과 대치되더라도 친환경이라는 원칙을 고수하며 결코 타협하지 않았다. 그들은 '이익'과 '사람' 중 사람을 택하고 '생산'과 '환경' 중 환경에 우선순위를 두는 것에 자부심을 느꼈다. 이런 원칙과 믿음은 고스란히 고객에게 전해진다. 고객은 자신이 구매한 제품이 도덕적으로 문제가 없음에 안도하고 환경에 이바지할 수 있음에 자부심을 느낀다.

누디진의 리페어 매장에서는 연간 수만 벌의 청바지가 새롭게 태어난다. 리페어 서비스를 제공하지 않는다면 더 많은 제품을 팔 수 있을지 모른다. 하지만 그것은 누디진이 추구하는 가치가 아니었다. 이처럼 누디진은 환경을 위해, 사회를 위해 할 수 있는 일을 실천했고 결국 이런 원칙과 믿음을 비즈니스로 실현하는 데 성공했다.

Google

"

사악해지지 말라.

"

검색회사. 현재 '구글링'(googling)이 '정보를 검색하다'는 의미로 쓰일 정도로, 검색분야를 평정했다. 하지만 검색뿐 아니라 인공지능, 무인자동차 등 다양한 분야에 참여하고 있는 최첨단 거대 기업이다.

회사명	구글(Google)
창업자	래리 페이지(Larry Page), 세르게이 브린(Sergey Brin)
창업연도	1998년(미국)
사업분야	인터넷 검색 서비스

1998년에 백럽BackRub이라는 이름으로 검색 서비스를 시작했고, 이후 구글Google로 사명을 변경했다. 창업자는 래리 페이지와 세르게이 브린이다. 세계 검색 시장의 90% 이상을 장악한 공룡기업이자, 2016년 이세돌 9단과 대국을 펼쳤던 인공지능 알파고AlphaGo를 개발한 딥마인드DeepMind, 유튜브YouTube, 크롬Chrome, 지메일, 구글맵, 자율주행차 웨이모Waymo, 스마트시티 분야의 사이드워크랩Sidewalk Labs 등을 거느린 제국이다. 이렇게 다양한 분야에 진출했지만 구글은 정체성을 잃지 않았다. 비전과 핵심가치에 기반을 둔 경영을 했기 때문이다.

구글의 비전은 "세상의 모든 정보를 조직화하겠다"이다. 자율주행차를 개발한다는 이야기가 처음 나왔을 때 '구글은 검색회사인데 왜 자율주행차를 개발하느냐?'며 다들 의아해했다. 이에 구글은 자율주행차에 카메라를 달아 세상 구석구석의 실시간 정보를 취합하고 조직화하여 세상에 더 나은 정보를 제공하겠다고 답했다. 이처럼 자신들의 비전을 실천하기 위한 비즈니스에 참여하고 있는 것이다. 구글의 거대한 성장은 높은 기술뿐만 아니라 자신들이 추구하는 가치를 제대로 실천하려는 노력이 있었기에 가능했다.

혁신을 이끈 한 문장

"사악해지지 말라."

이 문장은 구글의 창업 핵심가치 중 하나다. "You can make money without doing evil." 부정적인 방법을 쓰지 않고도 돈을 벌 수 있다는 의미다. 구글은 편하게 이익을 창출할 수 있는 상황에서 손

구글 본사

해를 본 적도 있다. 이 핵심가치를 지키기 위해서였다. 결국 단기적 이익을 얻지 못한다 할지라도 장기적·공익적 관점에서 기업을 운영하겠다는 결심이었다.

기업의 혁신 스토리

구글의 한 직원이 신규업체와 광고계약을 진행하고 있었다. 신규업체이기에 표준화된 광고가격밴드를 따르지 않아도 되었다. 법률적으로 도덕적으로 아무런 문제가 없었다. 예를 들어 구글의 광고가격밴드는 1-1.5억 원으로 되어 있는데, 신규업체 대해서는 이 밴드가격을 적용하지 않아도 되었기에 2억 원으로 광고계약을 체결할 수 있었다. 만약 2억 원으로 계약하면 구글 입장에서는 더 많은 매출을 올릴 수 있

고, 또 직원은 자신의 실적을 높일 좋은 기회가 된다. 하지만 그 직원은 이 거래를 성사시키지 않았다. 자신이 더 높은 이익을 얻기 위해 사악해지고 있다고 판단했기 때문이다.

2001년 3월, 구글은 '정보통신업계의 늙은 여우'라는 별명을 가진 에릭 슈미트Eric Emerson Schmidt 라는 전문경영인을 영입했다. 직원 수가 150명을 넘어서는 시점이었고, 에릭 슈미트는 그해 9월에 최고경영자가 되었다. 구글의 미래와 가치관을 확립하기 원했던 슈미트는 초창기 멤버 10여 명과 열띤 토론을 벌였다. 토론 중 지메일을 만들었던 엔지니어 폴 부케이트Paul Buchheit 가 눈앞의 이익에 매몰되면 장기적 브랜드 이미지가 훼손된다고 주장했다. 이 자리에서 "사악해지지 말라"Don't be evil 가 마지막 핵심가치로 정해졌다.

구글의 초창기 핵심가치

1. 최고의 인재와 일하고 싶다.
2. 최고의 인재를 채용하고 직원을 최고로 만들어줘야 한다.

3. 똑똑한 사람을 채용해서 바보로 만들지 말자.

4. 공정하게 대하자. 더 좋은 아이디어가 나올 수 있도록 하자.

5. 다양성이 중요하다. 60억 인구를 상대하려면 우리부터 다양해야 한다.

6. 의사결정은 정량적으로 통계에 기반해야 한다.

7. 기술적 혁신이 가장 중요하다.

8. 구글에서 일하는 것은 재미있어야 한다.

9. 주인의식을 가져야 한다. 당신이 회사다. 불만이 있으면 직접 고쳐라.

10. 성공은 그냥 오는 것이 아니다. 낮은 자세로 임하고 겸손하라.

11. 사악해지지 말라.

돈이 되는 배너광고를 거부하다

투자자들은 검색회사에서 배너광고는 필수라고 주장했다. 하지만 구글은 투자자들과 갈등하면서도 빠른 검색을 방해하는 배너광고를 거부했다. 구글 첫 화면이 너저분한 배너광고 없이 깨끗한 이유다. 구글은 돈이 되지 않아도 일단 자기 기준에서 가치 있고 흥미 있는 일이라면 추진했다.

20% 타임제를 운영한다

직원들은 업무 시간의 20%는 개인적인 일을 할 수 있게 했다. 그 시간만큼은 마음대로 할 자유를 준 것이다. 20% 타임제를 사용하기 위해 팀장에게 말하기만 하면 된다. 나머지는 자율이다. 업무시간의 20%만 쓰고 있는지 체크하는 사람은 없다. 20% 타임제로 직원들은 개인적인 일도 했지만 자신의 고유 업무가 아닌 다양한 업무를 더 많이 생각해냈다. 지메일, 구글 뉴스, 애드센스AdSense를 비롯해서 떠오른 생각을 마음껏 낙서하라고 설치한 대형 화이트보드, 셔틀버스 운행

개선 등 다양한 아이디어가 20% 타임제를 통해 만들어졌다.

조직이 구성원을 배려하면 그만큼 구성원은 조직에 도움이 되는 것을 하려고 애쓰게 된다. 월급을 준다는 이유로 마음대로 직원을 부려도 된다는 생각이 지배적인 조직문화에서 직원들의 헌신을 기대하기는 어렵다. 구성원을 대하는 태도에서도 구글은 사악하지 않으려고 했다.

구글의 인사이트

구글의 성장 동력은 엔지니어 문화다. 자연스럽게 과학과 기술을 중시한다. 하지만 과학과 기술에는 선과 악이 존재하지 않는다. '사악해지지 말라'는 하이테크를 중시하는 기업문화에 선과 악의 개념을 도입한 것이다.

세상을 움직이기 위해서는 반드시 높은 과학적 지식과 기술이 필요하다. 하지만 옳은 것을 행하겠다는 윤리의식도 필요하다. 첨단 기술을 추구하며 선한 가치를 제대로 실천하는 기업을 대중은 거부하기 쉽지 않다. 구글은 이 두 마리 토끼를 모두 잡은 것이다.

혹자는 구글이 돈을 잘 벌기에 가능한 말이 아닌가라는 의문을 제기한다. 하지만 아무리 돈을 많이 벌더라도 자신만의 윤리적 신념이 단단하지 않으면 이런 말을 언급하는 것 자체도 쉽지 않다.

요즘 구글이 점점 사악해지고 있다는 내용의 뉴스를 본 적 있다. 기업 규모가 커지다 보니 옳은 방향으로 운영하려고 해도 수많은 직원과 이해관계자 가운데 이탈하는 사람이 생길 수밖에 없다. 지적하는 사람들이 많아지자 구글은 이 문구를 기업 핵심가치에서 제외했다. 원자력은 인류에게 엄청난 에너지이지만 핵폭탄으로도 만들어질 수 있듯이, 고난도의 과학과 기술은 지향점이 바르지 않으면 악용될 소지가 크다. 구글이 가진 기술과 영향력이 커지는 만큼 윤리적 지침이 반드시 필요하다. 그렇지 않으면 사회적으로 큰 해를 끼치게 될 것은 자명하다.

구글 같은 거대한 기업의 '사악해지지 말라'는 윤리적 신념은 대중과 새롭게 기업을 시작하는 창업자들에게 좋은 영향을 줄 것이다. 구글이 이 핵심가치를 복원하기를 바란다.

ONE
sentence

냉혹함을 넘어 따뜻함으로

교세라

Kyocera

"

지금 하는 일의 동기는 선한가?
그 일을 하는 과정 중에 비열함은 없는가?
사심은 없는가?

"

전기전자 및 세라믹 분야에서 세계 최고의 기술을 보유한 일본 회사. 기업 창업자 이나모리 가즈오는 일본에서 가장 존경받는 기업가 중 한 명으로, '경영의 신'이라 불린다.

회사명	교세라(Kyocera)
창업자	이나모리 가즈오(Gazuo Inamori)
창업연도	1959년(일본)
사업분야	전기전자 및 세라믹 부품 제작

교세라는 전기전자, 자동차, 의료용 반도체 부품, 태양광 발전 패널, 복사기, 산업용 공구 등을 생산하는 기업이다. 이나모리 가즈오가 1959년 일본 교토에서 교세라의 전신인 교토세라믹을 세우면서 역사가 시작되었다. 9명이 모여 창업했는데, '세상을 위해 사람을 위해 최선을 다하자'고 혈서까지 쓰며 성공을 다짐했다고 한다. 마쓰시타 전기에 각종 부품을 납품하면서 회사의 규모를 키워가던 교토세라믹은 IBM으로부터 대량 주문을 받으면서 사세가 급격히 커졌고 1982년에 '교세라'로 사명을 변경했다. 2019년 3월 기준 매출액이 1조 6천억 엔(약 16조 6천억 원)으로 명실상부한 일류기업이 되었다.

1982년, 이나모리 가즈오는 국민들이 저렴한 요금으로 전화를 사용할 수 있게 하기 위해 제이전전(현재 KDDI)을 설립했다. 교세라를 모체로 한 제이전전은 통신분야 경험이 전무했지만, 그는 제이전전을 단번에 업계 2위에 올려놓는다.

일본의 대표 항공사였던 일본항공Japan Airlines은 경영 파탄으로 2010년 1월 상장 폐지되었다. 당시 부채 규모는 2조 3000억 엔(약 30조 원)으로, 전문가들은 회생 가능성이 없다고 판단했다. 2010년 2월 일본 정부의 요청으로 이나모리 가즈오는 파산 위기에 처한 일본항공 회장에 취임했다. 그리고 2년 만에 일본항공은 최고 영업이익 2,049억 엔(약 2조 959억 원)을 달성했다. 기적 같은 부활이었다. 불과 2년 8개월 만에 재상장하며 세계 제일의 고수익 항공사로 거듭났다. 일본항공의 성공 신화는 그가 '경영의 신'이라 불리게 된 결정적인 계기다. 교세라와 전혀 다른 업종에서 2년 만에 엄청난 결과를 거두었기 때문이다. 그의 성공 비법은 무엇이었을까?

"지금 하는 일의 동기는 선한가?
그 일을 하는 과정 중에 비열함은 없는가? 사심은 없는가?"

피도 눈물도 없는 냉정한 비즈니스 세계에서 이나모리 가즈오는 올바름을 강조한다. "지금 하는 일의 동기는 선한가? 그 일을 하는 과정 중에 비열함은 없는가? 사심은 없는가?"를 요약하면 '인간으로서 올바른가?'라는 질문이다. 그는 이 물음을 일평생 경영 판단의 기준으로 삼았다.

기업의 혁신 스토리

통신사업에 뛰어들기 전 끊임없이 질문하다

이나모리 가즈오가 처음 사업을 시작할 때만 해도 자신이 통신 관련 분야에 뛰어들 거라고는 생각하지 못했다. 하지만 일본의 통신요금이 비정상적으로 비싸다는 사실을 알고 행동에 나서기로 했다. 경쟁 원리가 도입돼 국민들이 저렴한 요금으로 전화를 사용할 수 있어야 한다는 생각에 1982년 장거리 통신회사인 제이전전(현 KDDI)을 설립한 것이다. 당시 일본전신전화Nippon Telegraph and Telephone Corporation, NTT는 메이지 시대 이후 일본의 통신사업을 독점하며 매년 수조 엔의 매출을 거두고 있었다. NTT에 대항할 회사를 만드는 건 거의 불가능에 가까웠으며 무모한 싸움임을 누구나 알고 있었다.

이나모리 가즈오가 경험도 없는 전기통신 분야에 뛰어든 명분은 일본 전기통신사업의 미래가 걱정되었고, 전기통신사업에 뛰어들어 성공해야 직원들에게도 도움이 될 거라 확신했고, 무엇보다 국민들을 위해 통신요금의 인하가 절실했기 때문이다. 하지만 그도 사람인 탓에 6개월 동안 다음과 같은 질문을 품었다고 한다.

명예욕이나 성공해 떼돈을 벌겠다는 생각은 없는가?

새로운 통신회사를 만들어 NTT에 대항하고자 하는 것이 국민을 위해 통신요금을 저렴하게 하기 위함이라고 이야기하지만 실제로는 허울에 불과한 것이 아닐까?

교토에서 교세라는 회사를 만들어 조금 유명해졌다고 도쿄라는 큰 무대에서 이름을 떨치고자 하는 과시욕 때문이 아닐까?

정말 사람들을 위해서일까, 아니면 사리사욕을 위한 것일까?

나 자신을 멋지게 보이려 하는 것은 아닐까?

주목을 받으면 신문이나 잡지에 기사화될 텐데 그것을 바라고 있는 것은 아닐까?

신규 사업의 여러 난관을 극복하는 과정에서 비열한 수단을 쓰지 않을 수 있는가?

그는 반 년 동안 하루도 쉬지 않고 질문을 되뇌며 자신에게 묻고 또 의심했다. 마침내 통신사업에 뛰어드는 동기가 개인적 사리사욕이 아니라는 확신이 생겼다. 그는 국민을 위해, 세상을 위해, 사람을 위해, 자신을 희생해서라도 통신사업을 해야 한다는 결론을 내렸고, 동기가 선하고 프로세스가 선하다면 결과는 받아들일 수 있다고 생각했다.

이후 제이전전은 13년 만에 매출 1조 엔을 돌파하고 장거리 통신회사 중에서 매출도, 이익도 NTT에 이어 단번에 업계 2위 자리를 차지한다.

미국의 자회사도 인간존중으로 성과를 내다

"돈을 벌기 위해서 인간이 이용되어서는 안 됩니다."
"그게 어때서요?"

교세라가 1990년 미국의 AVX를 인수한 후 나눈 이나모리 가즈오
와 AVX 간부직원 200명의 대화를 요약하면 위와 같다. AVX 직원은
미국 자본주의 체제에서 힘들게 돈 벌기 위해 일하고 있는 자신의 생
각을 부정하는 말처럼 들렸기에 가즈오의 신념에 강하게 반발했다.

AVX는 한때 뉴욕증권거래소에 상장된 적도 있었지만 인수 당시에
는 회사실적이 하락하고 있었다. 이나모리 가즈오는 이러한 문제를 해
결하기 위해 '인간으로 무엇이 옳은가?' '동기는 선한가?' '그 과정에서
비열함은 없는가?'라는 자기 경영철학을 공유하려 했다.

아무리 자본주의 사회라 하더라도 어떤 사람은 교회에 나가 봉사를

합니다. 우린 그런 사람을 훌륭하다고 말합니다. 여러분도 휴일에 교회에서 봉사하고 있을 겁니다. 돈 때문이 아닐 겁니다. 저는 돈에 낚여 일하는 것보다 돈에 개의치 않고 일하는 것이 훌륭하다고 말한 것뿐이며, 저는 돈을 벌기 위해 여러분을 이용하지 않을 겁니다.

이나모리 가즈오 회장은 직원의 질문 하나하나에 정중히 대응했고, 그런 모습에서 반발했던 AVX 직원들도 그의 진정성 있는 인간존중에 대해 감복했다. 직원들은 이익추구만이 자신들의 판단기준이라고 생각했지만, 이나모리 가즈오가 생각하는 윤리적 경영관도 소중히 여기게 되었다고 한다. 교세라가 인수한 뒤 AVX는 6년간 매출이 4배 뛰었고, 이익은 6배로 급증해 다시 뉴욕 증권거래소에 상장되었다.

세상을 위해, 사람을 위해 흔들림 없는 이타경영을 하다

"지금 하는 일의 동기는 선한가? 그 일을 하는 과정 중에 비열함은 없는가? 사심은 없는가?"라는 이나모리 가즈오의 경영철학에 사람들은 그런 박애주의적 생각으로는 경영을 할 수 없다고 반박한다.

가즈오는 이렇게 답한다.

직원들이 기뻐할 일을 한다면 그들은 회사를 위해 더욱 최선을 다할 것입니다. 고객이 기뻐할 일을 한다면 고객은 회사를 더욱 응원해줄 것입니다. 그러면 회사는 자연스럽게 성장할 것입니다. 물론 계산은 해야 합니다. 매입원가나 제조원가보다 싸게 팔아 고객을 기쁘게 한다면 경영은 성립될 수 없고 지속할 수 없습니다. 그럼에도 불구하고 '어떻게 이익을 추구할까'만 생각하는 게 아니라 '어떻게 이타를 실현할까'를 고민해야 합니다. 이익은 목적이 아니라 지속가능을 위해 필요한 수단입니다. 경영의 본질은 틀림없이 이타에 있습니다.

경영자는 여러 국면에서 판단을 요구받는다. 경영이란 매일의 판단이 쌓인 것이고 그 판단의 옳고 그름에 따라 실적이 좌우되고 때로는 기업의 운명도 결정된다. 그래서 경영자는 판단의 척도가 되는 올바른 기준이 필요하다. 그 기준은 공명정대하고 흔들림이 없어야 한다.

그는 돈을 벌려고 이익을 내려고 아등바등한 적이 없다고 한다. 인간성을 구현하기 위해 노력하고 배려하고 보살피고 믿고 도우며 기업활동을 하면 돈은 자연히 따라온다는 주의다. 이타적 경영을 하지 않으면 탐욕이 커지고 결국 사회에 해를 끼쳐 기업도 문을 닫는다는 것이다.

교세라의 인사이트

이나모리 가즈오가 첫 번째 직장에서 퇴사한 뒤 교세라의 전신인 교토세라믹을 창업할 당시 창업멤버 중에는 그의 직속상사였던 A부장도 있었다. 이나모리 가즈오보다 서른 살이나 많았지만 부장은 이나모리를 따라 퇴사했고 창업에 동참했다. 이나모리 가즈오에게는 상사도 따르고 싶어하는 인간에 대한 존중이 있었다. 이나모리 가즈오의 경영철학인 '인간으로서 무엇이 올바른 것인가?'라는 물음의 근간에는 사람에 대한 존중이 깔려있다.

앞서 살펴봤듯이 통신사업을 시작할 때도 이나모리 가즈오는 6개월 이상을 숙고했다. 고민의 내용은 수익에 대한 타당성을 평가하는 것이 아니라 직원, 사회, 국가에 도움이 되는지였다. 그가 '경영의 신'으로 불리는 이유는 탁월한 경영성과도 있지만 그 이면에 인류애를 지향하는 이타적 경영으로 큰 성과를 달성한 덕분이다.

　기업이란 구성원의 의지가 결집돼 살아 숨 쉬는 존재다. 그렇기에 구성원 마음에 신경 쓰고 그들의 의욕을 돋우어야 한다. 그것이 기업의 경쟁력이다. "지금 하는 일의 동기는 선한가? 그 일을 하는 과정 중에 비열함은 없는가? 사심은 없는가?" 이나모리 가즈오의 경영철학은 조직을 운영하는 사람들뿐만 아니라 이 시대를 살아가는 사회의 구성원이라면 누구나 가져야 할 기본적인 마음가짐이며, 조직과 자신을 일으켜 세우는 주문이라 확신한다.

교세라 Kyocera

자포스
Zappos

"

서비스를 통해
'와우(WOW)' 경험을 선사한다.

"

온라인 신발 쇼핑몰. 하지만 고객에게 엄청난 경험을 선사하기로 유명한 회사다. '행복을
배달하는 회사'(Delivering Happiness)로도 불린다. 검색창에 '신발 쇼핑몰'을 치면 수많
은 사이트가 뜬다. 자포스는 이 수많은 경쟁사 사이에서 뛰어난 기술력이 없어도 성공할
수 있다는 것을 증명했다.

회사명	자포스(Zappos)
창업자	토니 셰이(Tony Hsieh)
창업연도	1999년(미국)
사업분야	온라인 신발 쇼핑몰

자포스는 흔하디흔한 온라인 신발 쇼핑몰이다. 설립 이듬해 매출은 160만 달러(약 18억 원)에 불과했다. 하지만 이후 매출은 연평균 100%씩 급성장했고, 설립 10년째인 2009년에는 미국 온라인 신발시장 점유율 30%를 넘기며 1위를 달성했다. 그해 매출은 10억 달러(약 1조 1,000억 원)를 기록했다.

〈하버드 비즈니스 리뷰〉Harvard Business Review 2010년 7월호에 따르면 기업에 대한 고객 충성도를 나타내는 지표인 '순고객추천지수'에서 최상위권인 구글, 아마존의 점수는 60-70점이었다. 이에 반해 자포스는 91점을 기록할 정도로 고객 충성도가 높았다. 2012년 〈포브스〉Forbes 가 뽑은 '세계에서 가장 일하고 싶은 100대 기업' 11위에 오를 정도로 직원 만족도 역시 높은 회사다. 이렇게 고객과 직원이 만족하는 회사가 된 배경에는 창업자인 토니 셰이가 있다. 그는 행복학에 관심이 많았고 자신이 처음 창업한 회사에서의 경험을 효과적으로 활용했다.

1996년 토니 셰이는 대학 룸메이트였던 친구와 링크익스체인지 LinkExchange 라는 인터넷 광고회사를 창업한다. 2년 만에 직원 100명 규모로 성장한 회사는 2억 6,500만 달러(약 2,700억 원)에 마이크로소프트Microsoft 에 인수된다. 토니가 회사를 넘긴 결정적인 이유는 회사가 갑작스레 성장하면서 늘어난 직원들이 일에 대한 열정보다 돈에만 관심을 가졌고, 그 과정에서 직원들의 탐욕스러운 모습을 보았기 때문이다. 당연히 추구해야 할 기업문화는 없었다. 직원들이 이런 모습을 보인 것은 자신이 회사의 비전, 조직문화 등을 제대로 갖추지 못했기 때문이라 생각했다. 그래서 토니 셰이는 직원들이 매일 출근하고 싶은 즐거운 회사를 만들어 고객에게도 행복을 배달하겠다는 다짐을 했다. 이것이 자포스가 행복을 배달하는 회사로 불리게 된 계기다.

아마존은 2009년에 자포스를 12억 달러(약 1조 3천억 원)에 인수했다. 그때까지 아마존이 인수했던 회사 중 최고의 금액이었다. 당시 주변에서는 아마존 같은 큰 회사라면 경험 많은 신발 쇼핑몰 CEO를 영입해서 직접 인터넷 쇼핑몰을 운영하는 것이 더 쉬울 거라고 말하는 사람도 많았다. 아마존 CEO 제프 베조스는 자포스의 인수배경을 묻는 질문에 "자포스의 기업문화를 아마존에 이식하고 싶다"고 답했다. 자포스 기업견학은 라스베이거스 관광소개 자료에 올라있을 정도다.

혁신을 이끈 한 문장

"서비스를 통해 '와우(WOW)' 경험을 선사한다."

'WOW'를 우리말로 번역하면 '와, 대박' 정도가 될 것이다. 놀라움을 표현하는 감탄사다. 서비스를 통해 고객의 입에서 감탄이 나오게 하겠다는 의미고, 그런 경험을 제공하겠다는 것이다. 우리가 자주 사용하는 '고객만족'이라는 말과 같은 뜻이다. 평범한 문장이다. 하지만 자포스의 서비스를 경험하면 결코 평범하다고 말할 수 없다.

기업의 혁신 스토리

고객의 귀에 감동을 전한다

자포스 쇼핑몰을 방문하면 첫 화면 맨 위에서 콜센터 전화번호를 확인할 수 있다. 자포스는 질문이 있는 소비자에게 이메일과 게시판을 이용하라고 하지 않는다. 가격 경쟁력을 보고 쇼핑몰을 찾는 고객은 더 저렴한 가격을 제시하는 곳으로 떠나기 마련이다.

자포스는 이런 사실을 알기에 고객에게 전화 한 통에도 잊을 수 없는 기억을 만들어주고자 했다. 토니 셰이는 최고의 브랜드를 구축하는 도구로 소셜미디어보다 전화상담을 꼽았다.

방해 받지 않고 5분에서 10분 동안 고객의 주의와 관심을 독점하고, 대면하지 않고 고객 귀에다 잊을 수 없는 서비스를 제공할 수 있다. 낭비가 아니라 좋은 투자다. 다른 SNS의 역할도 결국은 고객이 회사를 더 인간적인 곳으로 느끼게 만들고 기업문화를 알리기 위한 도구일 뿐이다.

자포스의 모든 임직원은 입사 후 40시간 동안 의무적으로 콜센터에서 일한다.

고객과 10시간 이상 통화하다

자포스 콜센터 직원이 한 고객과 10시간 43분을 통화했다. 그 직원은 고객이 신발 고르는 것을 도와주면서 고객과 여름휴가, 고향, 어린 시절 이야기까지 하며 서로 두 차례 화장실을 다녀오면서까지 대화를 나누었다. 전화통화를 하는 직원의 옆자리에 있던 상사는 물과 간식을 챙겨주었다. 하지만 최종적으로 그 고객은 주문을 하지 않았다. 이 이야기가 세상에 알려지며 이 직원은 언론 인터뷰를 하게 된다. 당시 고객이 주문하지 않아 실망스러웠지만, 직원은 다음처럼 말한다.

회사가 제게 기대하는 건 당장 제품 하나를 팔기 위해 고객을 몰아붙이는 게 아니고, 고객을 감동시키고 평생 가는 관계를 맺는 겁니다.

고객이 원하는 신발을 못 찾아 실망했을까봐 걱정되었습니다.

다른 회사라면 이런 행위를 한 직원은 상사에게 따끔한 주의를 들었을 수도 있고, 징계를 받았을지도 모른다. 하지만 자포스는 이 직원을 우수사원으로 선정해 직원의 사진을 사무실에 걸었다.

자포스는 일반적인 콜센터에서 하는 '하루 몇 콜 이상'이라는 할당량이 없다. 또 자포스에는 일반회사의 콜센터에서 고객에게 속사포처럼 안내하기 위해 만든 매뉴얼도 없다. 상담원의 시간당 업무처리 건수로 능력을 평가하지 않는다. 주의를 주는 유일한 경우는 고객만족도가 낮을 때뿐이다.

고객에게 경쟁업체의 신발도 찾아준다

자포스에서는 콜센터를 '콘택트 센터'contact center라 부른다. 고객과 접점이 만들어지는 곳이라는 의미다. 고객이 콘택트 센터에 전화를 걸어 "내가 찾는 신발이 없어요"라고 말하면, 자포스 직원은 전화를 끊고 제품을 찾는다. 자포스에 그 신발이 없다면 경쟁 사이트에서라도 그 신발을 찾아내어 고객에게 알려준다.

일반회사에서 경쟁 사이트에 있는 제품을 알려준다면 그 직원은 징계를 받을 수도 있다. 하지만 자포스에서는 칭찬을 받는다. 자포스가 팔고 싶은 것은 신발이 아니라 고객의 감동체험이다. 자포스는 자신들을 '최고 제품 선택 도우미' 즉 고객이 최고의 제품을 선택하는 데 도움을 주는 서비스 회사라고 정의한다. 그래서 경쟁업체를 배제하지 않는다. 최소 세 군데 이상 경쟁업체 웹사이트를 검색하도록 교육한다. 자포스에서 이런 서비스를 받은 고객은 자연스럽게 '와우'wow를 외친다. 자포스의 재구매율이 엄청나게 높은 이유다.

최고의 고객 서비스를 유지할 수 있는 유일한 방법이라면 직원들을 행복하게 만드는 것뿐입니다. 그리고 직원의 행복은 좋은 기업문화에서 시작됩니다. 좋은 기업문화는 리더가 아니라 직원들에게서 뿜어져 나와야 합니다.

자포스의 물류창고 곳곳에 걸려있는 모니터에는 신입사원의 사진과 이름이 떠있다. 또한 회사 컴퓨터에 로그인하려면 다른 직원의 사진을 보고 이름이나 취미를 맞혀야 한다. 직원들이 서로에게 더욱 관심을 가져야 서로 협업도 잘되고 그래야 행복한 직장생활이 되기 때문에 만들어둔 방법이다. 무료 반품기한도 365일이다. 배송된 신발 가운데 30%가량이 반품되는데, 자포스는 반품 비용도 전액 회사가 부담한다. 마케팅 비용의 일부라고 여긴다.

자포스 핵심가치

자포스의 10개의 핵심가치 중 1번이 "서비스를 통해 '와우-WOW' 경험을 선사한다"이다. 이 가치를 가장 중요하게 생각한다는 의미다.

토니는 10개의 핵심가치를 선정할 때 문장 하나, 단어 하나를 가지고 몇 개월간 직원들과 난상토론을 벌였다. 그래서 자포스의 의사결정은 이 핵심가치를 기준으로 이루어진다. 예를 들어 휴지통을 하나 사더라도 핵심가치 3번인 '재미와 약간의 희한함을 창조한다'를 참고해 좀 독특한 것을 구매하고, 직원을 채용할 때도 10가지 핵심가치에 얼마나 부합하는지에 따라 채용을 결정한다. 홈페이지의 회사소개란에 우두커니 자리만 차지하고 있는 여타 핵심가치와는 다르다.

1. 서비스를 통해 '와우(WOW)' 경험을 선사한다.

2. 변화를 적극 수용하고 추진한다.

3. 재미와 약간의 희한함을 창조한다.

4. 모험정신과 독창성, 열린 마음을 유지한다.

5. 성장과 배움을 추구한다.

6. 적극적으로 의사소통하며 솔직하고 열린 관계를 추구한다.

7. 긍정적인 팀 정신과 가족정신을 조성한다.

8. 좀 더 적은 자원으로 좀 더 많은 성과를 낸다.

9. 열정적이고 결연한 태도로 임한다.

10. 겸손한 자세를 지닌다.

자포스의 인사이트

혁신적인 기업의 공통점은 무엇일까? 뛰어난 기술력이라고 생각할 수 있다. 자포스는 아니다. 성공한 혁신기업이지만 기술력을 보유한

기업은 아니다. 자포스는 사람에 대한 진정한 관심에서 혁신이 시작된다는 사실을 잘 보여주는 사례다.

고객 서비스도 좋지만 콜센터 운영 효율에 대한 걱정은 없느냐는 질문에 토니 셰이는 자신들의 목표는 고객의 입에서 '와우'WOW가 나오게 하는 것이라며 단호하게 말했다.

우리의 목표는 고객과 직원 그리고 협력업체 모두를 행복하게 만드는 겁니다. 소비자를 행복하게 하고, 직원들이 행복한 기업이 돈을 벌어요. 이건 제가 처음 한 이야기가 아니에요. 다만 우린 그걸 실천하고 있을 뿐입니다.

토니 셰이는 2020년 여름, 자포스를 그만두었고 그해 11월 27일 세상을 떠났다. 행복학에 관심이 많았고, 조직운영에 대한 혁신적 아이디어를 실험했던 천재 경영자 한 명을 우리는 잃었다. 자포스 홈페이지 첫 화면 상단에 있던 전화번호도 사라졌다. 새로운 경영진의 결정일 거다. 결과는 시간이 지나야 알 수 있다.

미라이공업

Mirai Industry

"

**인간은 말이 아니다.
채찍은 필요 없다.
당근만 주면 된다.**

"

일본에서 천국 같은 직장으로 불린다. 전기용품, 수도 및 가스용품 등을 만드는 중소기업이다. 비상식적인 유토피아 경영으로 유명하다.

회사명	미라이공업(未來工業, Mirai Industry)
창업자	야마다 아키오(Akio Yamada)
창업연도	1965년(일본)
사업분야	전기용품, 수도 및 가스용품 제조 및 판매

일본에서 연간 4억 원 이상 영업이익을 올리는 기업은 전체 기업의 3%다. 영업이익을 연간 4억 원도 내지 못하는 회사가 97%다. 대부분의 회사가 4억 원 정도의 이익도 내지 못하고 있다.

설립자 야마다 아키오는 97%가 행하는 경영전술을 취하면 안 된다고 강조한다. 대부분의 리더는 오래된 관습과 누구에게 들었는지 출처도 알 수도 없는 경영방식을 채택해 연간 4억도 벌지 못하는 회사로 전락하다가 어느 순간 파산한다는 것이다.

미라이공업은 2021년 3월 기준으로 직원 수는 약 1,223명이며 매출액은 약 361억 엔(약 3,675억 원), 경상이익은 41억 엔(420억 원)으로 경상이익율이 약 11%다. 동종업종이 3%인 것에 비해 많이 높다. 2014년에는 경상이익률이 15%로 동종업계 평균인 3%에 비해 5배가량 높았다. 이익률은 조금 낮아졌지만, 1965년 창사 이래 적자가 없다. 전기설비 분야에서는 대기업인 마쓰시타 전기를 누르고 시장 점유율 1위에 등극하기도 했다. 나고야 증권거래소 시장 제2부에 상장된 중소기업이다.

혁신을 이끈 한 문장

"인간은 말이 아니다. 채찍은 필요 없다. 당근만 주면 된다."

미라이공업 창업자 야마다 아키오의 말이다. 이 말은 직원들에게 기쁨만 주면 된다는 의미다. 그래서 미라이공업의 의사결정 기준은 간단하다. '구성원들이 기쁘냐, 그렇지 않느냐'이다. 구성원이 기쁘지 않은데 어떻게 실적이 나올 수 있냐는 것이다. 이런 말을 누구나 할 수

있지만 실제로 실천하기는 쉽지 않다. 하지만 미라이공업은 실천하고
있다.

구성원들이 기쁘냐, 그렇지 않느냐

미라이공업이 승진자를 선출하는 방식은 독특하다. 팬티 차림의 야마다 아키오 회장이 승진 대상자의 이름이 적힌 종이쪽지를 선풍기 바람에 날린다. 옆에 있던 직원들은 날아간 쪽지의 이름을 확인한다. 잠시 후 모든 직원의 얼굴에는 웃음이 넘친다. 가장 멀리 날아간 사람이 승진한다.

"선풍기로 승진시켜도 일이 진행되느냐?"라는 질문에 야마다 회장은 "같은 입사동기 중에서 승진자를 뽑았기에 역량의 차이가 크지 않다"고 답한다. 회사는 지금까지 아무런 문제없이 일이 진행되었다며, 그는 선풍기로 뽑은 승진자의 역량을 충분히 끌어낼 수 있다고 자신한다.

이 승진 시스템은 직원 간에 불화가 없고 위축되지도 않는다. 서로 웃으면서 승진 이야기를 할 수 있다. 이런 제도를 도입한 이유는 승진자와 승진되지 않은 사람 모두가 부담 없이 이 행사를 즐길 수 있도록 하기 위해서였다. 결국 구성원들을 기쁘게 해주고 싶다는 생각에서 시작했던 것이다. 야마다 회장은 말한다.

대부분 회사에서는 직원의 의욕을 꺾는 정책을 최고의 경영방법인 줄 알고 사용한다. 믿지 못하고 큰 소리로 야단 치고 해고로 위협하고 성

과를 내야 인센티브를 주겠다는 등 이런 경영방식이 정도라고 생각한다. 그렇게 경영하는 많은 회사가 몇 년 안에 거의 사라진다.

승진자를 정하는 연말연초의 회사 분위기는 뒤숭숭한 게 일반적이다. 승진에 실패한 사람들은 기가 죽어있고, 승진한 사람들은 승진하지 못한 사람에 대한 미안함과 부담감 때문에 마냥 기뻐할 수 없다. 야마다 회장은 직원들의 의욕이 다운되고 있다면 그 제도는 잘못된 것이라고 생각했다.

거래업체 사람도 극단적으로 신뢰하다

포상휴가차 미라이공업 전 직원이 단체로 해외여행을 간 적이 있다. 소외되는 사람이 없어야 한다는 야마다 아키오 회장의 방침에 따라 회사에 남은 직원이 단 한 명도 없었다. 그래서 미라이공업은 해외여행 기간 동안 거래업체에 회사의 제품창고 열쇠를 맡겼다. 그동안 필요한 제품이 있으면 가져가라고 한 것이다. 하지만 거래처 3,000곳 중 3곳만 창고열쇠를 사용했다. 다른 거래업체들은 제품을 더 많이 가져갔다는 의심을 받을까봐 사용하지 않았던 것이다. 그 이후에는 거래처 입장을 생각해서 여행을 가지 않겠다고 하는 직원이 생겼다. 하지만 야마다 아키오는 직원을 남겨두는 대신 휴가 시작 전 거래처로부터 미리미리 주문을 받았다고 한다.

어떻게 보면 좀 무책임하게 보일 수도 있다. 제품을 몽땅 잃어버려 회사와 거래처에 더 큰 피해를 줄 수도 있기 때문이다. 하지만 일반적인 경영방식으로 운영하지 않겠다는 야마다 아키오의 신념을 엿볼 수 있는 대목이기도 하다. 인간에 대한 극단적 신뢰가 느껴진다.

어떤 아이디어도 차별하지 않는다

미라이공업이 지속적으로 혁신에 성공할 수 있었던 이유는 무엇일까? 여러 이유가 있겠지만 그중 하나, 직원들이 아이디어를 많이 냈다는 점을 꼽을 수 있다. 어떤 날은 직원의 제안이 하루에 20-30여 개까지 올라왔다.

미라이공업에는 좀 특이한 제도가 있다. 직원이 회사에 어떤 제안이라도 하면 원화로 6,000-7,000원(한 끼 식사비 정도)을 제공하는 것이다. 일반적인 회사에서는 아이디어를 내라고 독려하고, 좋은 아이디어에 대해 엄청난 포상을 내건다. 이런 방법은 처음 한두 번은 호응이 좋지만, 시간이 지나면 참여율이 급격히 떨어진다. 회사가 진짜 좋은 아이디어 한두 개에만 집중하기 때문이다. 직원들은 '내가 낸 아이디어는 실현 가능성이 없어'라며 참여를 포기하게 된다.

미라이공업은 이런 문제점을 알고 아주 사소한 것이라도 회사에 필요한 의견을 적어서 제출하면 부담 없는 금액으로 포상했다. 덕분에 직원들은 지속적으로 참여했고, 미라이공업의 아이디어 제품은 1만 8,000종이 넘었다. 그중 90%가 사원들의 생각에서 나왔다. 특허나 실용신안은 3,000개가 넘는다. 사원들은 1년에 1만여 건에 이르는 아이디어를 제안하는데, 그 내용에는 제품 품질 개선부터 통근버스 배차관련에 이르기까지 다양하다. 결과적으로 회사는 부담 없는 비용을 들여서, 직원들이 회사에 필요한 것이 무엇이며 어떻게 하면 회사가 더좋아질까 생각하게 만들었다.

미라이공업의 채용 공고문

개개인의 능력에 차이가 있는 것은 어쩔 수 없는 일이지만, 당사는 각자가 갖고 있는 능력을 100% 발휘해 모두가 힘을 합쳐 가는 것이 중요하다고 생각합니다. 또한 사원은 긍정적 사고를 하는 것이 중요하다고 생각합니다. 아무 경험도 없는데 '혹시?' 하고 걱정만 하는 부정적 사고는 절대 사양합니다. 먼저 실행하고, 그 후 만일 문제점이 발생했을 때, 그때 개선하는 사고방식이 회사 발전의 기본을 이룹니다. 그리고 당사는 무엇보다도 사원의 자주성을 존중합니다.

능력 있는 인재라도 새롭게 입사하는 회사에서는 자신이 능력을 발휘하지 못할지도 모른다는 두려움이 있을 수 있다. 이 채용공고에서 보듯이 각자의 능력은 다르지만 스스로 최선을 다해 노력하고 "모두가 힘을 합쳐 가는 것이 중요하다"고 말한다. 헌신은 압박감보다 이런 안정감에서 더 발휘된다고 야마다 회장은 강조한다.

미라이공업의 근무조건과 제도

- 연간휴일 140일 + 개인휴가 연말연시휴가 19일
- 육아휴직 3년(3명이면 9년)
- 5년마다 전 직원 해외여행, 1년마다 국내여행
- 정년 70세
- 근로시간 일일 7시간 15분(4시 45분 퇴근)
- 급여 동종업계보다 10% 높음
- 제안 1건당 무조건 6천 원
- 근속연수와 나이 등 철저한 연공서열로 승진(같은 입사동기 중에서 선풍기로 이름을 날려 승진자를 뽑는다)
- 잔업, 휴일근무, 정리해고 없음

- 자신의 업무량 스스로 결정
- 보고, 상담, 연락 의무 없음(현장직원이 직접 결정)

150일 이상 휴가, 4시 45분 퇴근…. 이렇게 해도 미라이공업은 창립 이후 단 한 번도 적자를 기록한 적이 없다.

급여가 같아도 문제없다

"미라이공업은 공산주의 경영이냐?"
"실적이 오르건 안 오르건 급여가 똑같으면 불만을 가진 직원이 나오지 않느냐?"

한국의 대기업이 미라이공업을 방문해서 던진 질문이다. 미라이공업 총무팀 직원은 급여가 같다고 불만이 있는 사람은 우리 회사를 그만둘지도 모르지만, 우리 회사직원들은 급여가 같은 것을 행복하게 여긴다고 답한다. 옆에 있던 야마다 아키오는 이렇게 덧붙였다.

"열심히 하면 많이 받고, 안 하면 적게 받는다면 '난 됐어요. 열심히 안 하고 적게 받을래요!'라고 하면 그만이다. 하지만 그중에서는 급여가 오르는 것도 아닌데 뭘 해도 잘하는 걸 기뻐하면서 '열심히 해야지'라고 생각하는 사람들이 있다. 그게 공자의 가르침이다. 한국, 일본 사람 모두 그런 마음이 있다."

미라이공업의 운영형태를 처음 접하는 사람들은 '뭐 이런 기업이 다 있나? 진짜 이렇게 경영한단 말인가?'라는 생각을 품게 된다. 회사가 이익 내는 걸 포기한 것처럼 보이기 때문이다.

미라이공업은 연공서열에 따라 일정 근무연수가 지나면 급여가 똑같이 올라간다. 성과를 낸 직원에게 인센티브를 주지도 않는다. 그래서 주변에서는 미라이공업의 직원들은 나태해질 것이고 혁신에도 불리할 거라고 우려했지만, 미라이공업은 이러한 불신에도 불구하고 혁신을 거듭하며 현재(2021년 기준)까지 적자 없이 운영하고 있다.

야마다 아키오 회장이 가장 혐오하는 게 '성과주의'와 '할당량'이었다. 직원을 믿지 못하는 행태라는 것이다. 직원을 소중히 여긴다고 말하는 기업들도 내부에서는 이런 제도를 당연하게 여기는 경우가 많다. 야마다 회장은 이런 제도는 직원을 소중히 여기는 것이 아니라고 강조한다.

창업 후 2-3년을 버티다 소리 소문 없이 사라지는 회사가 대부분이다. 이들은 운이 없어, 인재가 없어, 투자가 부족해서, 마케팅 파워가 약해서라고 말한다. 부분적으로 동의하지만 실제는 경영의 실패로 사라지는 것이다. 사업 아이템이 아무리 좋아도 직원들이 화합하지 못하고 헌신하지 않는다면 실패할 확률이 높다. 하지만 사업 아이템은 평범해도 직원들이 화합하고 전력을 다하면 성공확률은 높아진다. 그래서 야마다 아키오는 사업 아이템의 차별화보다 경영의 차별화에 더 신경을 써야 한다고 강조한다.

세간에서는 야마다 아키오가 오랫동안 이어진 기존 경영방식을 뒤집었다는 평가를 내놓았다. 또 어떤 이들은 그의 경영방식이 비상식적이라 말한다. 하지만 자세히 보면 그는 그저 직원을 믿고 존중하는 태도를 지녔을 뿐이다.

독자 중에서 조직을 운영하는 데 여러 문제가 발생하고 있다면, 현재 자신의 경영방식이 다른 조직 97%가 행하는 방식을 답습하고 있는지 살펴봐야 한다.

야마다 아키오는 2014년 7월 83세로 세상을 떠났다. 장례식은 검소했다. 그가 만든 인간존중에 대한 기업문화가 지속되었으면 한다.

LinkedIn

"

아무하고나 연결되지 않겠다.

"

구인구직 및 인맥관리 플랫폼. 링크드인은 명함을 교환하는 대신 링크드인 플랫폼을 통해 상대를 확인하는 문화를 만들었다.

회사명	링크드인(LinkedIn)
창업자	리드 호프먼(Reid Hoffman)
창업연도	2002년(미국)
사업분야	비즈니스 네트워킹과 구인구직 소셜미디어

링크드인은 소셜미디어 중에서도 독특한 위치를 차지하고 있다. 페이스북, 트위터 등은 신변잡기를 늘어놓거나 자신의 생각을 알리는 일반 SNS다. 반면 링크드인은 구인구직은 물론 바이어 발굴, 신규시장 개척, 비즈니스 파트너 물색에 특화된 SNS다. 명함을 교환하는 것처럼 링크드인으로 상대방을 확인하는 문화가 생길 정도다. 링크드인은 출납원, 청소부, 트럭 운전사 등 미숙련 일자리부터 수십억 대의 연봉을 받는 CEO까지 모든 사람이 활용하고 있다.

링크드인은 2008년 12월 제프 와이너Jeff Weiner 가 CEO로 합류하면서 급성장한다. 당시 가입자 수는 3,000명 정도였는데, 1년 만에 1억 명이 넘었다. 2021년 7월 기준으로 회원 가입자는 7억 명에 달한다. 매출액도 가파르게 올랐는데 2009년 1억 2,000만 달러(약 1,320억 원)에서 2015년 약 30억 달러(약 3조 2천억 원)로 25배 상승했고, 2018년에는 53억 달러(5조 8천억 원)를 달성했다.

2014년 세계 최대 규모의 직장 평가사이트인 글래스도어Glassdoor 가 임직원 1,000명 이상 기업을 대상으로 진행한 CEO 리더십 설문조사에서 제프 와이너는 1위를 차지하여 직원들이 뽑은 최고의 CEO에 올랐다. 〈비즈니스 인사이더〉Business Insider 는 글래스도어의 설문조사를 분석했는데 그 결과, 제프 와이너에 대한 사내 직원의 지지율은 99.5%로 미국의 IT 기업 CEO 중에서 가장 높았다.

2016년 6월 마이크로소프트MS 는 링크드인을 262억 달러(약 31조 원)에 인수했다. 인수 직후 MS 최고경영자 사티야 나델라Satya Nadella 가 제프 와이너에게 M&A팀을 이끌어달라고 요청한다. 또 합병 이후에도 링크드인을 계속 맡아달라고 부탁한다. 통상 합병작업은 인수기업이 총괄하는데 피인수기업의 CEO에게 모두 맡긴 것이다. 국내에서는 페이스북 CEO인 마크 저커버그가 유명하지만 미국에서는 제프 와

이너 역시 거물급이다. 제프 와이너는 2020년 6월 사임하고, 현재는
이사회 의장으로 자리를 옮겼다.

혁신을 이끈 한 문장

"아무하고나 연결되지 않겠다."

페이스북 등 대부분의 소셜미디어가 수많은 사람과 연결되기를 원
했다. 하지만 링크드인은 취업 또는 비즈니스 거래와 관련된 사람들의
연결을 목적으로 했다. 2021년 7월 기준으로 페이스북 사용자 27억
명, 링크드인 7억 명이다. 비교가 되지 않지만 링크드인은 독자적 위치
를 확보했다. 그들은 아무 이유 없이 무작정 어떤 사람과 연결되는 것
을 원치 않았고, 전 세계 전문가들이 더 생산적이고 더 성공할 수 있도
록 연결해주고 싶었다.

기업의 혁신 스토리

'페이팔 마피아' 출신인 설립자 리드 호프먼은 창업가의 소셜미디
어를 만들려고 했다. 그래서 창업자들이 가장 필요로 하는 자금을 해
결할 수 있는 벤처캐피털에 가입을 권유했다. 그러자 창업자들도 따라
가입했다. 그리고 직장인들도 모아 온라인에서 연결하면 서로 도움이
될 거라 생각했다. 이후 각 기업 채용담당자들이 가입하면서 구인구직
소셜미디어가 됐다. 링크드인 창업은 페이스북보다 약 1년 정도 빨랐
고, 창업 후 6년 뒤인 2008년에는 가입자 수가 2,000만 명까지 늘었

링크드인의 제프 와이너

다. 하지만 경영자보다 투자자에 더 적합했던 호프먼은 너무 많은 일을 벌이다 손실을 봤고 결국 새로운 경영자를 찾았다.

2008년 12월 합류한 제프 와이너는 '능력과 기회를 거대 규모로 연결한다'는 창업정신만 유지한 채 이용자가 원하는 것에 집중했다. 자주 발생했던 사이트 오류를 고쳐 소비자의 불만을 해소했고, 또 이용자가 원하는 정보를 수집해 제공했다. 일자리, 기업 등의 데이터 분석 자료를 주로 사용하는 유료 가입자에게 판매하면서 수익을 늘렸다. 수익이 일정 수준에 오르자 다시 일자리를 찾는 무료 회원을 모으는 데 집중하기 위해 기업 트렌드와 스타트업 등의 소식을 담은 뉴스를 앞 페이지에 띄웠다. 해외시장도 개척해 링크드인 서비스를 200개국으로 확대했고, 2011년 뉴욕증권시장에 상장시켰다.

가입 절차가 만만하지 않다

링크드인은 가입자에게 현재 직장과 직책, 과거 경력과 학력 등을 꼼꼼히 물어본다. 자격증과 보유기술, 외국어능력, 수상실적, 대외활동까지 기입하도록 권장한다. 자신에게 관심을 갖는 회사에 잘 보이기 위해서, 가입자들은 쓰지 않아도 되는 정보까지 자세히 올리기도 한다. 링크드인의 주가입자는 기업의 관리자급, 오피니언 리더, 임원, CEO 등이다. 이렇게 전문직인 이들이 정성껏 올린 데이터를 기반으로 인맥이 연결되고, 부가가치를 창출하기 위한 소통이 이루어지고 있다. 링크드인은 가입자의 정보를 데이터화해서 구직자를 추천해주는데, 이 서비스가 매출의 상당 부분을 차지한다. 가입자들이 올린 정보의 품질이 월등하기에 기업들은 서비스에 만족할 수밖에 없다.

유료 플랫폼

가입자 데이터를 활용할 수 있었던 링크드인은 여러 부가가치를 창출했다. 그래서 당시 소셜미디어가 하기 쉽지 않았던 유료 요금제를 도입했다. 모든 기능이 무료지만 횟수 제한을 두어 가입자에게 유료 가입의 필요성을 느끼게 한 것이다. 구직자를 대상으로 하는 월 29.99 달러 요금제부터 영업활동이나 채용담당자에게 적합한 99.95달러 요금제 등 다양한 요금제를 제공했다. 링크드인 사용자의 30% 이상이 유료 요금제 중 하나에 가입할 만큼 반응이 좋았다.

광고효과가 강력하다

사용자들이 공개한 정보가 워낙 구체적이다 보니 직종, 전공, 경력까지 고려한 맞춤형 광고가 가능했다. 의사결정을 할 수 있는 고위급 인사들이 많아서 제휴, 납품 등 파트너를 찾는 업체의 광고 의뢰도 많았다. 또한 미국 언론에 종사하는 사람들의 90% 이상이 링크드인을 사용하고 있어 사업의 홍보효과도 높았다. 자연스럽게 링크드인의 뉴스피드 광고, 배너 광고, 뉴스레터 광고 등이 전체 매출의 20% 정도를 차지했다.

혐오성 발언을 하는 사람이 적다

링크드인은 전문직들이 비즈니스 목적으로 교류하기 위해 이용하기 때문에 험한 말이 기본적으로 불편한 SNS이다. 또 이용자 중 누군가를 다른 직장에서 만나게 될 수도 있다. 그러다 보니 자연스럽게 공유되는 내용은 양질의 정보가 많다. 기업 CEO들이 비전과 철학을 제시하거나 유명인사들이 관련 업계 뉴스를 공유하며 자신의 의견을 피력하기도 한다. 이런 정보와 전문가들의 의견이 사용자를 링크드인에 붙잡아두는 무기가 되었다.

공감보다 연민하라

링크드인이 가장 크게 성장했던 시기는 2009년부터다. 제프 와이너가 CEO로 합류한 때다. 그의 경영을 '연민 리더십'Compassionate* leadership 이라 부른다. 그는 2018년 5월 펜실베이니아 경영대학 졸업식 축사에서 '연민'이라는 단어를 23번이나 언급했다. '연민'의 사전적 정의는 '불쌍하고 가련하게 여김'이다. 하지만 제프가 말한 '연민'은 다른 사람의 입장에서 생각하고, 그 사람의 고통을 덜어주기 위해 그 사람의 렌즈로 세상을 바라보면서 좀 더 적극적으로 상대의 문제를 해결하려는 감정이다. 그는 연민과 공감empathy 을 구별했다. 공감은 직원들이 느끼는 것을 같이 느끼는 감정이고, 연민은 직원들이 직면하고 있는 문제나 어려움, 그들이 짊어지고 있는 부담에 진심으로 관심을

---

*   'Compassionate'를 연민으로 번역한 것이고, '자비로운' '배려' 등으로 번역하기도 한다.

갖고 해결해주려는 것이다. 제프는 연민과 공감을 비교하며 다음처럼 이야기한다.

산행 중 굴러온 바위에 가슴을 맞아 쓰러졌다고 해보자. 공감은 숨 막히는 고통과 함께 무력감을 느끼는 반응이라면, 연민은 그 사람의 고통을 느끼고 나의 힘으로 바위를 제거하고 그 사람의 고통을 덜어주려는 노력이다. 연민은 실제 행동이 추가된 공감이다.

제프 와이너가 링크드인에 합류했을 당시 직원은 총 338명이었다. 그는 이들 모두와 일대일로 대화를 나누었다. 개개인에 대해서 제대로 알고 싶었고, 그래야 그들을 도울 수 있었기 때문이다.

제프는 경영상 중요한 결정을 임직원에게 설명하는 것으로도 유명했다. 결정을 한 이유와 목적, 예상되는 결과 등을 담은 서한을 보내 자신의 경영방침을 공유했다. IPO를 할 때도, 온라인 교육플랫폼 린다닷컴Lynda.com을 15억 달러(약 1조 6천억 원)에 인수했을 때도, 마이크로소프트에 링크드인을 매각했을 때도 늘 과정과 결정을 공유했다.

그는 자신의 생각을 다른 사람에게 주입하기보다는 구성원 각자의 관점에서 보려고 노력했다.

우리는 자기식대로 주변 사람들이 일해주기를 바라는 경향이 있다. 그건 당연하다. 인간이 자기중심적인 것은 본능이기 때문이다. 그러나 당신의 가치관과 기준을 계속 강요한다면 함께 일하는 사람들로부터 최고의 결과를 얻지 못할 것이다. 그들의 강점과 개성을 이해할 때, 당신은 그들의 강점을 활용할 수 있다. 각 직원들로부터 더 많은 가치를 얻을 수 있으며, 이것이 훨씬 더 합리적이다.

그는 미팅이나 연설이 끝난 뒤, 자신이 잘못한 점은 없었는지를 물어보며 가감 없는 피드백을 요청했다. 피드백 때문에 심각한 충격을 받은 적도 있지만 그게 직원들의 생각과 고충을 알게 되는 계기가 되었다고 한다. 그리고 웃으며 덧붙였다. "피드백은 엄청난 용기가 필요합니다."

그가 직원들의 의견을 경청하는 이유는 최고의 아이디어가 선택되는 환경을 만들기 위해서였다. 하지만 이것은 직원을 위한 일이기도 했다. 왜냐하면 이야기를 듣다보면 개개인의 생각과 목표를 알 수 있고, 회사의 목표와 개인의 목표를 같은 방향으로 향하도록 해서 더욱 신바람나게 일할 수 있도록 조치할 수 있기 때문이다. 조직에서 상호 신뢰는 서로 많은 대화를 해야 하는데, 리더가 말하는 쪽보다 듣는 쪽이 되어야 이런 일이 가능해진다.

제프는 일이 끝나고 나면 사후검증을 장려했다. 무엇이 잘 되었고, 무엇이 미흡했는지, 발생된 실수나 잘못된 방식으로 인해 무엇을 배웠는지는 등을 확인했다. 이때 잘못이 있는 사람을 처벌하기보다는 무엇을 학습했는지에 중점을 두었다.

잘못된 신호는 보내지 않는다

제프는 오후 11시에서 오전 5시 사이에는 이메일을 보내지 않았다. 의문이나 지시사항이 생각나면 곧바로 처리하는 CEO들이 많지만, 만약 자신이 이런 시간에 이메일을 보내면 받은 사람이 바로 답장할지 안 할지를 고민한다는 것을 알았다. 이는 회사 전체에 잘못된 신호를 주는 거라 생각했다. 리더는 회사의 분위기를 좌우하는 중추적 역할을 하는 사람이기에 늘 조심해야 한다고 말했다.

훌륭한 리더는 실시간으로 분위기를 파악해야 한다. 또 그런 능력이 있어야 한다. 계속해서 신호와 피드백을 받고 조정해야 나가야 한다. 그게 리더의 역할 중 가장 큰 역할이다.

또 제프 와이너가 강조한 것 중 하나는 '버퍼'buffer 시간이다. 그도 온갖 회의와 약속에 끌려다녔으며, 그런 시간이 누적될수록 자신을 통제하기가 힘들었다. 자신감마저 잃었다고 한다. 그런 과정을 겪으면서 그는 반드시 하루일정에 '낫씽'nothing 이라는 항목을 넣었다. 30분에서 90분간, 그 시간만큼은 약속을 잡지 않았다. 버퍼 시간을 마련했던 것이다. 처음에는 이 시간이 사치라고 여겨 미뤄둔 회의나 급한 업무를 처리하는 게 낫지 않을까 하는 생각도 들었지만, 시간이 지날수록 휴식 시간이 큰 도움이 된다는 사실을 깨달았다. 심신이 과도하게 소모되지 않아야 주변을 돌아보며 마음을 쓸 수 있었다. 그래서 와이너는 리더들에게 이야기한다. "일정에 빈칸을 넣어라!"고.

2013년 실리콘밸리에서 열린 마음챙김 컨퍼런스 Wisdom2.0에 참석한 제프 와이너는 다음과 같이 말했다.

연민을 기반으로 하는 경영은 쉽지 않다. 늘 바쁜 상황에서 직원들을 이해하고자 노력해야 하기 때문이다. 한 번에 나무를 절단하기 위해 세 번에 걸쳐 나무를 측정하는 목수의 작업과 비슷하다. 하지만 직원들과 함께 연민의 시간(Compassion time)을 보낼 수 있다면 해당 직원과 더욱 신뢰가 쌓여 훨씬 더 높은 효율성과 생산성을 얻을 수 있다.

링크드인은 '아무하고나 연결되지 않겠다'는 독특한 방향성을 내세워 시장에 자리매김했다. 여기에 사용자의 관점에서 바라보고 그들의 어려움을 적극적으로 해결하려는 제프 와이너의 연민 리더십이 더해져 괄목상대하게 성장했다.

제프의 연민 리더십은 직원들에게 전해졌고, 다급한 구직자와 거래를 성사시켜야 하는 비즈니스 관계자의 어려움을 해결해주려는 직원들의 의지가 링크드인 사이트를 통해 전해졌다. 꼼꼼한 가입절차, 촘촘한 데이터를 활용해 양질의 고급정보를 추출해 연결된 여러 이해관계자의 어려움을 해소한 것이다. 비즈니스와 어울릴 것 같지 않은 '연민'이라는 단어를 경영에 접목한 제프 와이너. 직원들은 그를 최고의 경영자로 인정했다.

연민 리더십을 생각하는 독자는 명심해야 할 한 가지가 있다. 조직 효율을 위한 '전략적 연민'은 하지 말라는 것이다. 물론 전략적으로라도 구성원에 대해 연민의 시간을 갖는 것은 분명 좋은 영향을 미칠 것이다. 하지만 인간은 어떤 목적을 위한 수단이 되는 것을 혐오한다. 조직의 효율적 운영을 위해 자기 자신이 연민 리더십의 대상이 된다고 생각하면 기분 좋을 리 없다. 진심으로 구성원에 대한 문제를 공감하고 해결하려는 리더십이어야 한다.

맥도날드

McDonald's

"

최고의 이익은
고객의 얼굴에 떠오르는 만족의 미소다.

"

세계적인 햄버거 체인점. 프랜차이즈 비즈니스의 롤모델이 되었다. 1948년 '맥도날드'라
는 햄버거 가게를 처음 오픈한 사람은 맥도날드 형제였다. 하지만 세계적 프랜차이즈 시
스템을 만든 인물은 레이 크록이다. 그 바탕에는 고객의 미소를 중시하는 그의 신념이
있었다.

회사명	맥도날드(McDonald's)
창업자	모리스 제임스 맥도날드(Maurice James McDonald), 리처드 제임스 맥도날드(Richard James McDonald)
창업연도	1948년(미국)
사업분야	패스트푸드 체인점

스티브 잡스가 스마트폰을 발명하진 않았지만 스마트폰 시대를 열었듯이, 맥도날드를 창업한 것은 맥도날드 형제이지만 햄버거를 대중화시키고 프랜차이즈를 성공시킨 사람은 레이 크록Ray Kroc 이다. 그는 고교 중퇴 후 세일즈맨, 라디오 방송국 피아노 연주자 등으로 활동하다 제1차 세계대전에 참전하기 위해 군대에 지원했다. 처음에는 어리다는 이유로 거절당했지만 결국 나이를 속여서 적십자 구급차 운전병으로 입대했다. 레이 크록의 자서전에 보면 기막힌 역사적 장면이 나온다. 부대에서 자신과 똑같이 나이를 속이고 입대한 병사를 만났는데, 그 병사는 막사 안에 틀어박혀 그림만 그렸다고 한다. 바로 디즈니랜드를 만든 월트 디즈니Walt Disney 였다.

레이 크록은 종이컵을 판매하는 영업사원으로 17년 동안 일했다. 그리고 나서 6개의 회전축으로 된, 밀크셰이크를 만드는 멀티믹스라는 기계를 판매했다. 멀티믹스를 팔러 다니는 도중 캘리포니아의 시골 마을에서 5.5평 남짓한 맥도날드 형제의 햄버거 가게를 발견했다. 그는 이때 기분을 두고 이렇게 말했다. "그날 나는 아이다호 감자가 머리에 떨어진 현대판 뉴턴이 된 기분이었다."

1954년 레이 크록은 맥도날드 형제와 계약을 맺었다. 이때 나이가 52세. 본인 표현대로 사업이라는 전쟁터에서 이미 많은 상흔을 입은 노병이었고 당뇨와 관절염까지 앓고 있었다. 남들은 은퇴를 고민할 나이었지만 그는 이 식당을 보는 순간 머릿속으로 미국 전역에 맥도날드 매장이 들어서는 광경을 그렸다.

맥도날드는 1984년까지 8,000개의 점포를 열었고, 레이크록 재단을 설립해 자선단체에 많은 기부를 하고 있다. 2020년 말 전 세계 맥도날드 매장은 39,000개를 넘어섰다. 현재 맥도날드 대표메뉴인 빅맥의 가격은 빅맥지수라고 해서 각국 물가 측정의 주요지표로 삼을 정도다.

"최고의 이익은 고객의 얼굴에 떠오르는 만족의 미소다."

레이 크록은 맥도날드를 햄버거 비즈니스가 아닌 '쇼 비즈니스'로
여겼다. 쇼에서 미소는 절대적이다. 그는 고객의 얼굴에 미소를 만들
어내야 한다는 신념으로 매장을 운영했다. 레이 크록은 말했다.

카운터에서 주문을 받는 직원이 건네는 미소는 무엇과도 바꿀 수 없
다. 맥도날드 최고의 자산이다.

고객의 얼굴에 미소가 떠오르게 해야 한다

1960년 8월 30일, 테네시 녹스빌에 문을 연 맥도날드 200번째 매
장 이야기다. 매장 운영자는 해병대 소령 출신이었다. 몇 집 건너 경쟁
관계인 햄버거 가게가 있었는데, 남부에서 유명한 대형체인이었다. 맥
도날드 매장을 오픈한 날, 경쟁업체는 햄버거 5개를 30센트에 파는 특
별 할인행사를 시작했다. 이벤트는 한 달 동안 계속되었고, 맥도날드
매장에서는 햄버거가 전혀 팔리지 않았다. 매장 운영자는 할인행사가
끝나면 매출이 오를 것이라 생각했지만 시간이 지날수록 상대방은 더
강력한 특별 할인을 했다. 맥도날드 매장 운영자는 심한 타격을 받았
고, 주변 사람들은 법적으로 해결하면 승소할 수 있다고 그에게 조언
하기도 했다.

매장 운영자는 풀이 죽은 상태로 레이 크록을 찾아가 이야기를 털어

놓았다. 그러자 레이 크록은 이렇게 대답했다고 한다. "남들이 중구난방으로 떠드는 소리에 휘둘리면 어떡합니까? 물론 소송을 하라고 말해줄 수도 있습니다. 하지만 내 신념을 말하자면 이 나라를 위대하게 만든 것은 자유기업 체제입니다. 이 문제를 정부에 떠넘겨서 경쟁업체를 물리치느니 파산하는 게 나아요. 더 좋은 15센트짜리 햄버거를 만들거나 더 나은 상인이 되거나 더 빠른 서비스를 제공하거나 더 깨끗한 매장을 만들어서 경쟁자를 이길 수 없다면 파산을 선언하고 이 사업에서 손을 떼는 게 좋을 겁니다." 훗날 매장 운영자는 해병대에서 들었던 그 어떤 거친 말보다 더 혹독한 충고였다고 회상했다.

실력으로 경쟁자를 이길 수 없다면 상대방보다 뛰어난 수완을 발휘해 자신이 할 수 있는 품질, 서비스, 청결을 내세워 고객 얼굴에 미소가 떠오르게 해야 한다고 충고해준 것이다. 그 운영자는 레이 크록의 말에 감명을 받고 돌아가서 자신이 잘하는 것에 집중했고, 또 수완을 발휘해 결국 경쟁업체를 이겼다. 이후 그는 10여 점의 가맹점을 가지게 된다.

고객을 돕는 것이 그의 철학이었다

레이 크록의 자서전에는 종이컵 판매사원 시절의 일화가 있다.

추운 날씨 때문에 내가 거래하는 소다수 가게 매출이 변변치 않아 보이면 나는 '그놈의' 컵을 굳이 주문하라고 강요하지 않았다. 고객을 돕는 것이 나의 철학이었기 때문이다. 물건을 팔아서 고객의 매출을 높이지 못한다면 내 일을 제대로 했다는 생각이 들지 않았다. 그런데도 주급 35달러는 그대로였다. 그러니 회사는 손해를 보는 셈이다. 다음 겨울에는 이런 일이 절대 생기지 않게 하겠다고 다짐했다.

1954년 레이 크록은 맥도날드 형제의 변호사와 만난 적이 있다. 변호사는 모든 조항과 문장으로 레이 크록과 관련된 가맹점주들을 통제하려 했다. 레이 크록은 그를 향해 한마디 쏘아붙였다.

이봐요, 프랭크 변호사, 당신이 좋아하는 '만약에' '하지만' '반면' 같은 말들로 이 사람들의 손발을 묶을 수 있을지는 모르지만 그건 사업가에게는 전혀 도움이 되지 않아요. 이런 사업에서 충성심을 만드는 가장 큰 동인이 무엇인 줄 아십니까? 내가 공정하고 정직한 거래를 하면 상대방이 돈을 벌고, 상대방이 돈을 벌지 못하면 나는 빈털터리가 되는 그런 관계입니다. 나는 그들을 도울 수 있는 일이라면, 그들이 돈을 벌 수 있는 일이라면 뭐든 할 거예요. 그렇게 하는 한 내가 망할 일은 없어요.

프랜차이즈 분야는 소규모 자영업자로 이루어진 조직이며, 가맹점주와 공정한 계약을 맺고 그들이 돈을 벌도록 돕는다면 맥도날드 본사도 충분한 수익을 낼 수 있다는 말이다.

맥도날드는 쇼비즈니스

맥도날드 형제로부터 맥도날드를 인수한 후 18년이 지난 1974년 4,000여 개의 맥도날드 가맹점이 생겨났다. 레이 크록은 지방의 작은 매장을 방문해서 본인의 경험담으로 교육했다. 그의 강연에서 빠지지 않는 질문이 있다. "맥도날드는 무슨 비즈니스를 하는 곳입니까?"라는 질문이었는데, 대부분의 직원은 '햄버거 비즈니스'라고 큰 소리로 답했다. 그러면 그는 자신이 18년 전에 햄버거 비즈니스를 했다면 맥도날드는 망했을 것이며, 이유는 그때나 지금이나 맥도날드 햄버거보다 맛있는 햄버거가 무궁무진하게 많기 때문이라고 했다. 자신은 햄버거 비즈니스를 한 적이 없고, '쇼비즈니스'를 해서 맥도날드를 키웠다고 강조했다.

여러분, 쇼비즈니스를 기억해주세요.
즉 미소입니다!

레이 크록은 편협한 시각으로 보면 통장에 찍히는 현금만 이익이지만 이익의 형태는 다양하며, 그중 최고의 이익은 고객 얼굴에 번지는 만족의 미소인데, 미소는 고객이 다시 맥도날드를 찾을 수 있다는 뜻이고 어쩌면 친구를 데려올 수도 있다는 의미라는 것이다.

고객을 위해서라면 경쟁업체의 쓰레기통도 뒤지다

때로는 경쟁사가 맥도날드 매장에 스파이를 심는 경우가 더러 있었다. 한번은 프랜차이즈 사업을 하는 유명회사가 맥도날드의 영업매뉴얼을 입수했다는 소문이 돌았다. 그 회사는 드라이브인 식당을 확장하면서 햄버거에 프렌치프라이 메뉴를 추가하려는 계획을 갖고 있었다. 소문을 듣고 나서도 레이 크록은 흔들림이 없었다. 경쟁사가 자신들의 계획을 훔치거나 스타일을 모방할 수는 있지만, 자신의 신념은 모방할 수 없기에 그런 식으로는 자신의 발끝도 쫓아올 수 없다는 것이다. 맥도날드의 장점을 드러내고 품질, 서비스, 청결, 가치를 강조하면 경쟁자는 그것을 따라잡다가 제 풀에 지치게 될 거라고 확신했다.

반면 레이 크록도 경쟁사에 대해 알고 싶은 것이 많았다. 전날 고기를 몇 상자나 사용했는지, 빵을 몇 봉지나 사용했는지 등을 알아보려고 새벽 2시에 경쟁업체의 쓰레기통을 뒤진 적도 있었다.

가맹점주에게 이익을 구하지 않다

레이 크록은 맥도날드가 공급자가 되는 방식으로 가맹점을 운영하지 않았다. 가맹점주를 소비자로 보지 않았다. 가맹점을 수익의 대상으로 삼으면 그들에게 질 낮은 제품을 공급하고 싶은 욕망이 생긴다는 것이다. 그는 원재료 공급업자를 설득해 비용을 낮추는 방안을 제안했고, 절감된 비용만큼 가맹점주에게 저렴하게 공급하는 구매 시스템을 구축했다.

레이 크록에게 있어 가맹점주는 동업자였다. 누군가를 동업자로 삼는 동시에, 그에게 뭔가를 팔아 이익을 남길 수는 없다는 것이다. 기본적으로 양립할 수 없는 개념이라 여겼다. 가맹점주의 성공을 위해 모든 방면에서 도와야 한다고 생각했다. 가맹점주의 성공이 자신의 성공으로 연결된다는 확신이 있었기 때문이다. 레이 크록의 이런 생각은 프랜차이즈 시스템과 그 발전 방향에 많은 영향을 미쳤다.

햄버거 매장에는 햄버거를 사러 와야 한다

그가 사업 초반부터 오랫동안 실천한 또 하나의 원칙은 맥도날드 매장에 공중전화, 주크박스, 자동판매기를 두어서는 안 된다는 것이다. 가맹점주들은 이런 기계를 통한 추가 소득의 유혹을 느꼈고, 레이 크록의 결정에 의문을 제기했다. 하지만 그는 단호했다. 그러한 기계를 이용하러 들어온 사람들이 얼쩡거리고 다니면서 고객에게 불편을 끼치게 된다는 것이다. 단기적으로는 소득이 생기겠지만, 장기적으로 고객이 햄버거에 집중하지 못하고, 결국 매장의 정체성이 모호해져 지속 가능한 운영이 어렵다는 것이다.

또 정체성을 유지하기 위해 절대 허용하지 않았던 또 다른 원칙은 속이 보여야 한다는 것 즉, 투명해야 한다는 점이다. 예를 들어 맥도날드에서 피자를 파는 것은 가능하지만 핫도그*는 절대 메뉴에 들어가지 않는다. 이유는 핫도그라는 모양은 속에 뭐가 들었는지 알 수 없기에 맥도날드 품질기준에 적합하지 않다는 것이다.

햄버거를 공산품처럼 만들다

레이 크록은 햄버거를 조립라인 위에서 생산되는 공산품처럼 만들도록 했다. 각 단계를 단순화해서 품질관리에 집중했고, 언제나 통일된 조리방법으로 고품질 음식을 제공하는 시스템을 구축하고자 했다. 한 매장의 질보다는 시스템 자체의 명성을 기반으로 사업을 계속 복제해내는 것이 맥도날드의 목표였다.

이를 위해서는 가맹점주를 교육하고 지원하는 지속적인 프로그램이 있어야 했고, 그들의 영업상황을 꾸준히 감독해야 했다. 가맹점주가 직접 고안하는 것보다 뛰어난 운영기법을 만들어야 했다. 이것이 자신의 역량이자 책임이라 생각했고, 프랜차이즈의 핵심인 통일성은 이렇게 구축된다고 생각했다.

맥도날드의 인사이트

태양은 매일 또 다른 맥도날드 위에 뜬다.

1985년 맥도날드 연차보고서의 한 대목이다. 현재 전 세계 거의 모든 나라에 맥도날드 매장이 있다. 생소한 곳을 여행하다가 맥도날드

---

*   여기서 핫도그는 예전에 빵 안에 소시지를 넣는 핫도그를 말한다.

매장이 보이면 마음이 편안해진다.

맥도날드 지점이 있는 국가들끼리는 서로 전쟁을 하지 않는다.

이 말은 토머스 프리드먼Thomas L. Friedman이 경제적 자유주의를 표방하는 나라끼리는 전쟁위험이 줄어든다는 의미로 사용했다. 이처럼 맥도날드는 사람들에게 안심과 신뢰의 공간이 되었다.

작가 톰 로빈스Tom Robbins는 맥도날드의 가장 큰 업적에 대해서 이렇게 말한다. "콜럼버스는 미국을 발견했고, 제퍼슨은 미국을 건국했으며, 레이 크록은 미국을 맥도날드화했다. 하지만 세계인의 입맛을 사로잡은 것보다도 더 의미 있는 일은 세계 어느 곳에서나 고객을 미소 짓게 하기 위한 프랜차이즈 시스템을 창안한 것이다. 그로 인해 이후 많은 프랜차이즈 가맹점주들은 더 높은 품질과 서비스를 따를 수밖에 없었다."

전 세계 많은 젊은이에게 맥도날드는 (아르바이트인 경우가 많지만) 첫 직장이다. 고객을 웃음 짓게 하기 위해 최선을 다하는 기업. 이런 기업에서 사회생활을 시작하는 것은 좋은 경험이며 사회적으로도 의미가 있다.

Matsushita

"

우리는 인간을 만드는 회사입니다만 전기제품도 만듭니다.

,,

일본의 전기전자 회사. 창업주는 마쓰시타 고노스케다. 아사히 맥주 명예회장인 히구치 히로타로는 그를 '하늘에서 내려오려고 노력한 신(神), 마쓰시타 고노스케'라 정의했다.

회사명	마쓰시타 전기(현 파나소닉)
창업자	마쓰시타 고노스케(Konosuke Matsushita)
창업연도	1918년(일본)
사업분야	전기전자 제품 제조 및 판매

마쓰시타 전기는 노사협조, 인재중시, 종신고용 등 소위 일본형 경영의 시초를 만든 기업이다. 내셔널 National 과 파나소닉 Panasonic 등 히트 브랜드를 탄생시켰다. 마쓰시타 전기는 예전보다 그 명성이 떨어졌음에도 국내외 관련회사 570곳에 19만 명의 직원을 둔 연간매출 50조 이상의 다국적 기업이다. 100년 장수기업에 이름을 올렸고, 2018년 일본에서 근무하고 싶은 기업 1위로 선정되었다.

회사보다 훨씬 더 우뚝 솟아 살아 숨 쉬는 존재가 창업자 마쓰시타 고노스케다. 그는 3남 5녀 중 막내로 태어났지만 형제 모두가 결핵과 전염병으로 사망했고, 그도 1년에 절반은 누워있을 정도로 몸이 허약했다. 아버지의 사업 실패로 9살 때 초등학교를 중퇴하고 화로 가게와 자전거 가게의 점원으로 6년간 일했다. 16살에 아버지가 세상을 떠났고, 살길이 막막해진 어머니는 재혼했다. 가족 모두가 그의 곁을 떠난 것이다. 이 모든 불행이 가난 때문이라 생각한 마쓰시타 고노스케는 기필코 성공해서 다시는 가족을 잃는 아픔을 겪지 않겠다고 다짐했다.

마쓰시타 고노스케는 전기가 일상에 가깝지 않았던 그 시절, 우연히 전차를 처음 타본 후 전기의 시대가 올 것을 예견했다. 전기를 배우고 싶어 6년간 일한 자전거 가게를 그만두고 오사카 전력회사에 들어가 7년간 일했다. 이후 1918년 23살 때 마쓰시타 전기를 창업했다. 마쓰시타 전기는 개량 소켓, 쌍소켓, 자전거 램프 등 다양한 발명품을 만들었다. 정가 판매제도를 도입해 영업소 간 과도한 가격경쟁을 막았고, 1965년 파격적으로 일본에서 가장 먼저 주5일 근무제를 도입했다. 당시 일본기업이 해외기업에 대항하여 경쟁력을 유지할 수 있었던 것은 저임금과 노동시간이었는데 이를 포기한 것이다. 그가 경영의 신으로 존경받는 이유는 좋은 제품을 만들어 부를 축적하고 성과를 내는

데 그치지 않고, 함께 일하는 사람들을 성장시키고 행복한 기업환경을 만들기 위해 노력했기 때문이다. 제품을 만들기는 하지만 우선 인간을 만드는 회사라는 신념으로 운영했다. 고노스케의 경영철학을 담은 저서 『마쓰시타 고노스케, 길을 열다』는 1968년 처음 발간돼 현재까지 550만 부가 팔렸다.

혁신을 이끈 한 문장

"우리는 인간을 만드는 회사입니다만 전기제품도 만듭니다."

사업 초기 젊은 영업사원들이 제품을 판매하러 돌아다닐 때 상대방이 "자네 회사는 무엇을 파는 곳인가?"라고 물으면 고노스케는 이렇게 답하라고 가르쳤다. "마쓰시타 전기는 사람을 만드는 회사입니다. 덧붙여 전기제품도 만들고 있습니다"라고.

고노스케는 이 말을 꽤 흡족해했다고 한다. 그는 사람을 키우는 기업을 세우고 싶었기 때문이다. 인간을 육성하겠다는 의지가 강했기에 신기술의 첨단제품을 개발하는 이미지보다 인간 중심의 회사라는 이미지를 더 중시했다.

기업의 혁신 스토리

호되게 꾸짖지만 후속조치를 취하다

고노스케가 추운 겨울날 부하직원을 호출한 적이 있다. 난로 앞에서 조개탄이나 땔감을 뒤집는 데 쓰는 부젓가락을 손에 들고 호통을 쳤다. "가격을 왜 멋대로 깎아주었나. 사장과 상의 한 번 없이!" 규칙에 어긋나는 부하직원의 행동을 질타하며 부젓가락으로 난로와 마룻바닥을 내리쳤다. 그럴 때마다 부하직원은 회초리로 맞는 기분이었다. 부하직원은 평소 가라데로 체력을 다진 몸이었지만 부젓가락이 난로에 부딪힐 때마다 통증을 느낀 끝에 그만 졸도하고 말았다. 고노스케의 매서운 질책에 무너져버린 것이다.

잠시 후 깨어난 직원에게 고노스케는 구부러진 부젓가락을 건넸다. "이제 됐어! 그런데 자네한테 화를 내느라 부젓가락이 휘어졌어. 이걸 똑바로 펴놓고 돌아가." 잠시 후 고노스케는 "오오, 자넨 역시 손재주가 야무지군. 똑바로 펴졌네"라며 칭찬했다. "그거 하나로 기분이 확 바뀌더라고요. 사람 마음이라는 게." 직원은 방금 전까지 들었던 두려움이 부젓가락 펴기로 풀려버렸다. 원한이나 앙금이 남지 않고 오히려 칭찬을 받아 뿌듯한 기분이 들었다.

고노스케는 부하직원이 방을 나서자마자 비서를 불러 집까지 바래다주라고 지시하며, 그의 부인에게 남편이 오늘 사장에게 혼이 났으니 잘 보살펴달라는 부탁의 말을 전하도록 했다.

고노스케는 때론 꾸중을 들은 부하직원의 부인에게 직접 전화를 걸어 "제가 오늘 남편 분께 화를 냈습니다. 저녁에 술이라도 한 잔 올리고 위로해주시면 고맙겠습니다"라는 말을 하기도 했다. 화를 냈으나 감정적 악의가 없다는 점을 분명하게 알려주었다. 거기서 끝나지 않았다. 다음 날이나 며칠 후에는 당사자에게 전화를 걸곤 했다. "기분은 어떤가? 다 풀렸는가?" 이렇게 직접 위로의 전화를 건네는 일이 잦았다. 아니면 곧바로 새로운 업무를 지시했다. "자네, 이번에는 이걸 한번 해봐." 직원은 자신의 실책으로 징계나 해고의 두려움을 갖고 있었는데, 격려와 함께 새 업무를 지시받으니 고노스케가 여전히 자신을 신뢰하

마쓰시타 전기 Matsushita

고 있다는 자긍심이 생겼다. 후속조치가 이어지면서 혼쭐난 기억은 금방 잊었다.

질책의 목적은 직원의 성장이다

한번은 제품에 불량 문제가 발생해 출시된 상품을 모두 회수해야 하는 일이 벌어졌다. 고노스케가 개발 책임자를 불렀다.

"자네 입사한 지 얼마나 됐나?"

"꼭 20년이 됐습니다."

"그런가. 그럼 내일부터는 회사 나오지 말게."

즉석 해고 통보였다. 개발 책임자는 너무 놀라 어리둥절한 표정을 지었다. 표정을 살피던 고노스케가 물었다.

"그래, 당장 회사를 그만두면 곤란한가?"

"네, 어린아이가 있어 곤란합니다."

"내가 돈을 빌려줄 테니 장사를 해보게. 무슨 장사를 할 건가?"

"제가 소바를 좋아해 소바집이라도 해볼까 합니다만."

"그런가. 소바집을 하겠다면 처음에는 뭘 할 건가?"

"유명한 소바집을 찾아다니며 인기가 있는 이유를 조사하고 맛이 좋은 비결을 알아보겠습니다. 메밀을 어느 지방 것을 쓰고 있는지, 반죽은 어떻게 하는지도 조사하겠습니다. 그걸 알아내기 위해 유명한 소바집에서 밑바닥 생활을 하면서 배우면 어떨까 합니다."

고노스케의 질문은 집요하게 이어졌다. 해고 통보를 받은 직원의 소바집 구상은 점포 개설 지역부터 가격, 고객 응대방식까지 점점 세부적으로 다듬어졌다. 직원은 소바집을 정말 개업할 작정인 듯 필사적으로 설명했다. 그러자 마쓰시타가 막판에 표정을 바꾸었다.

"그걸로 됐어. 지금 자네가 소바집을 하려고 했던 세밀한 구상 그대로 우리 회사 일을 하게. 해고 통보는 없었던 거야. 내일부터 다시 일하게." 소바집을 창업하는 것처럼 주인의식을 갖고 일하면 된다는 말이었다. 이처럼 고노스케한테 야단맞은 부하직원의 사례는 기록으로 많이 남아있다.

질책으로 오히려 직원의 기를 살리다

국회의원을 지냈던 에구치라는 사람도 여러 번 꾸중을 들었는데, 3시간 동안 혼난 적도 있었다. 그는 이렇게 회고한다.

고노스케가 부하를 혼내는 데도 법칙이 있었는데, 우선 화풀이를 하기 위해 무작정 고함치거나 소리를 내지르는 일은 없었고, 두 번째는 "도대체 너는 글러 먹었어." "너한테 큰일 맡겼다간 회사가 쫄딱 망하겠어." 이런 식의 인격이나 자존심을 건드리는 지적도 절대로 하지 않았다. 대신 "고객에게 그런 말을 하면 회사가 망하는 거야." "몇 년 동안 적자를 보면 어떻게 될까? 적자란 회사가 피를 흘리는 거야. 피를 흘리면 사람도 죽고 회사도 죽는 거야." 꾸중하는 이유를 구체적으로 언급하며, 부하직원이 무엇 때문에 혼나는지 수긍하도록 했다. 그리고 고노스케의 꾸중 비결은 질책 후 언행에서 찾을 수 있었다. 질책한 뒤에는 그대로 내버려두지 않고 후속조치를 취했다. 사원들은 질책을 받았지만 그의 후속조치로 오히려 기가 살았다고 한다.

고노스케의 측근일수록 꾸중을 듣는 횟수가 더 많았다는 증언도 있다. 이 때문에 마쓰시타 전기에서는 고노스케에게 꾸중을 듣고 싶어하는 분위기도 강했다고 한다. 그는 평사원이 인재로 성장하는 과정에 칭찬뿐 아니라 지적과 꾸중, 질책이 필수 훈련코스라고 보았다.

그는 칭찬을 5, 6회 하면 꾸중을 한 번 정도 하는 것으로 안배했다. 너무 자주 꾸짖으면 피곤하고 짜증난다는 것이다. 부하가 큰 실책을 했거나 정말 곤경에 처했을 때는 오히려 화를 내지 않았고 사소한 실책을 나무라는 일이 많았다.

신입사원도 나보다 머리가 좋을 겁니다

그가 사람을 키우는 이유는 자신의 몸이 약했기 때문이었다. 병상에 누워있게 되면서 어린 사환에게 지시를 내렸는데 그들이 기대 이상으로 일을 해냈을 때 너무 기뻤다. 그때 사람을 키우는 일이 정말 재밌다는 것을 알았다. 만약 자신이 건강했다면 혼자 일을 했을 것이고, 결국 인재를 키우지 못했을 것이다. 또 몸이 허약한 덕분에 사람을 부리는 방법도 터득할 수 있었다. 세계에서 맨 처음 사업부제를 도입했던 것도 이렇게 키운 인재들 덕분이었다.

그는 소학교를 4학년 때 중퇴했기에 아는 것이 없었다. 그래서 주변 사람들에게 끊임없이 물었고 그런 습관 때문에 공부하는 것을 무척이나 좋아했다. 그가 입버릇처럼 했던 말이 "자네 어떻게 생각하나?"였다. 이처럼 그는 귀동냥으로 공부했다. 그 과정에서 주위 사람들이 대단해 보였고, 그래서 거래처는 물론 어린 사환의 이야기에도 귀를 기울였다.

만약 내가 사람을 부리는 데 탁월하다면 그건 분명 배움이 짧기 때문이겠죠. 신입사원도 저보다 머리가 좋을 겁니다. 꾸짖을 때도 이 사람은 나보다 대단하다는 생각을 하곤 합니다.

겸손으로 인간을 존중하다

마쓰시타 전기는 1954년 후쿠오카 시청의 간청으로 지역개발사업에 참여하기로 했다. 마쓰시타 전기는 지역개발사업에서 경영자로 일할 젊은 사원 13명을 선발했다. 고노스케가 그들에게 쓴 편지 내용의 일부다.

종업원이 적을 때는 모두에게 두루두루 마음을 써야 하네. 100명이 넘으면 부하직원에게 마음을 써줄 간부를 양성해야 해. 500명이 넘으면 모든 사람에게 절하는 심정으로 대해야 한다네.

위기에도 해고는 없었다

마쓰시타 전기는 설립 이후부터 고노스케의 극도의 성실성과 직원들의 헌신으로 우수한 제품을 만들었고 시장에서 신뢰를 얻어 승승장구했다. 하지만 1929년 미국의 대공황으로 일본에도 혹독한 겨울이 찾아왔다. 마쓰시타 전기도 매출이 격감하고 재고는 쌓여갔다. 큰 위기였다. 간부들은 부도 직전의 회사를 살리기 위해 연이은 회의 끝에 고노스케에게 대책을 건의한다. 대책은 직원의 대량해고였다. 당시 일본은 심각한 불경기로 많은 회사가 직원을 해고하거나 문을 닫는 경우가 허다한 상황이었다.

35살의 마쓰시타는 직원들을 모았다. "근무를 반나절로 줄입니다. 매주 이틀은 휴무입니다. 생산도 반으로 감축하겠습니다." 직원 모두 숨을 죽이고 '드디어 해고와 임금 삭감이구나'라는 생각을 하는데, 고노스케는 해고도 하지 않았고 월급도 전액지급을 약속했다. 감격한 직원들은 가족까지 동원해 휴일도 잊은 채 제품판매에 발 벗고 나섰고, 두 달 만에 재고가 소진되고 공장은 정상으로 돌아섰다.

고노스케는 간부들에게 말했다. "직원들 때문에 위기가 닥친 것이 아닙니다. 직원들이 있어야 이 위기를 넘길 수 있습니다. 그러므로 정리해고를 당하는 사람은 없을 것입니다."

교육에 매진하다

마쓰시타 전기는 공장부지 안에 야간학교를 설립한 뒤 초등학교, 중학교를 나온 소년소녀 종업원들에게 상급학교 과정을 마치도록 했다. 교육만이 인간을 만든다는 고노스케의 신념 때문이었고, 또 그가 소학교를 중퇴한 후 취직한 경험 때문이었다. 회사 내에서 교육받을 기회를 제공하기 위해 노력했다. 또 도시바나 소니 같은 쟁쟁한 회사와 경쟁하기 위해 어느 회사보다도 사원 연수에 열중했다.

1980년에는 사비 70억 엔을 들여 '마쓰시타정경학원'을 설립한다. 현재 원화가치로 3,000억 원이 넘는다. 지난 30년 동안 마쓰시타정경학원을 졸업한 젊은이는 274명이다. 이들은 2018년 4월 기준으로 40%는 정치에 뛰어들었고, 39%는 기업체에서 일하고 있다. 소프트뱅크 손정의 회장도 입학을 심각하게 고려했지만, 개인적 이유로 입학하지 않았다고 알려져 있다. 그만큼 일본에서는 유명한 교육기관이 되었다.

마쓰시타 전기의 인사이트

마쓰시타 전기는 일본기업 최초 종신고용제 및 주5일 근무제를 도입했으며, 또 1933년 일본기업 중 최초로 사업부 제도를 도입했다. 당시에는 들어보지 못한 '자주 책임경영'이라는 말도 제창했다. 이것은 사장이 모든 것을 지휘하기보다 과감히 부하직원에게 권한을 위임해 개개인이 책임지고 업무를 진행하도록 하는 경영이다. 일을 맡길 때는 기본적인 방침은 확실히 지키도록 했지만, 다른 것은 직원들에게 철저하게 위임했다. 그 결과 현장 직원들의 의욕이 높아졌다. 현대 경영학의 대가로 불리는 피터 드러커 Peter Drucker 가 주창해 널리 알려진 '위임'의 효용을 고노스케가 훨씬 빨리 간파했던 것이다.

고노스케는 사람을 키운다는 것을, 강철을 단련하는 것에 비유한다. 뛰어난 장인이 몇 천 번이고 강철을 다듬고 연마해야 단단한 명검이 탄생하듯이 사람도 다듬고 연마하지 않으면 점점 물러진다. 그래서 질책도 격려도 반드시 필요하다. 이런 노력 없이는 절대로 인재를 기를 수 없다는 것이다.

고노스케는 인간으로 미성숙한 사람은 사업도 성공할 수 없다고 생각했다. 사업은 사람이 하는 것이기에 사람을 키우는 것은 중요하지만, 그는 우선적으로 한 인간의 성장 그 자체를 원했다. 자기 사업의 발전을 위한 목적만으로 사람을 키운 것이 아니었다. 고노스케가 일본에서 가장 존경받는 경영인으로 추앙받으며, 여전히 일본 국민들이 그를 기리는 것은 꾸지람, 질책, 칭찬 등에 직원들을 성장시키기 위한 그의 진심이 담겨있음을 방증한다. 그는 경영을 단순한 돈벌이가 아니라 사람들의 행복에 기여하는 종합예술이라 생각했다.

"회장님은 어떻게 큰 성공을 이루었습니까?"라는 직원의 질문에 고노스케는 하늘에 3가지 큰 은혜를 입고 태어났다고 답했다. 첫째는 가난하게 태어난 것, 둘째는 허약하게 태어난 것, 셋째는 못 배운 것이라 했다. 세상의 불행을 모두 갖고 태어났는데 오히려 하늘의 은혜라고 하니 직원은 이해할 수 없다는 표정을 지을 수밖에 없었다. 고노스케는 말을 이었다. 첫째, 몹시 가난해서 어릴 적부터 구두닦이와 신문팔이 같은 고생을 하면서 많은 경험을 쌓을 수 있었고, 둘째, 태어났을 때부터 몸이 몹시 허약해 항상 운동에 힘써왔고, 셋째, 초등학교도 못 다녔기 때문에 세상의 모든 사람을 다 스승으로 여기고 열심히 배우게됐다는 것이다. 타고난 약점은 오히려 삶을 더욱 강하게 해주는 밑천이 되며, 모든 운은 주어지는 것이 아니라 자신이 만들어가야 한다는메시지다. 그는 사람을 다루는 데 탁월했는데, 그 이면에는 다음과 같은 생각이 자리 잡고 있었다.

세상에 사과하지 않고 넘어갈 수 있는 일이나
사과하지 않아도 괜찮은 사람은 존재하지 않는다.

또 그는 기업의 성공 여부를 한마디로 정리했다.

자기 부하가 자기보다 훌륭하다고 생각하는가 아닌가에 따라 장사의성패가 갈린다.

필립스

Philips

"

변화에 동참하지 않는 사람들까지 존중하라.

"

가전제품과 의료기기 제조회사. 130년 역사를 지닌 네덜란드의 다국적 회사로 '유럽의 자존심'이라 불렸다. 본 책에서는 가장 힘든 시기에 최고경영자로 취임해 큰 성과를 낸 제라드 클라이스터리(Gerard Kleisterlee)를 다룬다.

회사명	**필립스(Philips)**
창업자	**제라드 필립스(Gerard Philips)**
창업연도	**1891년(네덜란드)**
사업분야	**전자제품 및 의료기기 제조**

필립스는 백열전구로 큰 성공을 거둔 세계적인 전구 제조회사였다. 1930년대에는 세계 최대 라디오 제조회사였는데, 특히 소니SONY 와 함께 개발한 콤팩트디스크Compact Disc, CD 가 대표적인 제품이다. 그뿐만 아니라 세계 최초로 카세트테이프, CD 플레이어, DVD 플레이어 등을 개발해 20세기 전자산업을 이끌었다. 사업분야만 해도 반도체, PC, 휴대전화 등 일일이 나열할 수 없을 정도다.

그런데 승승장구하던 필립스가 90년대 후반부터 흔들리기 시작했다. 2001년에는 IT 거품이 사라지면서 큰 손실을 입어 주가가 1년 만에 6분의 1 수준으로 추락했고, 적자액은 30억 달러(약 3조 9천억 원)에 달해 파산 직전에 이르렀다. 이때 제라드 클라이스터리Gerard Kleisterlee 가 등장해 위기를 극복한다. 그는 2001년 취임해 2011년까지 최고경영자를 역임하면서 가장 힘든 시기에 가장 탁월한 경영으로 위기에 빠진 필립스를 정상 궤도에 올려놓았다.

당시 필립스는 몸집이 커 느렸고 효율적이지도 않았다. 그는 휴대전화와 오디오, 팩스 사업을 매각하고 TV, CD 플레이어, VCR 제조를 타국으로 아웃소싱했다. 260개에 달하던 공장도 160개로 대폭 감축했다. 2004년부터는 단순함을 추구하면서도 직관적으로 이해하기 쉽게 센스를 더하자는 의미로, '센스 앤 심플리시티'Sense and Simplicity 로 슬로건을 정했다.

수년에 걸쳐 7개에 이르던 사업분야를 조명과 의료기기, 소형가전 세 분야만 남기고 정리했다. 그리고 2006년에는 '필립스의 심장'이라 불리던 반도체 사업까지 매각했다. 이런 일련의 작업을 통해 30억 달러 적자였던 필립스는 2010년 20억 달러(약 2조 3천억 원)의 순이익을 기록하며 안정세를 되찾았다. 제라드 클라이스터리는 파산 직전의 기업을 개선해 엄청난 성과를 이루어낸 것이다.

"변화에 동참하지 않는 사람들까지 존중하라."

실제 경영에서 정말 가능한 이야기일까? 변화나 혁신에 반발하는 사람들은 어디에나 있다. 그래서 혁신은 더디고 많은 갈등을 낳는다. 제라드 클라이스터리는 역지사지의 자세로 회사를 운영했다. 자신의 뜻에 반하는 이들까지 존중했다. 늘 주변을 배려했고 포용력으로 협력 업체를 보듬은 것으로 유명하다.

기업의 혁신 스토리

떠난 자리마저도 아름다운 기업

필립스가 휴대전화 사업을 철수했을 때 일화다. 2001년 필립스는 휴대전화 사업을 정리하면서 프랑스 르망에 위치한 공장을 폐쇄했다. 폐쇄 결정 초기부터 르망 주정부와 논의하며 단계별 공장 폐쇄 프로그램을 마련했다. 인력업체와 연계해 해고 직원의 65%에게 일자리를 알선하고 다른 기업이 르망에 투자하도록 유도해 일자리 1,100개를 만들었다. 사업을 시작할 때와는 다르게 정리하는 단계에서는 분위기가 활기차지 않기에 헤어져야 할 직원들을 신경 쓰는 일이 쉽지 않았지만, 제라드 클라이스터리는 정성을 다했다.

미국 뉴멕시코의 반도체 공장과 오스트리아 빈의 VCR 공장을 정리할 때도 같은 절차를 밟는다. 그때부터 필립스에게는 '떠난 자리마저도 아름다운 기업'이라는 이미지가 따라다닌다.

오디오 부문을 보쉬BOSCH에 매각하려 할 때, 오랫동안 함께 일했던 직원이 불만 가득한 메일을 제라드 클라이스터리에게 보내왔다. "어떻게 우릴 매각할 수 있나요? 우리가 얼마나 잘하고 있는데!"

클라이스터리는 답한다. "여러분에게 필립스보다 더 나은 모회사를 찾아주려는 겁니다!" 한참 지난 후 그 직원은 다시 메일을 보내왔다. "제라드, 당신 말이 맞았어요. 새 대주주는 필립스보다 우리 사업에 훨씬 관심이 많아요. 덕분에 사업도 더 잘되고 있어요."

제라드 클라이스터리는 오디오 부문 직원들에게 실제 더 좋은 환경을 찾아주었던 것이다.

산업 전체를 위해 심장을 매각하다

2006년 필립스에 큰일이 발생했다. 제라드 클라이스터리가 반도체 사업부를 매각한 것이다. 반도체 사업은 창업자 제라드 필립스가 핵심 사업으로 키운 '필립스의 심장'이었다. 파장이 컸지만 제라드 클라이스터리는 이 사업부가 필립스 안에 있는 것보다 독립하는 것이 산업 전반에 기여하는 바가 더 크다고 판단했다.

많은 기업이 새로운 성장 동력을 찾아 투자하지만 그것을 위해 자신의 심장까지 도려내는 기업은 흔치 않습니다. 일반적으로 구조조정에 실패하는 이유 중 하나는 단지 경비를 절감하기 위한 수단으로 사용되기 때문입니다. 구조조정은 미래를 보고 조직을 개편하는 작업이어야 합니다.

상생과 동반성장을 추구하다

필립스는 2004년 '지속가능 원칙'을 발표했다. 자신들과 지속적인 관계를 유지하기 위한 원칙을 협력업체에 제시해 이 원칙에 부합하는 곳과 거래를 이어간다는 취지였다.

'노동' '환경' '기업윤리' '경영시스템' 이렇게 네 가지로 나뉜다. 아동노동력 착취금지, 노동자의 노조가입권 보장, 환경 관련 사항, 성별·인종·종교 등에 의한 차별금지사항 등이 핵심이다. 이런 문제들이 개선되지 않고는 협력업체와의 동반성장이 어렵다고 판단했기 때문이다. 그래서 매년 필립스는 전 세계 5만여 협력업체에 지속가능성 보고서를 제출하도록 요구한다.

지속가능 원칙은 협력업체를 압박하거나 평가가 낮은 곳을 협력대상에서 배제하는 제도가 아닙니다. 오히려 협력업체를 위해 다양한 지원을 뒷받침하는 제도입니다. 필립스는 협력업체가 기준을 충족하지 못할 때는 지원도 합니다.

이처럼 필립스는 체계적인 관리를 통해 공동 생존과 번영을 추구하고자 했다.

필립스의 인사이트

직원을 해고하거나 사업부나 회사 전체를 매각할 때, 무언가를 정리하는 일은 언제나 힘들고 고통스럽다. 제라드 클라이스터리도 260여 개 공장을 160개로 줄일 때 엄청 고통스러웠다고 한다. 하지만 '변하기 위해 자신의 심장을 도려낼 수 있는가?'라는 질문에 그는 "그렇다"라고 답한다. 동시에 뜨거운 마음으로 떠나는 직원과 회사, 그리고 협력업체를 바라봤다.

'변화에 어떻게 대처해야 하는가?'라는 질문에 그는 "변화를 겪게 될 사람의 입장에 서 보면 된다"고 대답했다. 자신이 시도하려는 변화가 그들에게는 어떤 의미인지 생각해봐야 한다는 의미다.

회사에 큰 변화를 일으킬 때 가장 중요한 것은 변화에 동참하지 않는 사람들 역시 존중하며 그들에게도 미래를 제시하는 일이다.

마지막까지 정성을 다한다는 것은 힘들다. 하지만 창업을 하거나 조직을 꾸리는 사람들이라면 마지막까지 직원과 조직을 배려했던 제 라드 클라이스터리의 모습을 시뮬레이션해보기를 바란다. 이런 마음을 품는다고 성공을 장담할 수는 없지만 결코 쉽게 무너지지는 않을 것이다.

세상을 감동시키는 기업가들의 공통점은 세상을 더 좋은 곳으로 만들고 싶어했다는 점이다. 이런 신념을 지니고 있다면 당장의 실패를 아쉬워할 필요가 없다. 이제 곧 성공이 다가올 테니까.

사우스웨스트항공

Southwest Airlines

"

기업은 두려움보다 사랑으로 묶여있어야 강해진다.

"

편경영(fun management)으로 유명한 항공회사. 사우스웨스트항공의 성공사례는 경영학 교과서의 단골 스토리다. 어떻게 하면 구성원간에 신뢰하고 끈끈한 조직문화를 만들수 있을까? 서로를 신뢰하고 사랑하기 위한 방편으로 이 기업은 편경영 즉 즐거움, 웃음을 활용했다.

회사명	사우스웨스트항공(Southwest Airlines)
창업자	허브 켈러허(Herb Kelleher)
창업연도	1967년(미국)
사업분야	항공

사우스웨스트항공은 1973년부터 2019년까지 연속 흑자를 냈으며, 오일쇼크와 경제 파동이 요동치던 1970년대와 항공업계 위기라고 할 수 있었던 911 테러의 시기를 거치면서도 단 한 번도 적자를 기록한 적이 없다. 하지만 2020년 전 세계를 휩쓴 코로나19로 인해 35억 달러(약 3조 8천억 원)의 적자를 기록하며 47년 연속 흑자에 만족해야 했다. 창업자 허브 켈러허는 '저비용 항공사'Low Cost Carrier라는 개념을 처음 도입한 인물이다. 대부분의 미국 항공사가 위탁 수하물을 유료로 전환했을 때도 사우스웨스트항공은 유일하게 수하물을 무료로 위탁할 수 있었다. 최저가 항공 운임, 항공기 회전율, 포인트 투 포인트Point to Point*로 저비용 항공사의 역사를 만들었다. 초반에는 미국 국내선만 운행했지만 현재는 국제선도 운행하고 있다.

사우스웨스트항공은 전통적으로 직원의 결속력과 충성도가 높기로 유명하다. 그 바탕에는 세계에서 가장 웃기는 항공사라는 수식어에 걸맞은 편경영, 즉 유머경영이 있다. 이것은 여러 위기를 슬기롭게 헤쳐 나갈 수 있는 원동력이 됐으며, 이는 직원을 아끼는 마음 즉 사랑이 있었기에 가능했다.

혁신을 이끈 한 문장

"기업은 두려움보다 사랑으로 묶여있어야 강해진다."

허브 켈러허가 사업을 시작할 당시 거의 모든 항공사가 종교적 믿음

---

* 항공노선 운영 형태 중 하나로 허브 앤 스포크 방식처럼 메인 거점공항으로 승객을 모아 다시 주변 노선으로 운송하는 것이 아니라 필요한 수요만큼 두 도시(공항)만 운행하는 형태. 노선 형태가 두 도시만을 연결한다고 해서 붙은 이름

처럼 신봉하는 말이 있었다. "고객은 왕이다. 고객은 항상 옳다." 하지만 그는 생각이 달랐다. 고객, 직원, 주주 가운데 단연코 직원을 최우선으로 생각했고 바른 행동을 하는 고객만이 옳다고 생각했다.

기내에서 폭음하고 이유 없이 직원을 괴롭히는 불량고객에 대해서는 과감하게 대처하여 직원을 보호했다. 또 그는 일요일 새벽 3시에 청소하는 직원들에게 도넛을 나눠주고, 작업복을 입고 그들과 함께 비행기 청소를 하기도 했다. 당시에 이런 일은 파격에 가까웠다. 그가 직원을 사랑하는 방법이었다.

신뢰에 기반한 권한위임의 힘

직원들을 사랑하고 신뢰하는 조직문화가 생기면서 사우스웨스트 항공은 자연스럽게 직원들에게 권한을 위임했다. 권한위임의 긍정적인 효과를 잘 보여주는 사례가 있다. 『칭찬은 고래도 춤추게 한다』 Whale Done!: The Power of Positive Relationships 의 저자 켄 블랜차드 Ken Blanchard 가 언급한 실제 일화다.

한 번은 제가 미국의 다른 도시에서 강연하기 위해 비행기를 타러 공항에 갔습니다. 하지만 깜빡 잊고 신분증을 집에 두고 왔습니다. 집에 다시 갔다 오기에는 시간이 부족했습니다. 그래서 공항 서점에서 제 사진이 나온 책을 구입해 직원에게 보여주며 "신분증을 깜빡 잊고 가져오지 않았는데 이것으로 대신할 수 있을까요?" 했더니 그 직원은 "블랜차드 선생님이시군요. 제가 일등석으로 모시겠습니다"라고 하더군요. 서비스로 유명한 사우스웨스트항공입니다. 그 항공사에는 일등석이 없으니 직원이 농담을 한 것이죠. 그는 나와 동행해 보안검색을 문제없이 통과하도록 도왔고 터미널까지 안내했습니다. 어떻게 이런 일이 가능할까요? 바로 창업자 허브 켈러허가 막내직원에까지 권한을 위임해 직원 스스로 현장에서 판단하고 결정하도록 했기 때문입니다. 공항에서 신분증을 요구하는 것은 탑승권에 있는 이름과 동일한 인물인지 확인하기 위해서인데, 이 직원은 이런 사실관계를 책 표지의 사진으로 확인했으니 탑승시켜도 된다고 스스로 판단한 것입니다.

반면 갈아탈 때의 비행기는 다른 항공사였습니다. 직원들 모두 "규정상 안 됩니다. 상사와 상의해보세요"라고 해서 애를 먹었습니다. 그들은 자신들이 정해진 절차와 규정을 완벽히 지키며 일했음에도 왜 기업실적은 나날이 나빠지는지 아직도 이해하지 못하고 있을 겁니다.

현장 직원에게 권한을 위임한다는 것은 그들을 신뢰한다는 의미다. 신뢰에는 위험이 도사리고 있다. 잘못되면 회사에 손해를 끼칠 수도 있다. 하지만 이런 위험으로 인한 손해보다 신뢰를 통한 직원간 끈끈함이 주는 효과가 더 크다고 사우스웨스트항공은 생각했다.

유머를 비즈니스에 접목하다

웃음이 있는 비행기를 만들다

'웃다보면 어느새 도착합니다.' 사우스웨스트항공의 슬로건이다. 보통의 항공사라면 비행기 입구부터 직원 서너 명이 승객의 표를 확인하고 기내로 안내한다. 반면 사우스웨스트항공은 직원이 기내 짐칸에서 갑자기 튀어나와 승객을 맞이하기도 한다. 웃음을 주기 위해서다. 안내방송도 재미있다. 사우스웨스트항공의 유명한 비행기 흡연에 대한 안내방송이다.

모든 비행기에서 흡연을 금지합니다. 우리 비행기에는 흡연석을 마련했습니다. 이 방송을 잘 듣고 흡연하시면 됩니다. 흡연하실 분들은 우측 비상구로 나가 항공기 날개 위에서 흡연을 하시면 됩니다. 흡연 중 감상하실 영화는 〈바람과 함께 사라지다〉입니다.

'흡연석을 마련했습니다'라는 말에 승객은 의아해한다. 그리고 '항공기 날개 위에서 흡연하시면'이라는 말에 하나둘 웃기 시작한다. 급기야 영화 제목을 듣고는 모두 폭소한다. 다른 항공사의 기계적이고 무뚝뚝한 안내방송과 비교되는 부분이다.

운행 중이나 착륙 시에도 승객을 웃기기 위한 이벤트와 안내방송은 이어진다.

지금부터 기내 화장실에 최대 몇 명이 들어갈 수 있는지 콘테스트를 하겠습니다. 화장실에 빨리 뛰어가면 선물을 받을 수 있습니다. 여러분이 잠을 자다보면 그 선물을 놓칠 수도 있습니다.

여러분, 방금 매우 강한 충격이 있었습니다. 이것은 항공사의 책임도 아니고 파일럿이나 승무원 책임도 아닙니다. 오직 아스팔트 탓입니다.

승객이 내릴 때 나오는 안내방송도 미소를 짓게 한다.

여러분, 오늘 저희 사우스웨스트항공을 이용해주셔서 매우 감사합니다. 저희는 여러분을 사랑합니다. 그리고 여러분의 돈도 사랑합니다.

여러분, 내리실 때 물건을 놓고 내리시려거든 저희가 갖고 싶은 물건만 놓고 내리십시오. 저희가 나눠 갖겠습니다. 그러나 배우자와 어린이는 제발 놓고 내리지 마십시오.

이렇게 웃다보면 승객은 목적지에 도착해 있다. 〈포춘〉Fortune은 켈러허 회장에게 '웃음교 교주'라는 별명을 지어주었다. 그는 직원을 채용할 때도 자신을 웃겨보라고 할 정도로 웃기는 사람을 좋아한다.

분쟁도 유머로 풀다

1992년 경쟁사인 스티븐스항공과 저작권 소송이 붙은 적이 있다. 당시 사우스웨스트항공은 '똑똑하게 비행하라'Just Plane Smart는 슬로건을 사용했는데, 그 슬로건은 이미 스티븐슨항공에서 사용하고 있었다. 예순이 넘은 켈러허 회장은 자신보다 22살 어린 스티븐스항공사 회장 커트 허월드Kurt Herwald에게 분쟁해결을 위해 팔씨름을 제안한다. 방송국에서도 세기의 대결이라며 심판까지 섭외해 생중계한다. 켈러허는 진지하게 머리띠까지 두르고 담배를 문 채 등장한다. 결과는 스티븐슨항공의 커트 허월드의 승리였다. 하지만 그는 사우스웨스트항공에 저작권 사용을 허락한다.

당시 미국에서는 재미있고 감동적이었다며 난리가 났다. 이 팔씨름 덕분에 두 회사의 광고효과는 엄청났고, 경기가 끝나고 사우스웨스트항공의 주가는 3배나 올랐다. 켈러허는 소송비용을 아꼈고 비용의 일부를 근육위축병협회에 기부하기도 했다. 국민들을 즐겁게 해줬다며 당시 조지 부시 미국 대통령이 그에게 감사 편지를 보내기도 했다. "친애하는 켈러허 회장님, 커트 회장과 했던 팔씨름은 모두가 원윈하는 게임이었습니다. 저녁 뉴스를 보는 모든 시청자에게 아주 재미있는 위

출처 : 《하버드 비즈니스 리뷰》(Harvard Business Review)

사우스웨스트항공의 '웃긴' 서비스

사우스웨스트항공 Southwest Airlines

안거리가 됐습니다. 회장님의 패배를 축하드립니다."

켈러허는 인간의 마음 깊은 곳에 있는 '규칙에 대한 저항심리'를 잘 파악했다. 왠지 구속받는 것 같아 저항하고 싶기도 하지만 지키지 않을 수도 없는 것이 규칙이다. 그래서 딱딱한 규칙에 유머를 더해 승객들이 보다 친근히 느낄 수 있게 했다. 유머는 사람에 대한 진심어린 관심이 있어야만 가능하다고 그는 강조한다.

직원간의 신뢰가 가장 우선이다

켈러허는 눈에 보이지 않는 것의 중요성을 강조했다. 보이는 것은 언제나 모방이 가능하다. 경쟁자들은 비행기를 구입할 수도 있고, 또 티켓 카운터를 세낼 수 있다. 하지만 회사에 대한 직원의 애사심 등 정신은 모방할 수 없다.

경생기업이 절대로 모방하거나 빼앗아갈 수 없는 것이 경영진과 직원간의 신뢰이며, 신뢰를 바탕으로 품질, 가격, 마케팅에서 새 전략을 개발하면 아무도 추격할 수 없게 됩니다.

사우스웨스트항공의 '웃긴' 서비스에 간혹 불만을 표출하는 승객도 있다. 회사는 이런 승객에게 메시지를 분명하고 정중하게 전달한다. 웃음은 사우스웨스트의 경영방침이기에 불편하다면 다음부터 이용하지 말라고 당부하는 것이다. 모든 고객을 만족시키려면 직원들의 노력을 규제하고 제한해야 한다. 그러면 자율적 아이디어를 위해 직원들에게 권한을 위임하는 회사철학이 흔들리고 만다.

사우스웨스트항공의 인사이트

사우스웨스트항공의 평균 연봉은 타 항공사에 비해 낮은 편이었음에도 직원들의 이직률은 낮았고 충성심은 높았다. 켈러허는 직원들을 인간적으로 존중했고 권위의식 또한 없었다. 그 신뢰를 바탕으로 자연스럽게 이루어진 권한위임은 직원 스스로 대우받는다고 느끼게 했고 그들의 애사심은 타 항공사가 따라잡을 수 없는 경쟁력이 됐다.

편경영도 직원들을 존중하기 위한 하나의 방식이었다. 회사는 직원에게 자율을 주었고 직원은 고객에게 웃음을 주었다. 가식적인 웃음이 아닌 진짜 웃음이었다. 일은 원래 힘이 들지만 순간순간 재미도 있어야 한다며 켈러허는 토끼 분장을 해 출근길 직원들을 놀래키기도 했다. 자유롭고 유머러스한 분위기를 위해 늘 노력했다. 그의 이런 노력에는 직원을 아끼는 마음이 녹아있었고, 이는 직원들에게 고스란히 전해져 고객의 즐거움으로 이어졌다.

범고래가 수면에서 3m를 뛰어오르며 관객을 감동시킬 수 있는 밑바탕에는 조련사가 범고래와 우정으로 쌓은 신뢰가 있듯이, 회사가 고객을 감동시키는 방법 중 하나는 고객과 접점에 있는 직원들과 신뢰를 쌓는 것이다. 신뢰는 진심으로 아끼고 존중하고 사랑하는 마음이 전제다. 2019년 1월 허브 켈러허 회장은 세상을 떠났다. 직원들은 자발적으로 돈을 모아 광고를 냈다.

Thanks for always remembering our names.
우리 이름을 기억해줘서 고맙습니다.

ONE
sentence

생각을 넘어 영감으로

펠로톤

Peloton

내가 원할 때, 원하는 장소에서,
최고의 트레이너와 운동하고 싶다.

'피트니스계의 넷플릭스'. 온라인 피트니스 회사. 운동기구에 부착된 모니터로 트레이너
와 다른 참여자들이 실시간으로 운동하는 장면을 보면서 함께 운동한다. 실제 오프라인
피트니스센터와 비슷한 생생한 현장감을 구현했다.

회사명	펠로톤(Peloton)
창업자	존 폴리(John Foley)
창업연도	2012년(미국)
사업분야	온라인 피트니스 플랫폼

존 폴리는 하버드대에서 경영학 석사MBA 과정을 마친 뒤 미국의 대형서점 체인 반스앤노블Barnesa&Noble 전자상거래부문 사장 등을 지낸 콘텐츠 전문가다. 그는 2012년 피트니스 콘텐츠를 온라인으로 제공하는 플랫폼 펠로톤을 설립했다.

펠로톤은 창업 초기부터 승승장구해 4년 만에 〈비즈니스 위크〉가 선정한 '가장 빨리 성장한 기업 1위'를 기록했다. 급격한 성장세에 힘입어 2019년 9월 펠로톤은 미국 나스닥 상장에 성공했다. 2020년 코로나19는 펠로톤이 더욱 빨리 성장하는 계기가 되었다. 비대면이지만 지속할 수 있는 사용자 경험을 찾던 소비자에게 펠로톤은 딱 맞는 플랫폼이었다. 2020년 8월말 기준으로 유료 회원은 310만 명을 돌파해 전년 동기보다 113% 증가했다. 회원 이탈률은 0.75%에 그쳤다. 2019년 매출은 1조 원이 넘었다. CNBC에 따르면 펠로톤은 2020년 2분기 매출액이 6억 7,100만 달러(약 8,052억 원)로 전년 동기보다 172% 증가했다.

펠로톤의 주력 운동기구는 22인치 터치스크린을 장착한 고급 실내 자전거다. 집에서도 유명 스피닝 트레이너와 실시간으로 소통하며 운동할 수 있는 것이 특징이다. 구독자는 펠로톤의 뉴욕 스튜디오에서 자체 제작하는 실시간 방송과 1만 개 이상의 녹화방송을 활용할 수 있다. 자신이 좋아하는 트레이너, 운동시간, 음악 장르 등을 마음대로 골라 운동할 수 있다. 펠로톤은 운동기구를 팔지만 운동 콘텐츠도 팔기에 '피트니스계의 넷플릭스'로 불린다.

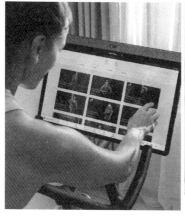

터치스크린을 장착한 펠로톤 바이크

혁신을 이끈 한 문장

"내가 원할 때, 원하는 장소에서, 최고의 트레이너와 운동하고 싶다."

사람들은 '내가 원할 때' '원하는 장소에서' 운동할 수 있다는 생각에 실내 자전거를 구입한다. 처음 며칠은 열심히 하지만 시간이 지나면 옷걸이로 사용되는 경우가 보통이다. 스스로 꾸준히 운동하겠다는 의지와 다짐으로 구입하지만 실상은 쉽지 않다. 운동은 누군가와 같이 하거나 누군가가 이끌어주면 지속될 확률이 높아진다.

펠로톤은 운동기구에 모니터가 달려있어 인터넷에 접속하면 원하는 트레이너의 수업을 시청하거나 실시간으로 참여할 수 있다. 이용자는 모니터를 보면서 다른 사람들과 함께하기 때문에 운동을 지속할 수 있는 동기가 생긴다.

함께 운동하며 땀을 흘리는 쾌감을 맛보고 싶다

신나는 댄스음악이 실내를 꽉 채운다. 어둠 속에서 회원들은 좌에서 우로, 앞에서 뒤로, 두 팔은 일사불란하게 사방을 찔렀다. 연신 자전거 페달을 돌린다. "후" "하" 하며 함성을 지른다. 자전거 위의 트레이너는 말을 타고 부하들을 지휘하는 장군 같다. 옷은 물에 넣었다 뺀 것처럼 땀으로 흥건하다.

위의 내용은 피트니스에서 스피닝하는 모습이다. 실내에서 신나는 음악을 틀어놓고 수많은 사람이 함께 자전거를 타는 운동을 스피닝(사이클과 에어로빅이 합쳐진 실내운동)이라고 한다. 이런 스피닝을 미국 전역에 확산시키는 데 결정적 역할을 한 곳이 소울사이클SoulCycle 이라는 회사다. 소울사이클은 클럽 같은 요란한 분위기에서 실내 자전거를 타는 피트니스센터다. 공간은 나이트클럽처럼 어두컴컴하고 트레이너들은 마치 클럽 DJ처럼 사람들의 흥을 돋우며 미친 듯이 질주하도록 유도한다.

존 폴리 부부는 소울사이클의 회원이었다. 하지만 자녀 둘이 생기면서 피트니스센터를 다니는 것은 사실상 불가능했다. '집에서도 소울사이클처럼 사이클을 탈 수 있는 방법이 없을까?' '시간이 별로 없거나 집을 오래 비울 수 없거나 또는 집에 주로 머물러야 하는 경우에도 집에서 짬짬이 운동할 수 있는 방법이 없을까?' '굳이 이른 새벽에 눈 비벼가며 유명 피트니스 클럽을 가지 않아도 소울사이클 같은 최고의 경험을 할 수 없을까?'

펠로톤 Peloton

존 폴리는 함께 모여 소리치며 땀을 흘릴 때의 쾌감을 다시 느끼고 싶었다. 펠로톤은 이런 고민에서 탄생한 회사다.

피트니스센터와 비슷한 현장감을 살리다

헬스클럽을 집으로 가져오다

온라인 콘텐츠의 근원적 약점은 현장감이 떨어진다는 것이다. 운동, 교육 등 어느 분야나 마찬가지다. 펠로톤은 이런 온라인 콘텐츠의 약점을 보완하는 데 중점을 두어 피트니스센터에서 하는 단체운동을 온라인상에서 비슷하게 재현하고자 노력했다.

펠로톤에서 제작한 운동기구를 이용하면 이용자가 밟는 페달의 회전수와 속도, 거리가 실시간으로 트레이너에게 전달되고, 트레이너는 현장에서 일대일로 지도하는 것처럼 이용자의 이름을 부르고 분위기를 띄우며 격렬하게 운동할 수 있도록 독려한다. 그리고 이 모든 운동량은 고스란히 데이터화되어 이용자는 자신의 기록을 다른 사람들과 비교할 수 있다.

모든 이용자의 운동 랭킹이 매일 공개돼 경쟁심을 부추기는 것이다. 이런 부담 없는 현장감과 긴장감이 운동을 지속할 수 있는 동기가 된다. 〈뉴욕타임스〉는 "뉴욕의 화려한 헬스클럽을 집으로 옮겨났다"는 기사를 내기도 했다.

트레이너를 스타로 만들다

펠로톤은 오프라인의 현장감을 유지하기 위해서는 트레이너의 역할이 중요하다는 사실을 인지했다. 그래서 트레이너를 뽑을 때 엄격한 오디션을 진행하는 것으로 유명하며 강의 리허설도 여러 차례 진행한다. 펠로톤은 채용한 트레이너들을 스타로 만드는 데 역점을 두었고 이들이 명성을 얻으면서 자연스럽게 펠로톤도 홍보됐다. 서로 윈윈하는 시스템이 조성된 것이다. 많은 회원이 인플루언서 트레이너의 매력적인 수업 진행을 펠로톤의 강점으로 뽑는다.

또한 펠로톤은 대형 스튜디오에서 전문 인력이 고급 장비를 갖추고 트레이너 수업을 생중계한다. 콘텐츠의 수준을 높이기 위해 2018년 음악유통업체 뉴로틱미디어Neurotic Media를 인수하기도 했다.

커뮤니티를 제공하다

운동할 때 현장감을 불어넣기에 좋은 방법 중 하나는 커뮤니티를 만드는 것이다. 안면 있는 사람들과 같은 온라인 화면에 있다는 것만으로도 운동을 더 열심히 해야겠다는 생각이 든다. 펠로톤은 이런 점을 살려 가까운 지역에서 같은 수업을 듣는 사람들을 연결하는 커뮤니티 기능을 제공한다. 운동은 각자의 집에서 하지만 함께 운동하는 기분을 낼 수 있게 했다.

부담 없는 현장감을 제공하다

피트니스센터의 현장감은 운동에 동기를 부여하는 요소다. 하지만 모든 사람이 피트니스센터의 현장감을 좋아하는 것은 아니다. 옷 등 외형적인 부분에 신경을 덜 쓰고 싶은 사람도 있다. 다른 사람을 직접 만나기는 부담스럽지만 운동은 하고 싶은 이들에게 펠로톤은 아주 적절하다.

특화된 서비스를 이용하려면 펠로톤 운동기구를 구매해야 한다

펠로톤의 이용자들은 모니터가 연결된 자전거나 러닝머신에서 매일 실시간으로 진행되는 트레이너의 수업을 선택해 참여할 수 있다.

하루 약 20개의 새로운 수업이 열리며 음악 취향과 커리큘럼에 따라 고르면 된다. 또한 수업에 참여한 다른 이용자들과 소통하고 운동 후 자신이 얼마나 성장했는지 비교하며 자연스럽게 경쟁한다. 각자 집에서 혼자 운동하지만 지속적으로 운동할 수 있는 원동력이다.

펠로톤에서 제작한 자전거 등 운동기구를 구매해 월 39달러를 내면 펠로톤의 트레이닝 콘텐츠와 서비스를 무제한으로 이용할 수 있다. 또는 실내 자전거 등 운동기구를 가지고 있는 이용자들은 펠로톤 앱을 통해 월 12.99달러만 내면 홈트레이닝 콘텐츠를 이용할 수 있다. 하지만 운동결과를 기록하는 등의 펠로톤만의 특화된 서비스는 이용할 수 없어서 펠로톤에서 제작한 운동기구 구매로 이어지는 경우가 다수다.

펠로톤의 인사이트

처음 실내 자전거를 구입할 때는 누구나 의욕적이다. 'TV를 보면서 운동해야지!' 하지만 거의 대부분은 자리만 차지하고 만다. 펠로톤은 '어떻게 하면 집에서 규칙적으로 운동할 수 있게 할까?'를 고민했고 사업으로 연결시켰다. '내가 원할 때, 원하는 장소에서, 최고의 트레이너와 운동하고 싶다.' 이것은 운동을 하는 사람들이라면 한번쯤 생각해봤을 것이다. 이런 필요를 펠로톤은 운동기구와 온라인 화면을 연결시켜 구축했다. 펠로톤이 성공한 이유는 집에서 혼자 운동하지만 혼자가 아닌 것처럼 느껴지게 만드는 현장감에 있다. 부담 없는 현장감은 이용자가 지속적으로 운동에 참여할 수 있게 만들었다. 또한 사람을 만나는 것이 부담스러운 이들까지 고객으로 끌어들였다.

2021년 3분기 기준 펠로톤의 고객유지율은 92%로 소울사이클의

85%, 평균 피트니스센터 비율 75.9%보다 높다. 소비자 리서치 플랫폼 시빅사이언스Civic Science 의 설문에 따르면 펠로톤 이용자의 만족도 조사에서 69%가 "아주 만족했다", 28%가 "만족했다"라고 답했다. '만족'하는 비율이 무려 97%에 달했다. 펠로톤 이용자 대부분은 체중감량, 활력 증가, 행복감 상승 등의 효과를 봤다고 말한다. 현재 미국에서는 '펠로톤한다'는 말이 '집에서 운동한다'는 의미로 통용될 정도다.

소울사이클은 야외에서 타던 자전거를 실내 피트니스센터로 옮겨오면서 비즈니스 기회를 만들었고, 펠로톤은 소울사이클의 피트니스센터를 집 안으로 옮겨오면서 비즈니스 기회를 만들었다. 집에 하나쯤은 있지만 사용되지 않는 운동기구를 트렌드에 맞게 재해석하여 탄생시킨 비즈니스 모델이다. 소울사이클은 넷플릭스와 경쟁했다. 넷플릭스가 사람들의 운동시간을 빼앗는다고 생각했기 때문이다. 하지만 펠로톤은 지루한 운동을 신나는 콘텐츠로 바꾸었다. 펠로톤은 스스로 피트니스계의 넷플릭스가 되었다.

몰스킨

Moleskine

"

당신이 매일
영감을 얻을 수 있도록

"

헤밍웨이, 피카소, 고흐가 사용했던 노트가 있다. 거장들이 사용했던 노트를 일반인도 사용할 수 있다면 그들의 영감을 얻을 수 있지 않을까? 이런 거장들의 이야기가 오늘날 몰스킨 노트가 탄생한 배경이다. 몰스킨은 사람들의 상상력을 자극해 영감을 주는 기업이 됐다.

회사명	몰스킨(Moleskine)
창업자	마리아 세브레곤디(Maria Sebregondi), 프란세스코 프란체스키(Francesco Franceschi)
창업연도	1997년(이탈리아)
사업분야	문구류 생산 및 판매

몰스킨의 창업자 세브레곤디는 헤밍웨이, 피카소, 고흐 등 위대한 예술가들이 즐겨 썼다는 몰스킨 노트 이야기를 접했다. 검정색의 심플한 가죽 표지와 미색의 속지, 둥근 모서리 디자인은 일반 노트와 다를 바 없었지만 위대한 예술가들이 이 노트를 쓰며 영감을 얻었다는 이야기는 매우 솔깃했다. 세브레곤디는 1997년 이탈리아에 몰스킨 회사를 설립하고 '몰스킨 노트'Moleskine note 를 출시했다. 첫해 생산량은 5천 개였지만 다음 해는 무려 3만 개로 늘었을 정도로 반응은 폭발적이었다. 몰스킨은 노트다. 그러나 몰스킨 직원들은 노트라 부르지 않는다. '아직 글자가 쓰이지 않은 책'Unwritten book 이라 부르며 국제표준도서번호ISBN 를 부여한다. 문구점보다 서점에서 흔히 볼 수 있다. 가격은 보통의 책값보다 비싼 3만 원이 넘는 것도 있지만 전 세계적으로 연간 1,000만 개 이상이 팔린다. 몰스킨은 단순히 기록하는 도구가 아닌 영감을 얻는 매개체로 자리매김했다.

혁신을 이끈 한 문장

"당신이 매일 영감을 얻을 수 있도록"
(For your daily fix of inspiration)

이탈리아 밀라노에 있는 몰스킨 카페의 콘셉트를 담은 한 문장이다. 몰스킨 노트의 콘셉트는 '아직 글자가 쓰이지 않은 책'이다. 거장이 노트를 쓰면서 영감을 얻은 것처럼 누구나 영감을 얻도록 하겠다는 것이다. 이 콘셉트를 카페라는 공간으로 옮겨 커피를 마시는 장소이자 사람들이 영감을 일으킬 수 있는 장소임을 강조한다. 몰스킨 노트와 카페는 끊임없이 '영감을 얻는 것'에 대해 말한다.

영감에 집중한 몰스킨의 설립 배경

> 몰스킨은 1997년 탄생한 브랜드로,
> 지난 2세기에 걸쳐 헤밍웨이, 피카소, 고흐 등
> 예술가와 사상가들이 사용해온 전설적인 노트입니다.

몰스킨 홈페이지에서 브랜드를 소개하는 문구다. 실제로 200여 년 전 프랑스 파리에는 몰스킨 노트가 있었다. 당시 여러 공방에서 만들던 작은 검정색 노트를 통칭해 '르 까르네 몰레스킨'les carnets moleskines 즉 '인조가죽 수첩'이라고 불렀다. 파리의 지식인과 예술가가 즐겨 쓰는 노트였지만 이를 만들던 소규모 업체들은 대량 생산되는 노트에 밀려 하나둘 문을 닫기 시작해 1986년 생산이 중단됐다. 사람들의 기억 속에서 잊힌 노트는 1995년 마리아 세브레곤디가 튀니지로 여행 중 읽던 한 수필로 인해 되살아난다. 영국 작가 브루스 채트윈Bruce Chatwin이 자신의 여행 수필 『송라인』songlines에 애용하던 몰스킨 노트에 대해 기록한 것이다. 세브레곤디는 채트윈을 비롯한 많은 거장이 사용했다는 노트에 호기심이 생겼고 그 노트를 만드는 업체가 없다는 사실을 알게 됐다.

세브레곤디는 1997년 몰스킨 상표를 등록하고 본격적으로 생산을 시작한다. 검정색 표지와 미색 속지로 구성된 디자인은 과거와 똑같았다. 그리고 거장의 이야기와 노트를 연결시켜 차별화 포인트로 삼았다. 소비자가 몰스킨 노트를 보며 헤밍웨이를 떠올리고, 거장의 라이프스타일을 공유한다는 동류의식을 품게 하고, 동시에 영감을 얻을 수

있게끔 만들었다. 이렇게 몰스킨은 부활했다. 이 노트는 물리적인 실체를 넘어 거장의 정신적인 가치를 담은 노트가 됐으며 그 자체로 낭만의 아이콘이 됐다.

　브랜드를 만드는 데는 물건의 기능적 가치를 넘어 새로운 가치의 창출이 중요하다. 몰스킨 노트는 '메모를 편리하게 할 수 있고, 복잡한 스케줄을 잘 기록할 수 있고, 디자인이 세련됐으며, 구매하면 후회하지 않을 것이다'가 아니라 '상상력을 끌어내야 하는 사람들이 자신의 상상력과 창의성을 끌어내는, 아직 글이 쓰이지 않은 책'으로 소비자에게 다가갔다. 몰스킨 노트는 기능적 가치를 넘어 새로운 가치를 찾아낸 것이다. 몰스킨 노트는 단순한 노트 그 이상으로 인식되었다.

노트 주인의 정체성을 더하다

　몰스킨 노트의 첫 장에는 분실한 노트를 찾아주는 사람에게 주는 사례금을 기입할 수 있는 공간이 있다. 내 노트의 가치를 스스로 매기게 한 것으로, 브루스 채트윈의 글을 인용해 소비자도 같은 경험을 할 수 있도록 만들었다. 그가 몰스킨 노트에 쓴 글이다.

여권은 잃어버려도 상관없다. 하지만 노트를 잃어버리면 큰일이다. 이 노트를 찾아준 분에게는 _____달러를 사례하겠습니다.

1920년경 헤밍웨이가 파리의 한 카페에 종일 머물면서 몰스킨 노트에 쓴 글이다.

넌 내 것이다. 파리의 모든 것은 내 것이다. 하지만 나는 내 손안에 있는 연필과 노트의 것이다.

브랜드를 감각하는 몰스킨 카페

2016년 7월 몰스킨은 이탈리아 밀라노에 몰스킨 카페를 열었다. 몰스킨 노트를 공간으로 옮긴 듯 심플한 디자인과 뉴트럴 톤의 색 조합은 몰스킨 노트의 미색 속지처럼 모던하고 편안한 분위기였다. 창의적인 작업공간을 원하는 창작자에게 영감을 주려는 의도였다. 몰스킨 카페는 커피를 마시는 장소에서 더 나아가 '영감을 주는 여행'을 시작하는 장소다. 또한 사람들을 만나 아이디어를 공유하는 플랫폼이자 몰스킨 노트를 접하지 못한 사람들이 브랜드를 오감으로 경험할 수 있는 장소다.

몰스킨에서 CEO를 역임했던 아르고 베르니Arrigo Berni는 2014년 몰스킨을 이렇게 정의했다.

창작은 종종 작업실이 아닌 곳에서 발현되며 몰스킨은 이때 활용할 수 있는 가장 완벽한 도구다.

위대한 예술가는 어떻게 영감을 얻었을까? 나도 글을 쓰는 사람이라 영감에 관심이 많다. 몰스킨을 연구하면서 '정말 몰스킨 노트를 사용하면 나에게도 멋진 영감이 떠오르지 않을까?'라는 생각이 들기도 했다.

뭔가를 창조해야 하는 사람 입장에서 영감을 얻을 수만 있다면 3만 원보다 더 비싼 가격을 기꺼이 지불할 것이다. 창작자나 지식 노동자에게 영감은 거의 모든 것이기 때문이다.

몰스킨은 노트를 통해 사람들에게 영감을 떠올리게 함으로써 흔한 '노트'라는 제품을 색다른 방법으로 시장에 진입시켰다.

아르고 베르니는 이렇게 말한다.

소비자는 물건을 사는 것이 아닙니다. 물건 이상을 사죠. 바로 '경험'을 사는 것입니다. 물론 실체가 있는 물건을 사긴 하지만 그것은 만질 수 있고 물리적인 니즈를 해소하기 위해서만은 아니에요. 만질 수 없고 감정적이고 지위나 정체성에 연관된 니즈를 해결하기 위한 것입니다. 매슬로우의 욕구단계이론처럼 말입니다. 우리 아이들 세대에서는 더욱 그런 방향으로 나갈 것입니다. 1997년 재출시된 몰스킨 노트는 기능적인 면에서는 검정색 표지와 미색 속지가 있는 과거와 똑같은 물건이었어요. 하지만 시장에는 전혀 다른 방식으로 도입되었습니다.

이야기에는 힘이 있다. 몰스킨은 과거 이 노트를 어떤 예술가들이 사용했는지, 어떤 과정에 의해 사라졌으며, 어떻게 다시 부활했는지 하나의 동화처럼 소개한다. 제품이나 서비스가 지속적으로 고객의 마음에서 확장되려면 기능뿐 아니라 제품이 풍기는 고유의 이미지를 제공해야 한다. 애플Apple 컴퓨터를 사용하면 실리콘밸리의 날카롭고 지적인 비즈니스맨이 떠오르는 것처럼 말이다. 사람들은 자신이 동경하는 이들과 같은 부류이기를 원한다. 이것이 바로 브랜드이자 콘셉트의 힘이다. 컬럼비아대학 번트 슈미트Bernd H. Schmitt 교수는 『빅 씽크 전략』Think Strategy에서 이렇게 언급한다.

몰스킨은 구매자에게 당신은 창조적 인간이고 창조적 공동체의 일부라는 메시지를 준다.

넘쳐나는 제품의 기능적 정보 속에서 제품 자체보다 제품이 주는 상징적 의미가 관심을 유도한다. 이성을 무력화시켜 제품에 호감을 갖게 하고 이야기를 공유하게 한다. 이것이 바로 이야기의 힘이다. 채트윈의 수필 속 한 구절에서 시작된 작고 검은 노트 이야기가 수많은 이에게 영감을 주고 있다.

인비전

InVision

"

원격은 단절이 아니다.

"

디자인 시제품을 만드는 프로그램 개발업체. 인비전은 원격근무 기업의 표본으로 알려져
있다.

회사명	인비전(InVision)
창업자	클라크 발버그(Clark Valberg)
창업연도	2011년(미국)
사업분야	디자인 소프트웨어 플랫폼

인비전은 디자인 산출물을 만드는 과정에서 빠르고 효율적으로 시제품을 만들고 그 결과물을 공유하는 소프트웨어 회사다. 디자이너가 개발자의 도움 없이도 간단히 앱의 프로토타입(시제품)을 만들 수 있도록 했다. 인비전이 출시되기 전에는 디자이너들이 시제품을 만들고, 고객의 수정사항을 반영하려면 개발자들이 다시 작업을 해야 했다. 인비전은 이런 불편을 없앴다. 인비전 소프트웨어는 디자이너가 개발자의 도움 없이 고객의 요구사항을 직접 수정할 수 있게 만들어 프로토타입을 빠르게 수정할 수 있게 했다.

인비전은 설립 이후 지금까지 스파크캐피털, 골드만삭스 등 벤처캐피털로부터 투자받은 자금이 3억 달러(약 3천 3백억 원)가 넘는다. 2019년에는 기업가치가 19억 달러(약 2조 1,300억 원)에 달했다. 2020년 기준으로 아마존, 넷플릭스, 스타벅스, 우버 등 포춘 100대 기업의 97%, 수천 개 기업의 2,000만 명이 사용하는 플랫폼이 되었다.

직원 수도 2012년 30명, 2015년 175명, 2018년 700명, 2019년 800명으로 기업 성장에 따라 급격하게 증가했고, 현재는 1,000명이 넘는다. 하지만 특이한 점은 이들에게 사무실이 없다는 것이다. 초창기부터 원격근무를 채택했다. 2020년 코로나19로 인해 재택근무가 강제화되어 다른 기업이 많은 혼란을 겪을 때 인비전에는 그런 혼란이 없었다.

혁신을 이끈 한 문장

"원격은 단절이 아니다."

사람간 거리가 멀어지면 단절될 확률이 높은 것은 사실이다. 인비전은 이 높은 확률에 반기를 들고 어떻게 하면 원격에도 원활한 소통이 이루어질까를 고민했다. 일과 삶의 관계, 회사와 직원 간의 관계를 재정립했고 다양한 전략을 동원하여 원격근무의 대명사가 되었다.

인비전의 인사책임자는 말한다.

특정시간대에 꾸준히 나타나는 것보다는 일의 결과로 보여주는 것이 중요합니다. 중요한 것은 결과이지 직원의 IP 주소가 어디에 있냐가 아닙니다. 우리는 직원이 무엇을 달성할 수 있느냐에 관심을 가집니다. 직원이 훌륭한 것을 불안정한 근무시간에 달성할 수 있다면 그건 충분히 훌륭합니다.

기업의 혁신 스토리

인비전이 다른 회사와 가장 차별화되는 것은 100% 원격근무다. 요즘은 원격근무를 이상하게 여기지 않지만, 인비전이 처음 100% 원격근무를 한다고 했을 때는 모두 기이하게 여겼다.

구인난에서 시작된 원격근무

인비전이 원격근무를 시작하게 된 계기는 구인난이었다. 설립 초기 창업자 클라크 발버그는 뉴욕 맨해튼에서 채용공고를 내고 하루 종일 면접했지만, 좋은 인재들은 면접장소에 나타나지 않았다. 그들은 구글에 입사했다! 당시 구글이 같은 장소에서 입지를 넓혀가고 있을 때라 기술 인재를 구하기가 어려웠다. 모든 시간을 채용에 집중했지만 허탕이었다.

이런 과정을 겪으며 발버그는 중대한 결심을 한다. 인비전에서 일하는 직원 대부분이 노트북만 있으면 일할 수 있는 UX디자이너였기 때문에 지리적 한계를 벗어나 원격근무가 가능하다고 판단했다. 그래서 캐나다, 미국 애리조나주 피닉스 등 멀리 떨어진 장소에 있는 인재들에게 "당신은 집안 일이 있으면 2시에서 4시에 잠깐 일을 볼 수도 있다. 아이들을 학교에 데려다주고 또 데리고 온 후에 일을 할 수도 있다"와 같은 원격근무를 제안한다. 덧붙여 그 도시의 평균임금의 두 배를 제시한다. 그렇게 해도 실리콘밸리와 뉴욕 등 대도시에 사무실을 두는 것보다 비용이 덜 들었다.

이 제안은 효과가 있었고, 뉴욕에서 처음 2명을 고용하는 데 걸리는 시간보다 짧은 시간에 10명을 고용할 수 있었다. 이후 직원들이 급속히 늘어났다. 발버그는 당시 좀 무서웠다고 한다. 원격으로 근무하면 아무래도 매일 직접 보며 업무하는 것보다는 직원의 역량을 제대로 파악할 수 없을 테고, 또 원격근무의 여러 문제점으로 그들이 이탈하면 더 큰 비용이 들 것이 분명했기 때문이다.

하지만 발버그는 원격근무가 인비전 성장의 변곡점이라 인식했고, 원격근무에서 생길 수 있는 문제점에 주의를 기울이며 더욱 적극적으로 대처했다. 그 과정에서 원격근무를 원칙으로 삼게 되었고, 직원들과 회사가 맺는 관계도 재정립하며 원격근무를 잘 하기 위한 구체적 방법을 제시하고 실천하게 되었다.

원격근무를 위한 조직문화

팀워크를 위해 모니터에서 매일 얼굴을 보게 한다

인비전은 친밀함을 위해 스크럼 미팅으로 매일 45분씩 화상으로 얼굴을 보게 한다. 스크럼 미팅scrum meeting은 따로 회의실을 잡거나 서류를 통해 업무 내용을 보고하는 방식이 아니라 구성원들이 각자 당일 업무와 협업 요청사항을 구두로 공유하는 회의이자, 공식적 회의로 불필요한 에너지 낭비를 막고 직원간 의견을 수평적으로 공유해 일의 효율을 높이는 방식이다. 인비전은 팀워크를 위해서는 모니터에서라도 매일 얼굴을 맞대야 한다고 생각했다. 스크럼 미팅은 지금 하는 일과 앞으로 할 일이 무엇인지, 자신의 일에 가장 큰 장애물이 무엇인지 등 자기 업무에 대해 허심탄회하게 털어놓는 시간이 되었다.

스크럼 미팅에도 규칙이 있다. 휴가나 업무상 빠지는 직원을 위해 비디오로 녹화하여 공유한다. 직원 모두에게 발언할 기회를 준다. 의견충돌이 있더라도 회의가 끝날 때는 '쿨'하게 풀고 헤어지는 것 등이다.

최소 4시간 이상은 근무시간이 겹치도록 한다

인비전의 직원들은 미국뿐 아니라 영국, 이스라엘, 호주, 아르헨티나, 나이지리아 등 전 세계에서 근무한다. 10년이 지난 현재 직원 수는 1,000여 명이다. 모든 직원이 원격근무를 하다 보니 시차도 뛰어넘어야 한다. 이들에게 사무실은 없지만 핵심 근무시간은 있다. 미국 동부 표준시간으로 오전 10시에서 오후 6시를 유지하며 최소 4시간 이상 근무시간이 겹치도록 요구한다. 그래야 멀리 떨어져 있더라도 인비전의 구성원으로 같이 업무하고 있다는 인식을 가질 수 있고, 또 회의가 필요할 때 겹치는 시간에 해야 서로 미안해하지 않는다.

원격근무에 적합한 인재를 뽑는다

인비전은 원격근무에 적합한 사람을 뽑기 위해 노력한다. 하고 싶은 것이 많은 사람인지, 적극적인지, 출근하지 않아도 스스로 일을 잘 할 사람인지 등 자기주도적 성향인지를 본다. 그래서 인터뷰 때 업무분야

외 다양한 질문을 하는데, 예를 들면 '원격근무를 한다면 하고 싶은 것 10가지 이상을 말해보라' '언제 시간을 가장 낭비하는 것 같은가?'와 같은 원격근무에 필요한 다양한 질문을 한다.

인비전의 인사책임자는 말한다.

각 분야의 인재가 있는 것처럼, 근무방식에도 적합한 인재가 있다. 원격근무에 적합한 인재는 매일 가고 싶은 곳, 하고 싶은 일이 있고, 하고 싶은 질문도 있는 적극적인 사람들이다. 인비전은 자유와 유연성에 가장 큰 만족감을 느끼는 사람들이 일하는 회사다.

삶에 얼마나 영감을 주었는지가 동료평가의 핵심이다

인비전은 동료평가를 하는데 이때 동료의 능력이나 업무를 평가하는 것이 아니라, 동료가 내 일과 삶에 얼마나 영감을 주었는지가 평가기준이다. 직원들이 서로의 삶에 얼마나 큰 시너지가 되었는지를 평가하라는 의미다. 인비전은 일과 삶이 긴밀하게 연결되어 있다고 여긴다. 예를 들어, 첫 아이를 키우는 직원은 선배 부모에게 어떻게 대처할지 묻고, 집을 구하는 문제로 힘들어하는 직원에겐 다른 팀원이 실력 있는 중개업자를 소개해주라는 의미다. 일상에서 서로 도울 수 있으면 협업하는 과정이 부드러워지고, 그러면 각자 더욱 업무에 집중할 수 있다는 생각이 깔려있다. 원격근무상 협업을 위해서는 '라포'rapport 즉 상호신뢰관계가 형성되어야 한다는 것이다.

인비전의 인사평가는 절대평가다. 직원 각자가 설정한 목표만큼 해냈는지 여부로 평가한다. 경쟁보다 협업에 더 방점을 두기 위한 조치다.

신입직원에게 떨어져 일하는 방법을 교육하다

신입직원들이 원격업무에 빠르게 적응하도록 3주간 월요일부터 금요일까지 하루 4시간씩 동료들이 원격으로 돕는다. 이를 '온보딩 프로그램'이라 한다. 떨어져 일하는 동료와 일하는 방법, 신입직원의 업무와 근무플랜을 짜주고, 회사문화와 조직구성, 철학 등을 전수한다. 회사가 사용하는 툴 사용법, 디자인 원칙 등도 교육한다.

- 공통 클래스 : 매일 첫 1-2시간 모든 신입사원이 접속해 인사 나누고 전날 배운 것을 복습한다.
- 소그룹 클래스 : 신입사원 4-5명씩 묶어 매일 과제를 제시하고, 그룹 채팅으로 토론하며 과제를 해결한다.
- 개인학습 시간 : 마지막 30분은 신입사원들이 개별적으로 학습하는 시간이며, 업무 외 행정적인 부분을 처리하거나 기존 직원들에게 궁금한 것을 질문한다.

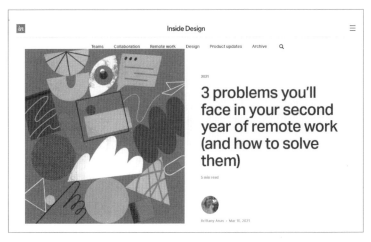

인비전 홈페이지

올바른 툴을 사용하다

창업자 클라크 발버그는 '좋은 툴tool은 오프라인 회의실에서 일하는 것보다 원격문화를 더 효율적으로 만들 수 있다'고 생각했다. 예를 들어 오프라인으로 회의한다면 직원을 모으는 데 시간이 걸리고, 지각하는 사람도 생기고, 또 전화 받기 위해 회의실을 들락날락하기도 한다. 반면 Zoom 같은 도구를 사용하면 몇 초 안에 회의를 시작할 수 있고, 10분 늦게 회의를 한다고 해도 회의실에서 기다리며 핸드폰을 만지작거리는 사람도 없고, 자기 할 일을 할 수 있다는 것이다.

대면 만남을 적극 권장하다

실제 만남을 가진 사람들이 온라인 환경에서 일할 때 더욱 긍정적 영향을 미친다고 알려져 있다. 그래서 회사는 같은 도시에 있는 직원들이 정기적으로 모이도록 하는 등 1년에 한 번은 직접 대면시간을 갖기 권장한다. 밴쿠버의 야영모임, 뉴욕의 휴가모임, 미네소타의 파티

모임 등 모든 비용은 회사가 적극 지원한다.

홈페이지에 원격근무의 어려움 및 해결책을 업데이트하다

원격근무 시스템이 잘 갖추어져 있어도 대면하지 못해서 발생하는 문제가 늘 있다. 그래서 인비전은 직원들이 겪는 어려움과 그 해결책을 전문가에 의뢰해 관련 의견을 홈페이지에 업데이트한다. 전문가 의견으로 어려움이 해소되는 측면도 있지만, 더욱 좋은 효과는 직원들 자신이 겪고 있는 어려움을 회사도 알고 있고, 회사가 자신들의 어려움을 해결하기 위해 노력한다는 사실을 알게 된다는 점이다. 이 자체만으로 신뢰가 생기고 위안이 된다는 것이다.

인비전의 인사이트

어느 날 직원이 집 근처 카페에서 근무하던 중, 컨디션 난조로 일하기가 어려웠다. 집으로 돌아와 차 한 잔을 마시고 따뜻한 곳에서 휴식을 취한 뒤 다시 하던 일을 했다. 만약 원격근무 회사가 아니었다면 그 직원은 병가나 연차를 써야 했을 것이다. 이처럼 원격근무는 유연성을 보장하는 제도다.

원격이 단절로 이어지는 경우가 허다하다. 일단 의사소통의 효율성이 떨어진다. 옆에 있다면 5분 안에 쉽게 끝낼 수 있는 문제도 온라인으로는 많은 시간과 에너지가 종종 요구된다. 또 원격근무는 일과 삶의 경계가 없어진다. 시시때때로 메신저가 날아오면 일하고 있는지 쉬고 있는지 모를 때도 있다. '원격근무를 했더니 아이디어도 안 나온다' '나태해졌다' '생산성이 떨어졌다' 이런 이유로 원격근무를 시행했다가 다시 출근하는 회사도 있다.

전 직원을 원격근무시키면서 성공한 회사는 손에 꼽을 정도다. 힘들기도 하고, 위에서 언급한 것처럼 여러 단점도 있기 때문이다. 그럼에도 불구하고 인비전은 괄목상대하게 성장했다.

인비전의 원격근무가 성공했던 이유는 단지 집에서 일할 수 있다는 것 때문이 아니었다. 인비전은 일과 삶을 적대적으로 분리하기보다 보완관계로 설정했고, 직원들에게 유연한 라이프스타일을 제공하는 데 집중했다. 그리고 세밀한 전략들을 실천했다.

발버그는 일과 삶의 관계를 새롭게 정립해야 한다며 이렇게 말한다.

일과 삶이 분리되어야 한다고 주장하는 이들도 많다. 하지만 우리는 하루 중 거의 대부분을 일로 보낸다. 일과 삶을 분리해야 한다면, 하루 중 너무 짧은 시간만 삶에 투여된다는 의미다. 이건 삶이 낭비되는 것처럼 보일 수 있다. 이건 우리가 원하는 것이 아니다. 그래서 우린 일과 삶을 통합해야 한다고 주장하는 것이다.

우리가 어디 있는지보다는 무엇을 달성했는지가 중요하다. 세상은 점점 온라인으로 많은 부분이 대체되고 있다. 예전처럼 전 직원이 사무실에 출근하는 비율은 많이 줄어들고 있다. 인비전을 참고해 원격근무를 실제처럼 운영하는 경영 노하우가 필요한 시점이다.

Tsutaya

"

고객의 기분으로 느껴야
매출은 일어난다.

"

일본의 서점 체인. 서점이지만 고객에게 라이프스타일을 제안하는 곳으로 유명하다.

회사명	츠타야(Tsutaya)
창업자	마스다 무네아키(Masuda Muneaki)
창업연도	1983년(일본)
사업분야	서점

츠타야 서점의 모기업은 CCC Culture Convenience Club 로, 마스다 무네아키가 1983년에 오픈한 오사카 히라카타점이 시초다. 처음에는 CD 및 비디오를 대여하는 사업으로 시작했다. 2011년 다이칸야마 츠타야를 오픈하면서 서점은 책을 파는 곳이 아니라 라이프스타일을 제안하는 곳이라고 서점을 재정의하여 주목을 받았다.

현재 츠타야는 일본 내 1,500개 매장, 연매출 2천억 엔 이상을 자랑하는 거대 서점 기업이다. 하지만 스스로는 세계 최고의 기획회사를 지향한다. 고객의 행복과 풍족함을 증진시키는 기획을 하겠다는 의미다. 2003년에 여러 업종을 망라한 공통 포인트 서비스인 'T포인트' 멤버십 서비스를 시도했다. 지금까지도 운영 중이며, 2019년 12월 말 기준으로 회원 수가 7,000만 명 이상이다. 일본 인구의 절반이 넘는 사람이 츠타야 멤버십에 가입되어 있다. 결국 어마어마한 데이터를 보유하게 되었으며, 라이프스타일을 제안하려는 츠타야의 목적에 좀 더 다가갈 수 있었다. 2011년 다케오 시립도서관의 위탁운영을 맡았고, 2015년에는 츠타야 가전도 설립했다.

혁신을 이끈 한 문장

"고객의 기분으로 느껴야 매출은 일어난다."

츠타야의 목표는 고객의 행복과 풍족함을 증진시키는 것이다. 고객에게 더 나은 생활을 제안하려면 고객의 기분으로 느낄 수 있어야 한다고 마스다 무네아키는 강조한다. 고객의 기분을 알아채기 위해 고객 속으로 들어갔고, 고객 개개인에게 맞는 라이프스타일을 제안할 수 있었다.

고객의 '아침의 기분, 점심의 기분, 저녁의 기분'을 느끼다

츠타야 서점은 '미래 서점'으로 불린다. 2011년 도쿄 다이칸야마 츠타야 서점을 오픈하면서 단순히 책을 판매하는 서점을 넘어 음식, 주거, 패션 등 라이프스타일을 기획하고 제안하는 곳으로 바뀌었기 때문이다. 다이칸야마 츠타야 서점은 창업자 마스다 무네아키가 고객을 대하는 자세가 잘 드러나는 매장이다. 이 서점을 기획할 당시 무네아키는 서점이 들어설 부지 앞 카페에 앉아 사람들이 오가는 모습을 쭉 지켜보았다고 한다. 역에서 매장까지 20대 여성의 기분으로, 대학생의 기분으로, 때론 노인의 기분으로 수십 번을 걷기도 하고 아침과 점심 기분 또 저녁 기분은 어떤지 고객의 기분 안으로 들어가려고 했다.

보통 서점은 젊은이들이 찾는 곳이라 생각하지만 무네아키는 서점 부지 주변을 관찰하면서 반려동물을 키우고 부유해 보이는 고령자가 많다는 것을 발견했고, 60세 이상 시니어들이 편하게 느낄 수 있도록 기획한다. 그래서 그는 아름다움에 관심이 많은 실버세대 여성을 위한 에스테 살롱과 동물병원이 딸린 숍을 운영하고, 택시를 쉽게 잡을 수 있게 택시 승강장을 별도로 만들었다. 서점도 건강과 종교, 철학, 여행 등 시니어의 관심사와 관련된 책으로 구성하고, 또 시니어의 활동시간을 고려해 영업시간도 오전 7시부터 다음날 새벽 2시까지로 정했다.

그는 다이칸야마 츠타야 서점을 세울 4,000평의 토지를 두 가지로 생각했다. 하나는 서적, CD, DVD 멀티 패키지 스토어에 카페 등이 있는 '다이칸야마 츠타야 서점'이었고 또 하나는 독립된 가게들이 나란히 줄지어 공존하는 다이칸야마 T-SITE라는 하나의 거리였다. 그는 '서점'이 아니라 '서점이 있는 거리'를 구상한 것이다. 결국 상품이 아닝 생활을 판매하는 데 있어 서점은 필수요소였던 것이다. 마스다 무네아키는 이렇게 말한다.

고객의 기분으로 생각하면 된다. 고객의 기분으로 답을 찾고 성실하게 그 답을 실현하면 고객은 찾아오기 마련이다. 오로지 고객의 입장에서 고객의 기분이 될 수 있도록 노력하여 고객이 원하는 것을 찾거나 만들면 된다.

이후 도쿄, 가고시마 등 다른 지역으로 매장을 확장했고, 철저히 그 지역의 고객 취향을 아는 데서부터 출발했다. 직원들 역시 도쿄 에비스가든 플레이스와 롯폰기 힐스 매장을 만들 때는 그 지역을 알아야 한다는 생각에 근처에서 살기까지 한다.

서점에서 책을 팔면 안 된다

무네아키는 "서점이 책을 판매하는 것만 목표로 한다면 아마존으로 충분하다. 하지만 사람들은 더 나은 삶을 제안 받고 또 그렇게 살기를 바라기 때문에 우리는 라이프스타일을 제안한다"고 말한다.

그는 덧붙인다. 소설을 쓰는 일, 영화를 만드는 일, 사진을 찍는 일, 음악을 작곡하는 일 모두 사람의 영혼을 담는 일이며, 이런 것들은 무언가를 전달하고 제안하고 싶다는 강한 의지에서 탄생한다. 사람은 누구나 감동을 받으면 다른 누군가에게 전달하고 싶은 욕망을 느낀다. 많은 책과 음악, 영화가 세상에 존재하는 이유다. 좋은 것을 만들었다고 무조건 고객에게 가치가 올라가지 않는다. 고객의 기분이 되어 좋은 것을 만들고 제안해야 한다.

서점의 운영방식도 고객의 니즈에 부합하기 위해서다

츠타야는 기존 서점의 분류 방식을 따르지 않았다. 고객에게 라이프 스타일을 제안하는 데 유리한 방법을 찾았다. 우선 책 주변에 책 내용과 관련된 물건과 잡지들이 놓여있다. 예를 들어 요리책이면 요리도구와 요리잡지들이 놓여있다. 단순히 책을 진열해놓고 구매하라고 하는 것이 아니라, 요리와 관련된 물건들을 보여줌으로써 책을 읽고 제품들을 사용하는 이미지를 떠올리게 했다. 또 여행 책 주변에는 여행에 관한 모든 것을 진열한다. 예를 들어 이탈리아를 여행할 때 필요한 것이 무엇일까? 거기에서 어떤 것을 체험하면 좋을까? 이탈리아 관련 최신 정보가 있는 잡지, 영화, 음악은 이탈리아 여행을 계획하는 고객에게 관심사항일 수 있다. 그래서 이탈리아 관련 책 주변에 이런 것들을 배치하고 또 여행사 카운터도 설치했다. 책을 보다가 여행하고 싶어지면 그곳에서 바로 문의도 하고 신청도 할 수 있다. 이렇게 여행, 음식, 요리, 인문, 문학, 디자인, 건축, 예술, 자동차 같이 장르별로 구역을 나누어 진열한다. 기존 서점처럼 단순히 진열해놓고 구매할 사람은 사라는 방식에서 탈피했다.

또 츠타야 서점은 많은 책을 앞표지가 보이게 진열하기 때문에 다른 서점에 비해 진열하는 책의 수가 적다. 그래서 고객의 가치를 높일 수 있는 책만 선별해 진열하는데, 당연히 에너지가 많이 든다.

라이프스타일을 제안하기 위해서 그렇게 해야 합니다. 고객의 기분 안으로 들어가려면 자신의 영혼을 담아야 합니다.

위 사항들은 온라인상에서는 가능하지 않고, 실제 공간에서 가능한 일이다. 이렇듯 츠타야는 늘 오프라인 공간에서 고객의 라이프스타일을 제안하는 데 중점을 둔다.

시립도서관을 시민의 기분으로 기획하다

2011년 다이칸야마 츠타야 서점은 인기를 끌어 TV에도 자주 나왔다. 그 모습을 보고 다케오 시립도서관을 관장하는 시장이 무네아키에게 연락을 했다. 많은 시민이 시립도서관에 방문하여 도서관이 시민의 자부심으로 자리매김했으면 했다.

마스다는 2013년에 공공시설인 '다케오 시립도서관'에 츠타야 서점의 콘셉트를 대담하게 적용한다. 우선 7,000개의 박스에 들어갈 양의 책을 체육관에 옮겨놓고, 다이칸야마 서점에서 했던 것처럼 '라이프스타일 제안에 기초한 분류방법'으로 다케오 시립도서관의 장서를 분류한다. "처음에는 눈앞이 깜깜해지더군요. 20만 권의 책을 '편집'하는 것과 마찬가지였어요." 운영방식도 바꾼다. 개방시간도 10-18시에서 9-21시로 연장하고, 연간 34일이었던 휴관일을 없애 연중무휴로 운영한다. 스타벅스도 입점시켜 커피를 마시며 책을 읽을 수 있는 북카페 형태로 만든다. 음악과 영상자료의 대여공간을 마련하고 잡지와 서적, 생활잡화 등을 판매하는 서점도 만든다.

그 결과, 시 인구 5만 중 20%만 이용하던 도서관이 평일 1,000명, 주말 4,000명 등이 이용하면서 13개월 만에 이용자 수가 100만 명을 넘어섰다. 외부 사람들이 더 많이 찾았다. 다이칸야마 츠타야 서점에서 쌓아온 노하우를 발전시켜 시립도서관의 혁신을 이끌어냈고 현재 다케오 시립도서관은 명소가 되었다.

다케오 시립도서관

같은 목적 아래 각각 다르게 운영하다

츠타야 서점 모두 라이프스타일을 제안한다. 하지만 츠타야의 각 지점의 모습은 모두 다르다. 롯폰기 츠타야는 도쿄의 대표적인 오피스 지역에 위치해 있는데, 이 지점 1층 스타벅스에는 직장인들이 팀으로 일할 수 있게끔 자리를 많이 만들어놓았다. 일을 하다보면 문구류가 필요하니 문구류를 많이 배치했다. 늦게까지 일하는 직장인을 위해 새벽 4시까지 영업한다. 다른 지점은 보통 새벽 2시까지다. 이처럼 츠타야 서점은 늦은 시간까지 영업한다. 심야까지 영업해 이익을 늘리겠다, 열심히 일하는 기업 이미지를 얻겠다는 생각이 아니었다. 심야에도 서적, 음악 소프트웨어 등을 구매할 수 있으면 고객이 편하겠다는 생각에서였다. 고객 입장에서 가치를 높일 수 있다면 영업적인 어려움도 감수해야 한다고 마스다 무네아키는 말한다.

도쿄의 번화가이자 쇼핑가인 긴자에 위치한 긴자식스 츠타야는 예술 카테고리에 집중했고, 도쿄의 부촌에 자리잡은 다이칸야마 츠타야는 부유한 시니어층을 고려했다. 이처럼 츠타야는 그 지역에 가장 적합한 것으로 가장 적절한 라이프스타일을 제안한다.

츠타야에는 CD, 잡지가 비닐에 싸여있지 않다. 모든 것을 들을 수 있고 볼 수 있게 했다. 눈으로 보는 것에 머물지 않고 직접 경험하게 한다. 고객은 자연스럽게 츠타야에 머무르는 시간이 길어졌다. 츠타야가 제안한 라이프스타일을 고객이 어떻게 체험하는지 더 오랫동안 관찰할 수 있게 되었다.

츠타야 서점에 츠타야 가전을 추가하다

2015년 츠타야 가전을 새롭게 오픈했다. 서점과 가전이라니, 조금 생뚱맞지만 결국 츠타야 가전은 라이프스타일을 제안하는 것이 목적인 츠타야에 적합한 분야였다. 밥솥, 전자레인지 등 가전제품들이 있으니 완전한 라이프스타일을 제안할 수 있게 되었다.

중요한 것은 고객에게 '이렇게 생활하고 싶다'는 기분이 들게 하는 겁니다. 그렇게 하기 위해서는 선별해서 추천할 수 있는 전문성이 필요합니다. 선별한다는 것은 어떤 가전제품과 가구를 조화롭게 배치할 것인가, 어떤 생활 속의 장면을 만들 것인가 그리고 그 안에서 고객이 느끼길 원하는 감정은 무엇인가, 이런 상상을 하면서 물건을 선택하고 조화시킨다는 의미입니다.

주차장 하늘이 넓을수록 고객은 다시 오고 싶다

다이칸야마 츠타야 서점을 오픈했을 때 일화다. 120대의 차량을 주차할 수 있는 평면 주차장을 만들었는데 이는 효율로 보면 타산이 맞지 않았다. 기계식 타워 주차장이라면 더 많은 차량을 수용할 수 있었기 때문이다. 하지만 마스다 무네아키는 그 방법으로는 고객 가치를 높일 수 없다고 생각했다. 주차하고 차 문을 열었을 때 무미건조한 주차장만 눈에 들어온다면 고객은 매장을 찾는 설렘을 느낄 수 없다는 것이다. 차 문을 열었을 때 들어오는 녹색 풍경과 넓은 하늘, 그리고 바깥 공기는 해방감을 주기에 고객이 다시 오고 싶은 기분을 느낀다는 것이다.

마스다는 이렇게 말한다.

한 인간으로서 고객의 시선에 서 보는 겁니다. 매장은 고객을 위해서 존재하는 것이기 때문입니다. 고객의 시선으로 바라보면 그 장소 그 매장만이 주는 편안함이 절대적으로 필요하다는 것을 금세 알 수 있습니다.

츠타야의 인사이트

저는 상대방의 눈이 될 수 있습니다. 어린아이가 될 수도 있고, 할머니가 될 수도 있습니다. 제 시점을 상대방의 시점으로 바꿀 수 있다는

대만에 진출한 츠타야 서점

의미입니다. 상대방의 기분이나 무얼 말하려고 하는지 전부 알 수 있습니다. 왜 다른 사람들은 그게 되지 않는 걸까, 생각하곤 했습니다.

마스다 무네아키는 확실히 상대방의 입장을 헤아리는 데 탁월했다. 상대방의 입장에서 가장 이해하기 쉬운 말과 상대가 듣고 싶어하는 이야기를 적절히 섞어가며 일의 방향을 조절했다. 그리고 그는 다양한 사람이 되어보는 일을 늘 연습했다고 한다. 예를 들면 다음과 같다.

국회의사당의 의장석에 앉는 기분은 어떤 기분일까?
총리는 어떤 마음으로 나라를 이끌고 있을까?
다이칸야마 츠타야 서점을 매일 찾는 고객은 어떤 기분일까?
조금 전 엘리베이터 안에서 인사를 나눈 직원은 내가 건넨 말에 어떤 기분을 느꼈을까?

그는 마케팅의 본질을 이렇게 이야기한다. 마케팅은 조사만 한다고 해서 되는 것이 아니고, 일단 상대방의 기분을 느껴보는 것이 중요하다. 또 모든 비즈니스는 고객에게 뭔가를 제안하는 것이다. 그 제안의 핵심은 고객에게 더 나은 삶이 될 수 있느냐는 것이다. 마스다 무네아키는 이 말을 자신의 비즈니스에 적용하여, 서점은 책을 파는 곳이 아니라 라이프스타일을 제안하는 곳이라 정의했고, 그 제안이 설득력을 얻기 위해 고객의 기분 안으로 더 깊이 파고들었다.

그가 고객의 기분을 느끼기 위해 같은 매장을 아침의 기분, 점심의 기분, 저녁의 기분으로 몇 번이고 바라보고 또 걸었던 것처럼 모든 창업자나 창작자는 고객의 기분을 느껴보려고 노력해야 하고, 또 고객에게 더 나은 삶을 제안하고 있는지 생각해야 한다.

고객의 기분으로 느낄 수 있었던 무네아키의 사연

마스다의 할아버지는 토목건축업을 하는 동시에 유곽도 운영했다. 유곽은 요즘으로 말하면 성매매 업소다. 그때 할아버지가 운영했던 유곽의 상호가 '츠타야'였다. 츠타야의 한자는 조옥서점(蔦屋書店)이다. 담쟁이 조, 집 옥이다. 담쟁이 조(蔦)는 새 조(鳥)에 숲을 의미하는 초두머리(艹)가 올라가 있는 한자어다. 한자 의미는 '숲속에 새가 우는 집'이다.

츠타야 서점을 오픈하는 날 친구가 팩스로 '츠타야'라는 설명이 있는 사전을 복사해서 보내온다. 마스다는 놀란다. 츠타야는 에도시대에 있었던 서점의 이름이었고, 그 주인의 이름은 '츠타야 주자부로'였다. 니혼바시 출판사라는 곳을 운영했는데, 이곳에서 출간한 책은 화류계에서의 놀이와 익살을 묘사한 풍속 소설책과 풍속화였다. 이처럼 츠타야 주자부로는 당시 젊은 작가들을 지원했다고 한다. 재미있는 것은 츠타야 주자부로가 니혼바시에 서점을 열기 전에 에도 요시와라 유곽촌(에도시대 때 생겨난 거대한 집창촌을 일컫는 말) 한 켠에 츠타야 서점이 자리 잡고 있었다는 것이다. 당시 24세였던 츠타야 주자부로는 「요시와라 사이켄」이라는 것을 만든다. 이것은 유곽과 유녀의 이름을 자세하게 기록해 놓은 안내서다. 당시 인기 좋은 유녀들을 전부 다 그곳에 기록한 것이었다. 츠타야 주자부로는 그 후에 풍속화를 다루는 츠타야를 운영하게 되었다. 더 재미있는 것은 츠타야 주자부로가 유곽을 운영하는 집안의 아들이었다는 점이다. 이런 역사적 사연을 보면서 마스다는 "츠타야 주자부로와 저 사이에는 깊은 인연이 있다고 느끼게 되었다"고 말한다.

마스다 무네아키는 할아버지가 유곽을 운영했기에 어린 시절 유곽에서 일하는 여자들로 둘러싸인 환경에서 자랐다. 또 교육에 관심이 많았던 어머니, 누나와 여동생을 포함해서 가정부도 많아 여성들이 자신을 돌봤다고 한다. 그래서 그는 중학생이 될 때까지는 여성스러운 말투였고 여자아이 같았다고 한다. 주변 환경이 그러니 그런 자기 모습을 당연하게 여기며 생활하다가 중학생이 되었을 때 친구들에게 자신의 말투와 행동이 이상하다는 지적을 받고서야 알았다고 한다. 이후 남성다워지고 싶어 고등학교를 입학하면서부터 레슬링부에 들어갔다.

할아버지가 매춘부 방지법이 생길 때까지 유곽을 운영했기에 마스다는 6살 때까지 유곽에 많은 사람이 출입하는 것을 봤고, 집 주변도 온통 환락가였다. 다양한 사람들의 욕구 같은 것을 숱하게 보고 듣는 일이 일상이었던 것이다.

그는 자신이 다른 사람들보다 상대의 기분으로 잘 파고드는 이유가 이런 환경 때문이었다고 말한다. "많은 사업자들이 사업을 시작하지만 실패합니다. 고객이 그들의 기획서를 거부했기 때문입니다. 고객을 기쁘게 하는 일이 아니라 자신을 기쁘게 하는 일에 그쳤기 때문입니다. 이타적인 부분을 생각하지 못했기 때문에 결국 자신의 기쁨만 생각하고 있는 겁니다. 여기서 이타는 상대방을 진심으로 생각하고 있느냐 없느냐를 말하는 겁니다."

또 그는 이렇게 덧붙인다. "에로스적 개념을 갖는 성적인 세계, 환락가에 있던 여성들은 잘 알고 있었습니다. '이타'보다 '이기'가 강할 때 고객은 찾아와주지 않는 존재라는 것을 말입니다. 그녀들은 고객을 기쁘게 해줘야 한다는 생각을 했던 겁니다. 결국은 이타가 자신도 행복하게 만든다는 것을 어릴 때부터 무수히 보고 들으며 자랐습니다. 그게 제 신념 중의 하나입니다."

토목건축업과 유곽을 가업으로 경영했던 집안 환경 속에서 사람이 본능적으로 지니고 있는 '쾌락'이야말로 중요하다는 것을 알았고, 이것은 이기적인 것이 아니라 이타적인 정신에서 비로소 성립된다는 것을 어릴 때부터 체험했던 것이다. 그가 믿는 라이프스타일 제안은 표면적인 마케팅 노하우만으로 그치는 일이 아니다. 사람의 에로적인 측면까지 심도 있게 파고들어 '사람이란 무엇인가'에 대한 해답을 추구한 것이다. 마스다 회장이 '고객의 기분으로 느껴라!'고 말하는 배경에는 이런 사연이 있었다. 가족, 직원, 고객을 소중히 여기고 모두에게 고맙다는 기분을 느낄 때가 나에게 가장 큰 기쁨이라고 마스다 무네아키는 말한다.

코스트코

Costco

"

남들과 반대로 생각하라.

"

창고형 대형할인점. 통념을 거부한 경영방식으로 유통혁신을 이끌었다는 평가를 받는다.
대형할인점의 모델로, 많은 유통회사가 코스트코를 벤치마킹하고 있다.

회사명	코스트코(Costco)
창업자	짐 시네갈(James Sinegal)
창업연도	1983년(미국)
사업분야	창고형 대형할인점

1954년 18세의 짐 시네갈은 마을 할인점 페드
마트FedMart에서 매트리스를 하역하는 아르바이트를 시작했다. 이것
이 그가 유통업을 시작한 계기다. 1976년 페드마트가 다른 사람 손에
넘어가자 페드마트의 창업자 솔 프라이스Sol Price는 최초의 회원제 창
고형 할인점인 프라이스클럽Price Club을 설립했다. 페드마트에서 여
러 적자 매장을 흑자로 전환하며 능력을 인정받았던 시네갈도 프라이
스클럽으로 자리를 옮겼다. 시네갈이 평생 강조한 코스트코의 3대 경
영원칙인 "법을 준수하라, 회원들에게 최선을 다하라, 직원들에게도
최선을 다하라"는 사내 윤리강령도 솔 프라이스의 철학을 이어받은 것
이다. 짐 시네갈은 1983년 47세에 코스트코를 창업해 29년간 비약적
인 성장을 이끌었다. 그리고 2012년 76세에 CEO에서 물러났다.

전 세계 코스트코 매장은 770여 점이 운영 중이다. 가장 큰 특징으
로는 회원제 운영, 조건 없는 환불 정책, 낮은 마진율로 인한 저렴한 가
격, 취급 물품의 선택과 집중, 1국가 1카드 정책 등이 꼽힌다. 코스트코
고객은 마치 교회에 가는 것처럼 주말마다 습관적으로 코스트코를 찾
는다. 미국뿐만이 아니다. 영국, 프랑스, 캐나다, 일본에서도 코스트코
는 큰 인기를 누리고 있다. 최근 미국에서는 아마존, 국내에는 쿠팡 같
은 온라인 쇼핑몰이 성장하고 있음에도 불구하고, 코스트코는 여전히
오프라인 유통의 강자다.

혁신을 이끈 한 문장

"남들과 반대로 생각하라."

짐 시네갈은 창업 전 창고형 할인매장 유통분야에서 약 30년간 일

했다. 그는 오랜 유통 관습이 몸에 배어있었지만, 기존 방식을 버리고 전혀 다르게 경영했다. 불편을 초래하고, 위험할 수도 있었지만 짐 시네갈은 법을 준수하고, 직원과 고객들에게 최선을 다한다는 신념으로 남들과 반대로 생각하며 비즈니스를 추진했다.

기업의 혁신 스토리

독점보다 경쟁하며 성장하겠다

후발주자였던 코스트코가 독특한 경영방식을 앞세워 급성장하면서 월마트는 한때 위기를 맞았다. 미국 캘리포니아주에서 대형 창고형 할인점 허가와 관련해서 재미있는 일이 있었다. 캘리포니아주에서 코스트코의 진입은 허용하고 월마트는 막았던 것이다. 당연히 월마트가 없으면 코스트코의 수익은 늘어날 것이다.

하지만 짐 시네갈의 생각은 달랐다. 그는 캘리포니아주 정부 관계자를 찾아가 월마트가 있어야 우리도 발전한다며 월마트의 캘리포니아 진출을 허가해달라고 부탁한다. 그래서인지 미국 코스트코 매장 근처에는 월마트가 있는 곳이 많다. 독점보다 경쟁하며 성장하겠다는 코스트코의 역발상이었다.

보통 비즈니스를 하는 사람은 독점을 꿈꾸지만 시네갈은 '독점보다 경쟁'을 택했다. 함께 성장하자는 상생을 지향하는 것이기도 하지만 한편으로는 엄청난 자신감이다. 그 자신감의 원천은 바른 방향으로 가고 있다는 신념일 것이다.

과도한 이익을 경계하다

15%는 우리도 돈을 벌고 고객도 만족하는 적당한 기준이다. 그 이상 이익을 남기면 기업의 규율이 사라지고 탐욕을 추구하게 된다. 나아가 고객이 떠나고 기업은 낙오한다.

시네갈의 말이다. 코스트코는 가격 최소화를 위해 일반상품 마진율 14%, 자체상표인 커클랜드Kirkland Signature 마진율 15% 원칙을 지키고 있다. 마진율을 16%나 18%로 인상하는 순간, 가격과 비용을 최소화하려 했던 코스트코의 모든 노력이 물거품될 거라며 시네갈은 적정이익을 늘 강조했다. 다른 대형할인점은 대략 25%에서 크게는 50%, 백화점은 50% 이상의 이윤을 남긴다는 게 통설인데, 코스트코는 그렇지 않았다. 최대이익이 아닌 최소이익 즉 적정한 이익을 남기겠다는 신념이다.

영업이익율도 2%로 설정한다. 업계에 비해 낮은 편이다. 마케팅이나 광고 활동을 최소화해 영업이익을 2% 수준으로 유지하는 것이 코스트코의 방식이다. 물건을 싸게 팔고 이익을 별로 남기지 않겠다는 뜻이다. 마진이 낮은데도 성공할 수 있었던 것은 재고회전율을 높였기 때문이다. 재고자산 회전율Inventory Turnover 이 높다는 것은 매장 안에 있는 제품이 빠르게 소진된다는 의미다.

코스트코의 재고자산 회전율은 13 정도다. 전 세계 코스트코 매장 안에 모든 제품이 약 28일(365일/13) 만에 소진된다는 의미다. 참고로 경쟁사 월마트는 회전율이 9 정도라고 한다. 코스트코의 재고자산 회전율이 높은 이유는 우선 월마트 등 다른 기업들이 약 14만 개 이상의 제품을 진열해놓는 데 반해, 코스트코는 약 4,000개 제품만 엄선하기 때문이다. 품목별로 가장 품질 좋고, 값이 싸며, 적당한 사이즈 하나만 제공한다. 비슷한 제품 4~5개를 고객이 고르다가 결국 사지 않는 것보다 확실한 제품 하나가 잘 팔리는 게 낫다는 판단이다. 소비자는 구매를 결정하는 시간이 짧아 매장 안에 오래 머무르지 않는다. 그만큼 코스트코에 물건을 공급하는 회사들은 빠르게 물건을 팔 수 있다는 뜻이다. 이런 낮은 매출 마진율을 코스트코는 회원제 연회비로 충당한다. 연간 회원 재가입률이 무려 85%다.

물품 수를 줄여 품질에 신경 쓰다

위에서도 언급했듯이 코스트코는 다른 창고형 할인점에 비해 취급 상품이 아주 적다. 월마트는 14만 개, 우리나라 대형마트도 6만여 개 이상의 상품을 취급하는데, 코스트코는 4,000개 정도다. 그렇기에 품질 검수를 철저히 할 수 있었다. 자연스럽게 우수한 제품을 다량으로 계약하여 공급가를 최대한 낮출 수 있었다. 많은 사람이 코스트코의 상품은 믿을 수 있다는 이야기를 많이 하는 이유가 여기에 있다. 시네 같은 대형 창고형 할인점은 물건의 종류가 많아야 한다는 통념과 반대로 행동했다.

고객의 단순 변심에도 100% 환불해주다

역발상 경영은 코스트코의 관대한 환불제도에서도 잘 드러난다. 상품에 하자가 없더라도 고객이 만족하지 못한다면 일정기간 안에 언제든 100% 환불해준다. 심지어 먹다 남은 식료품을 가져가도 환불된다. 구입일로부터 90일 기한이 정해져 있는 컴퓨터, 카메라, 태블릿, 노트북 등만 아니면 환불기간에 제한이 없다. 환불 비용을 치르고서라도 고객 만족도를 극대화하겠다는 것이다. 이례적인 정책이었다.

코스트코 창업 당시만 해도 상품에 하자가 있어야만 환불을 해주는 게 당연했다. 현재는 많은 대형마트가 코스트코의 환불정책을 벤치마킹하고 있다.

이익을 남길까가 아닌 어떻게 하면 더 싸게 팔까를 고민하다

과거 대니시 쿠키danish cookie 1파운드(450g)는 3-4달러에 팔리고 있었다. 코스트코는 해당 공급업체를 잘 설득해 쿠키 2파운드(900g)를 5달러에 내놓았다. 그러자 상품이 불티나게 팔렸다. 이에 대니시 쿠키회사에서 먼저 5파운드(2,250g)짜리 쿠키 제품을 7달러로 만들어 왔다. 존 멀린스John W. Mullins 런던비즈니스스쿨 교수는 말한다.

월마트 같은 전통적인 유통기업은 가격을 어떻게 하면 높게 책정해 이윤을 늘릴까 고민한다. 하지만 코스트코는 어떻게 하면 가격을 더 낮춰 이익을 최소화할지 고민하는 역발상으로 성공했다.

5달러짜리 햄버거가 잘 팔리면 보통은 6-7달러로 가격을 올리려고 한다. 그러나 코스트코는 3-4달러로 가격을 낮춘다. 가격을 최대한 낮추면서 제품 규모를 키우고, 제품 공급자를 설득해 그들이 먼저 양질의 제품을 내놓도록 유도한다는 것이다.

코스트코 본사 1층 로비에는 늘 제품 공급자 수십여 명이 장사진을 이루고 있다. 한쪽 벽에 이런 문구가 붙어있다.

제품 공급자들에게
어떤 비판과 조언도 환영합니다.
다만 최대한 낮은 가격의 품질 좋은 제품을 부탁합니다.

공급업체들은 코스트코의 제품 선별과정을 낙타의 바늘구멍 통과에 비유하기도 한다. 500대 1에서 1,000대 1의 경쟁이기 때문이다.

CEO의 연봉도 제한하다

2010년 시네갈의 연봉은 35만 달러(약 3억 9천만 원)였다. 매출이 코스트코의 절반에 불과한 코카콜라 CEO의 당시 연봉이 1,447만 달러(약 163억 원)였던 것에 비하면 적은 금액이었다. 일반 직원과 임원과의 임금 격차도 경쟁업체보다 매우 적었다. 당시 월마트의 경우 최고경영자 임금이 직원 평균 임금의 800배에 육박했지만 코스트코의 경우에는 48배였다.

짐 시네갈이 2012년 1월 CEO 자리에서 물러날 당시 그의 연봉은 35만 달러 그대로였다. 그는 35만 달러도 자신에게는 충분한 금액이라며 코스트코처럼 비용에 민감한 조직에서 CEO가 현장 직원보다 수백 배 많은 연봉을 챙기는 건 잘못된 일이라고 잘라 말한다.

자기 자신을 낮추다

짐 시네갈이 한평생 패용하던 명찰에는 'CEO'라는 직함 대신 '짐 JIM'이라는 이름과 '1983년부터 근무since 1983'라고만 적혀있다. 그는 CEO로 재직하던 당시 스스로를 낮추고 직원들과 스스럼없이 지냈다. 아침이면 매장을 돌아다니며 직원들과 인사하고, 아침식사로 푸드코트에서 판매하는 1.5달러짜리 핫도그를 먹는 것이 일상이었다. 그의 집무실에는 유리창과 문이 없었다. 복도를 지나가는 사람은 누구나 훤히 들여다볼 수 있었다. 크기도 일반 임원 사무실과 거의 똑같았다.

고객에게 휴대전화 번호를 공개해놓았고, 전화가 왔을 때 되도록 첫

벨소리에 "시네갈입니다"라고 답하며 직접 받았다. 또 그는 매주 평균 50여 통씩 고객에게 직접 답장을 보내기도 했으며, 현장을 지켜보는 것을 좋아해 매일 최소 6-7차례 이상 매장을 직접 찾았다.

위기 때일수록 급여를 올리다

2008년 코스트코 매출이 27% 감소했을 때, 시네갈은 직원들의 시간당 급여를 1.5달러 올렸다. 당시 그는 경기가 어렵기 때문에 직원들에게 더 많이 줄 수 있는 방법을 찾아야 한다며 급여를 올렸다고 한다. 직원들을 돌보는 것을 늘 우선시했다.

장기적 관점으로 사고하다

짐 시네갈은 분기 실적에 얽매이면 코스트코의 정체성이 흔들린다며 늘 장기적인 관점으로 경영했다. 코스트코가 한국에서 1994년부터 2002년까지 8년간 적자를 냈을 때, 그는 경영진 회의 때마다 한국 시장은 잠재력이 있으니 포기하지 말고 성공의 때를 기다리며 끈기 있게 버티자고 다독였다. 월마트와 카르푸가 2006년 철수할 때도 코스트코는 버텼고, 한국에서 유일하게 살아남은 해외 유통기업이 되었다. 시네갈은 2011년 인터뷰에서 코스트코 서울 양재점이 전 세계 코스트코 매장을 통틀어 매출 1위라고 밝혔다.

외부인재 영입보다 순혈주의에 집중하다

시네갈은 "우리 회사의 모든 임원은 회사 내부에서 성장하기 때문에 외부 영입은 없다"며 순혈주의를 주장했다. 외부 목소리를 듣지 않고 코스트코 사람만 생각한다는 비판도 있었지만, 그는 그게 코스트코의 장점이며 절대 물러서면 안 되는 원칙 중 하나라고 늘 강조했다. 외부

인사를 경영진으로 영입하는 다른 회사에 비해 철저하게 내부 출신만 승진시키는 순혈주의도 코스트코가 임직원의 충성도를 높이는 방법이었다. 시네갈의 자리를 물려받아 2012년부터 경영을 책임지고 있는 CEO 크레이그 옐리네크Craig Jelinek도 창고 관리인부터 시작해 28년간 코스트코에서 근무했던 인물이다.

시네갈은 순혈주의를 지키기 위해서는 직원이 중요하다며 다음처럼 말한다.

CEO는 조직의 선생님일 뿐입니다. 저는 항상 중간관리자 이상급 직원들에게 가르치는 것이 가장 중요한 일이라고 인식하지 않는다면 그 직업을 그만두는 게 나을 거라고 말합니다.

그는 관리자들에게 근무시간의 90%를 가르치는 데 쓰고 있지 않다면 일을 제대로 하지 않는 것이라고 일갈했다.

CEO의 열정만큼 직원들이 현장에서 똑같은 열정으로 일하게 하려면, CEO의 1순위 과제는 직원들에게 회사 정신과 가치관을 가르치고 훈련시키고 공유하는 코치가 되어야 한다는 것이다. 그래서 그는 매년 전 세계 코스트코 매장에서 높은 성과를 낸 임원 24명을 뽑아 1년에 4차례 본사로 불러, 세계적 경영사상가 짐 콜린스의 『위대한 기업은 다 어디로 갔을까』How the mighty fall와 같은 경영서적을 읽고 몇 시간씩 토론하며 교육했다. 그는 CEO도 지속적으로 배우고 경영 노하우를 발전시켜야 하며, 자기 사업장은 물론이고 경쟁자의 사업장도 자주 방문해 학습하고 자극받아야 한다며 늘 교육을 강조했다.

매장 직원을 왕처럼 대접하다

사무실 직원들이 보통 고급인력이지만 시네갈은 '돈은 매장에서 버는 것이며 따라서 사무직원보다 매장 현장에서 일하는 직원을 왕처럼 대해야 한다'는 신념이 있었다. 사무실 벽에 "매장에서 연락이 오면 모든 일을 멈추고 매장 일에 집중하라!"는 문구를 써 붙였을 정도다. 그가 가장 좋아하는 소리가 매장계산대의 현금출납기에서 울리는 '링링!' 하는 소리라고 한다.

코스트코의 인사이트

세계 최대 커피브랜드 스타벅스의 가격도 후려치다

짐 시네갈은 스타벅스 CEO 하워드 슐츠Howard Schultz 와 둘도 없는 친구다. 그런데 한 번은 크게 다툰 적이 있었다. 스타벅스가 코스트코에 커피를 대량으로 공급하고 있었는데, 어느 날 시네갈이 커피 가격이 비싸니 제품 매입을 중단하겠다고 슐츠에게 직접 통보했다. 하워드 슐츠는 "나한테 어떻게 이럴 수 있나? 당신이 가격 경찰이냐?"며 펄펄 뛰었다. 몇 개월간 냉전을 벌였지만 결국 시네갈이 이겼다. 공급업자에게 가격을 내리고, 공급가격이 내려가기 전 가격으로 소비자에게 팔면 코스트코는 이익을 본다. 하지만 매출 마진율을 15%로 정해 놓았기에 코스트코는 더 많은 이익을 볼 수 없었다. 결국 소비자를 배려한 것이었다. 둘도 없는 친구지만 고객이 더 우선이었다.

짐 시네갈이 기존 유통 경영방식과 반대로 실행했던 것을 살펴보면 다음과 같다. 독점보다 경쟁하고, 과도한 이익을 경계하고, 언제든 환불해주며, 제품 수를 줄여 품질관리에 더욱 신경 썼다. CEO 자신의 연봉도 제한하고, 위기 때 직원 급여를 올려주고, 현장 직원을 왕처럼 대접하고, 외부인사가 아닌 내부인사를 임원으로 승진시켰다. 이 모든 것이 직원과 고객과 공급업체를 존중하는 방향이었다. 이런 신념은 성장속도를 늦출 수도, 위험에 빠뜨릴 수도 있다. 하지만 주변 사람들에게 강력한 호감을 얻을 뿐 아니라 따르고 싶은 욕구를 불러일으킨다. 코스트코가 수많은 온라인 쇼핑몰의 위협 속에서도 건재할 수 있는 건 이런 신념 덕분일 것이다.

아이디오

IDEO

"

판단을 미루고, 엉뚱한 아이디어를 장려하고, 다양성을 추구하고, 타인의 아이디어를 발전시켜라.

"

디자인 컨설팅 회사. 주 업무는 제품을 편리하고 세련된 모습으로 디자인하는 것이다. 하지만 혁신을 컨설팅해주는 회사로 더 유명하다. 컨설팅 영역은 제품디자인부터 조직구성, 의사결정 구조까지 다양하다.

회사명	아이디오(IDEO)
창업자	데이비드 켈리(David M. Kelley)
창업연도	1991년(미국)
사업분야	디자인 컨설팅

1978년 데이비드 켈리가 아이디오IDEO 의 전신인 DKD David Kelley Design 를 설립했다. 이 시기에 애플이 마우스 개발을 의뢰했는데, 이를 계기로 유명세를 타기 시작했다. 1987년에는 동생 톰 켈리가 합류했다. 1988년 P&G의 의뢰로 튜브 형태의 치약을 최초로 디자인했다. 지금은 모든 치약에 적용되지만 당시에는 혁신이었다. 초기에는 제품의 외관을 디자인하는 일을 주로 했지만, 제품개선보다는 아직 답이 존재하지 않는 영역의 과제에 관심을 가졌다. 그때는 생소했던 개념인 프로토타이핑, 브레인스토밍 등도 적극 활용했다.

1991년 DKD와 2개의 디자인 회사가 합병해서 아이디오를 설립했다. 상품 디자인이 주축이었지만 점차 금융상품, 공공기관 캠페인, 의료기관 서비스 등 다양한 영역으로 디자인 개념을 넓혔다. '디자인 씽킹'Design Thinking 이라는 개념을 만든 곳도 아이디오다. 샌프란시스코 팔로알토에 위치해 있으며, 세계의 '혁신 공장'이라 불린다. 마이크로소프트의 두 번째 마우스, 오랄 비Oral-B 의 어린이용 칫솔, 무인양품 벽걸이 CD플레이어, 또 싱가포르의 복잡하고 짜증나는 '취업비자 담당부서'를 경쾌하고 효율적인 공간으로 바꾸는 등 창의적이고 기발한 아이디어를 바탕으로 수천 개의 히트상품과 서비스를 만들어냈다. 지금까지 수행한 프로젝트는 수천 개에 이르며 소비재, 컴퓨터, 헬스케어, 가구, 교육, 완구, 스포츠, 사무용품, 정부기관, 자동차 산업 등 손대지 않은 분야가 없다. 장난감, 앱도 개발하지만 관여하지 않은 것은 '담배'와 '총'뿐이다.

아이디오의 사무실 천장에는 자전거가 걸려있다. 한 직원이 장난삼아 통근용 자전거를 천장에 걸어놓았는데, 이게 전통으로 굳어졌다. 벽 여기저기에는 포스트잇과 사진들이 덕지덕지 붙어있다. 창의성을

아이디오 사무실

강조하는 분위기에서만 가능한 일이다.

2009년 〈비즈니스 위크〉가 선정한 가장 혁신적인 기업 25곳 중 하나였는데, 디자인 회사로는 아이디오가 유일했다. 재미있는 것은 나머지 24곳이 모두 아이디오의 고객사였다는 점이다. 이들 기업의 혁신을 아이디오가 컨설팅해주고 있었던 것이다.

〈월스트리트저널〉은 '상상의 놀이터', 〈포춘〉은 '혁신대학' 등 유명 언론들이 아이디오를 세계 최고의 디자인 회사라고 말한다.

혁신을 이끈 한 문장

"판단을 미루고, 엉뚱한 아이디어를 장려하고,
다양성을 추구하고, 타인의 아이디어를 발전시켜라."

아이디오 사무실 화이트보드 상단에 있는 문구다. 브레인스토밍 회의를 할 때 구성원 각자가 명심해야 할 사항이다. 이게 아이디오의 미션이고 철학이고 핵심가치다. 이 구호가 마법이 되었다. 신입사원은 이 구호를 방패삼아 자신의 아이디어를 마음껏 이야기하고, 중역들은 이 구호를 보면서 하고 싶은 말을 꾹꾹 참는다. 이 문장을 철저히 실천했기에 위대한 기업들의 혁신을 컨설팅해주고 있는 것이다.

기업의 혁신 스토리

첫 판단을 미루고 관찰부터 하다

오랄 비Oral-B에서 어린이 칫솔을 만들어달라는 의뢰를 받았을 때, 아이디오는 우선 아이들이 칫솔을 어떻게 손에 쥐는지를 관찰했다. 그리고 독특한 점을 발견했다. 그것은 어린이들은 칫솔을 어른과 달리 손가락이 아닌 손바닥 전체를 사용해 주먹을 쥔 모양으로 잡는다는 '주먹 현상'이었다. 일반적으로 생각하면 아이들 손이 작기 때문에 어른 칫솔보다 손잡이를 가늘게 만들어야 할 것 같지만 어른 칫솔보다 더 굵게 손잡이를 만들었다. 아이들이 쉽게 다룰 수 있게 칫솔 손잡이를 굵고 부드러우며 물렁한 느낌이 들게 했다. 아이들은 이 칫솔을 가지고 놀기 좋아했다. 아이들이 오래 양치질하도록 만드는 데 이보다 더 좋은 방법은 없었다.

습관과 싸우지 않는다

P&G에서 치약이 들러붙지 않는 새로운 치약용기를 만들어달라고 요청했을 때, 당시 치약은 치약 찌꺼기가 뚜껑 주변에 묻어 소비자들은 불쾌해하면서도 뚜껑을 열려면 양손으로 몇 번을 돌려야 했다. 이 점을 감안해 아이디오는 뚜껑을 돌려서 여닫는 대신, 마개처럼 당겨서 열고 꽂는 방식으로 시제품을 만들었다. 치약 전체가 깨끗해졌고, 디

자인 관점에서도 혁신이었다.

이후 사람들을 관찰하는 과정에서 놀라운 장면을 발견했다. 소비자들은 마개형 뚜껑을 계속 '돌리려고' 애썼다. 오래된 습관이었다. 아이디오는 사람들이 곧 뽑는 마개뚜껑에 익숙해질 것이라고 기대했지만 그것은 몹시 뿌리 깊은 습관과의 힘겨운 싸움이었다. 그래서 다른 해결책을 강구했고, 절충형으로 한 번만 돌리는 뚜껑을 고안해냈다. 한 번만 돌리는 뚜껑을 가진 이 제품은 9년 넘게 단일 품목으로 10억 달러(약 8천억 원) 이상의 매출을 기록했다.

톰 켈리는 말한다.

사람들이 늘 '올바른 일'을 하는 것은 아니며, 또 익숙한 습관을 놔두고 새로운 아이디어로 비약하지도 않는다. 일반 대중이 새로운 아이디어를 받아들이려면 상당한 시간이 걸린다.

아이디오가 시제품을 개발한 후 브레인스토밍 절차 중 하나인 관찰 즉, 사람들의 습관을 관찰하는 행위를 소홀히 했다면 마개형 뚜껑을 밀어붙였을 것이다. 그랬다면 대중이 좋아하는 혁신적 제품은 나오지 않았을 것이다. 결국 그들은 자기들 판단을 고집하지 않고 다양한 관점을 받아들였던 것이다.

공공기관의 공간과 업무도 디자인하다

싱가포르 정부의 '취업 비자실'은 굉장히 복잡하고 비효율적이었다. 민원인을 짜증나게 만들었다. 이에 싱가포르 정부는 아이디오에 이곳을 경쾌하고 효율적인 공간으로 바꾸어달라고 요청했다. 아이디오는 모든 데이터를 한곳에 모으고, 불필요한 과정을 줄이고, 새로운 컴퓨터 시스템을 개발하고, 벽에 붙은 컴퓨터들은 뒤에 사람들이 줄을 서더라도 엉키지 않게 디자인했다. 프로젝트 후 늘 수많은 사람으로 북적거리던 곳이 깔끔한 VIP공항 라운지처럼 탈바꿈했고, 고객이 컴퓨터를 이용해 손쉽게 모든 작업을 해결할 수 있도록 바뀌었다.

쇼핑카트를 만들어 유명해지다

아이디오가 대중에게 알려진 계기가 있다. 2000년 미국 ABC의 인기 뉴스쇼 프로그램인 〈나이트라인〉Night line에서 아이디오에 쇼핑센터에서 사용하는 쇼핑카트를 5일 만에 새롭게 디자인해달라는 주문을 했다. 아이디오는 그날로 엔지니어와 산업디자이너, 심리학·건축학·경영학·언어학·생물학을 각각 전공한 직원들을 팀원으로 선발하고, 매장에 가서 고객이 되어보고, 매장 직원을 인터뷰하고, 이를 토대로 브레인스토밍하는 작업을 통해 완전 새로운 쇼핑카트를 만들었다. 이과정이 미국 전역에 방송되면서 아이디오는 혁신을 디자인하는 회사로 유명해졌다.

브레인스토밍 회의, 딥 다이브

판단을 미루고, 엉뚱한 아이디어를 장려하고, 다양성을 추구하고, 타인의 아이디어를 발전시키기 위해 '딥 다이브'Deep dive 했다. 딥 다이브는 아이디오의 브레인스토밍 회의 명칭이다. 현재 닥친 문제에 온전하게 몰입한다는 의미다. 회의실 벽이나 화이트보드에 7가지 규칙이 붙어있다.

1. Defer judgment 어떤 아이디어도 무시하지 말라

서로의 아이디어에 대한 판단은 늦춰라. 개별 아이디어에 대한 평가

새롭게 디자인된 쇼핑카트

보다는 그것을 기반으로 아이디어를 쌓아 나가도록 한다.

2. Encourage wild ideas 기존 틀을 벗어난 아이디어에 해답이 있을 가능성이 높다

엉뚱한 아이디어를 환영하라. 팀원의 엉뚱한 아이디어에 우리가 원하는 가치가 숨어있을 수 있다.

3. Build on the ideas of others 타인의 아이디어에 내 아이디어를 덧붙여라

팀원의 아이디어에서 힌트를 얻자. 아이디어가 잘 떠오르지 않는다면 팀원의 아이디어를 바탕으로 발전시키라는 것이다. 아이디오 회의 시간에는 '그러나But'라는 단어는 일종의 금기어다. 오로지 '그리고 And'뿐이다.

4. Stay focused on the topic 토론의 주제를 벗어나지 말라

주제에 초점을 맞춰라. 목표를 명확히 하고, 논의가 벗어나지 않도

록 해야 한다. 그렇게 하려면 우선 훌륭한 질문을 던질 수 있어야 한다. 그 방법은 문제를 명확하게 묘사하는 것이다. 그러면 사람들은 좀 더 쉽게 주제로 접근할 수 있다.

예를 들어, '자전거 컵 홀더'라 하면 제품중심적이고 몹시 삭막하다. 자전거 타는 사람들이 컵을 사용하지 않을 수도 있고, 그런 경우 컵 홀더는 필요 없다. '자전거 통근자들이 커피를 엎지르거나 혀를 데지 않으면서 커피를 마시도록 도와주는 방법'이라고 하면 결론을 미리 내지 않은 훌륭한 질문이 된다. 참가자들이 적극적으로 덤벼들 수 있는 구체적 주제를 제시하여, 다양한 해결안이 나오도록 유도해야 한다.

회사의 목표에 집중하는 게 아니라 고객의 욕구나 서비스에 집중해야 한다. 예컨대 '어떻게 하면 경쟁회사로부터 시장 점유율을 되찾아올 수 있을까?'와 같은 주제는 혁신을 이끌어내지 못한다. 반면 '우리의 제품 A에 대해 고객이 지적하는 B라는 불만을 어떻게 하면 개선할 수 있을까?'와 같은 주제는 좀 더 특정 고객중심의 브레인스토밍 주제가 된다. 이런 것이 혁신에 기여한다.

또 같은 주제라도 어떻게 표현하느냐에 따라 브레인스토밍의 결과가 달라질 수 있다. 예를 들어, '신제품 홍보 회의'보다는 '고객의 시선이 집중되게 만드는 문구 및 아이디어 회의'가 더 많은 아이디어를 유인할 수 있다.

5. One conversation at a time 중간에 끼어들거나 남의 말을 무시하지 말라

한 번에 한 사람만 발언하라. 방해 없이, 묵살 없이, 경멸 없이, 무례함 없이 서로의 의견을 존중해야 한다.

6. Be visual 벽에 쓰거나 그려가면서 회의하라

시각화는 아이디어를 더욱 명확하게 만든다. 아이디어를 여백에다 써넣고 스케치하면서 이리저리 회의실을 걸어 다니면 시너지 효과가 생겨난다. 포스트잇, 마커 등 여러 도구를 활용해 아이디어를 쓰고 그려라. 브레인스토밍은 집단적 창의과정이다. 사회자가 아이디어를 메모하는 행위는 참여자들을 단결시키기도 한다. 참여자들이 낸 아이디어를 스스로 포스트잇이나 칠판에 적게 하고, 그 아이디어를 분류하고 정리해야 한다. 이런 작업을 하다보면 더욱 기발한 내용에 접근할 수 있다. 프로젝트가 진행되는 공간의 벽면에는 포스트잇을 쉽게 붙이고, 자주 볼 수 있어야 한다. 그래야 구성원들의 머릿속 아이디어가 시각화되어 일정한 양식으로 정리될 수 있다. 수많은 포스트잇 중 구성원에게 가장 많은 표를 얻은 아이디어를 채택한다.

공동 칠판을 활용할 때는 늘 아이디어를 유인해야 한다. 칠판에 아무것도 적혀있지 않으면 왠지 부담스럽다. 그래서 칠판에 늘 뭔가 화두가 되는 질문이나 다른 사람들이 와서 이어 그릴 수 있는 그림이 그려져 있으면 좋다. 또한 규칙적으로 지워야 한다. 냉장고 안 음식물처럼 칠판에 적힌 것도 일주일 정도 지나면 별 볼 일 없어진다. 그때는 싹 지우고 다시 시작해야 한다. 아이디어를 맨 처음 써놓은 공동 칠판은 우리에게 '공간기억'을 만들어준다. 그 칠판을 볼 때마다 처음의 생생한 느낌을 떠올릴 수 있다.

7. Go for quantity 질보다 양

가능한 한 많은 아이디어를 목표로 달려라. 많은 아이디어를 신속하게 내다보면 그중 반드시 기발한 것이 나온다. 아이디어에 번호를 매기면 두 가지 점에서 도움이 된다. 첫째, 참가자들을 자극한다. "방을 떠나기 전 100가지 아이디어를 냅시다." 이러면 아이디어가 거침없이 나온다. 둘째, 현재 위치에 대한 감각을 잃지 않으면서도, 아이디어와 아이디어 사이로 도약하는 놀라운 방법이 된다. 한 시간 동안 브레인스토밍에서 100가지 아이디어가 나오면 훌륭한 진행이다. 150가지가 나오면 기준 초과다. 물론 최종적으로는 아이디어의 질이 중요하지만 이런 실천이 있어야 질이 좋아진다.

그리고 아이디어는 최종 하나를 뽑는 방식이 아니라, 우선순위를 정하는 식으로 해야 한다. 참가자의 사기 문제도 있고, 또 최종 선정한 아이디어에 대한 외부변수가 생길 수 있기 때문이다.

또한 회의시간은 60-90분 이내로 한다. 브레인스토밍을 할 때 육체적·정신적 에너지의 수준은 60-90분이 한계다. 회의 인원은 피자 2판 정도 해결 가능한 7명 이내가 적당하다.

이 모든 규칙을 준수하며 회의를 시작해도 어느 순간 브레인스토밍이 아닌 일상적인 회의로 바뀌고 있다면, 즉시 경종을 울리며 다시 본 궤도로 돌아와야 한다.

다양성이 혁신의 원천

디자인 회사이니 구성원의 전공이 대부분 디자인 계열일 거라 생각하면 오산이다. 마케팅과 건축학, 역사학, 인간공학, 기계공학, 전자공학, 소프트웨어 공학, 산업 디자인, 인터랙션 디자인 등 다양한 전공자들로 채워져 있다. 이것이 아이디오 혁신의 원천이다. 개개인의 다양한 관점을 이끌어내고 집중시킨다. 혁신은 다양성에 나온다는 명제를 실천하고 있다. 창업자의 동생인 톰 켈리는 이렇게 말한다. "가장 어울릴 것 같지 않은 사람들이 모였을 때 가장 새롭고 신선한 아이디어가 나온다." 자신이 낸 의견이 엉뚱하다는 시선을 받으면 구성원은 입을 다문다. 그러면 창의성은 몰살된다. 하지만 아이디오는 다양성을 중시하는 조직문화를 발전시켜 창의성을 발전시켰다.

한편 다양성은 갈등의 원인이기도 하다. 건설적 갈등은 견고해지기 위해 꼭 필요하지만 감정적 갈등은 일 자체보다 상대방 기분을 살피는 데 많은 시간과 에너지를 소비하게 한다. 아이디오는 딥 다이브 원칙을 철저히 실행해 감정적 갈등을 최소화하려고 했다.

보스도 놀리는 조직문화

폭스바겐을 좋아하는 프로젝트 부서장이 유럽으로 일주일간 출장을 떠나자 부서 팀원들이 이베이eBay에서 400달러를 주고 폭스바겐 차체만 구입한다. 그리고 부서장 사무실을 그대로 차체에 옮긴다. 운전석을 들어내고 의자를 들여놓고, 전화, 컴퓨터, 스테레오까지 갖다 놓는다. 출장에서 돌아온 부서장은 여기서 1년 6개월간 업무를 보았고, 그 후로는 이 공간을 회의실로 이용했다.

톰 켈리는 테니스를 좋아했는데, 한번은 외출하고 돌아와 보니 사무실 가구가 치워져 있고, 테니스 네트가 설치돼 있었다. 네트 한쪽에는 자신의 인형이, 건너편에는 유명 테니스 선수였던 존 맥켄로의 인형이 서 있었다. 수천 개의 볼이 맥켄로 선수 진영에 쌓여있었다. 톰 켈리는 "제가 친 볼을 맥켄로가 받아넘기지 못했다는 뜻이죠, 하하"라고 말하며 이렇게 덧붙였다.

건강한 조직문화는 유머가 있는 곳이고, 두려움 없이 보스를 어느 정도 놀려줄 수 있어야 한다. 혁신은 팀, 열정, 테크, 일터, 우연, 모험, 재미, 경쟁, 비전 등이 함께 어우러져야 일어난다. 최고의 회사가 되기 원한다면 혁신적인 기업문화를 회사에 뿌리내려 신나는 일터이자 진지한 놀이터로 만들어야 한다.

보스를 놀리는 것은 자유롭게 말할 수 있는 분위기여야 가능하고, 이것은 수평적 조직문화라는 의미다.

아이디오의 인사이트

위대한 기업들의 혁신적 제품과 서비스를 컨설팅해주는 기업은 도대체 얼마나 더 혁신적이어야 할까? 답은 그리 먼 곳에 있지 않았다. 아이디오는 작은 실마리를 빌드업하는 프로세스를 갖추고 있었다. '딥 다이브'라는 브레인스토밍 회의였다.

데이비드 켈리는 이렇게 강조한다.

창조적 잠재력은 우리 모두에게 내재되어 있으나 실패, 다른 사람의 판단, 불확실성, 낯선 것에 대한 두려움 등이 창조성이 표출되는 것을 막고 있을 뿐이다.

아이디오는 브레인스토밍을 자주 하면서 다양한 가치를 얻었다. 결코 시간낭비가 아니었다. 직원들 개인적 차원으로 보면 직원 각자가 돋보일 수 있는 기회 즉, 선의의 경쟁의 장이 되었다. 누구나 동료 앞에서 자신의 지혜와 재치를 증명하기를 원하는데 딥 다이브는 이를 충족시켰다. 또 아이디어를 자유롭게 풀어놓으면서 직원들의 정신은 늘 예리하게 유지되었고, 그들의 정신근육을 스트레칭하는 효과도 있었다. 또 조직 차원에서 딥 다이브를 자주 할수록 회사는 점점 더 활기가 넘쳤고, 팀은 조화를 이루었고, 자연스럽게 팀의 역량이 올라갔다. 혼자 책상에 앉아서 또는 복도를 걸으면서 아이디어를 떠올리는 것과는 전혀 다르게 문제에 접근하게 되었다. 이처럼 브레인스토밍은 꼭 결과물이 좋지 않아도 진행하는 과정이 보기 좋게 성공할 때 여러 방면에서 긍정적 효과가 생겼다. 조직구조의 문제, 불량의 문제, 홍보문구의 문제 등 어떤 주제도 브레인스토밍이 가능했다.

"판단을 미루고, 엉뚱한 아이디어를 장려하고, 다양성을 추구하고, 타인의 아이디어를 발전시켜라." 이 문구를 눈에 보이는 곳에 적어두고, 자유롭게 의견을 개진하고, 화이트보드와 포스트잇으로 엉뚱한 아이디어들을 연결하고 조합하고 삭제하는 행위가 아이디오의 혁신 동력이었다.

발렌베리 가문

Wallenberg

"

선장이 우선, 그다음이 배

"

발렌베리 가문(Wallenberg)은 스웨덴의 대표적인 금융 가문이다. 160년이 넘는 세월 동안 5대에 걸쳐 경영권을 세습하고 있지만 부패하지 않았다. 오히려 오늘날 노블레스 오블리주의 상징이 됐다.

회사명	발렌베리 가문(Wallenberg)
창업자	앙드레 오스카 발렌베리(André Oscar Wallenberg)
창업연도	1856년(스웨덴)
사업분야	다양한 분야의 자회사를 소유한 지주회사

발렌베리 가문은 인베스터AB Investor AB 라는 지주회사를 통해 100여 개 기업을 운영하고 관리하는 스웨덴의 대표적인 금융가문이자 기업집단이다.

스웨덴의 대표은행 스톡홀름엔스킬다은행 Skandinaviska Enskilda Banken, SEB, 유럽 최대 가전회사 일렉트로룩스 Electrolux, 세계 최대 통신장비 회사 에릭슨 Ericsson, 자동차 회사 사브 SAAB, 산업기기 회사 아트라스콥코 Atlas Copco, 코로나19 백신을 만든 제약회사 아스트라제나카 AstraZeneca 등 스웨덴을 대표하는 19개 기업을 포함한 100여 개 기업지분을 소유하며 경영권을 직간접적으로 행사하고 있다.

발렌베리 가문은 스웨덴 국내총생산 GDP 의 30%를 차지하고, 스웨덴 상장기업 전체 시가총액의 3분의 1이 발렌베리 가문에서 나온다. 직원은 40만 명이 넘으며 스웨덴 전체 인구의 4.5%를 차지한다. 하지만 발렌베리 사람들은 스웨덴 100대 부자의 명단에 없다. 또 발렌베리 가문이 거느린 회사의 회사명에서도 '발렌베리'라는 이름을 찾아볼 수 없다.

발렌베리 가문은 기업의 생존 토대가 사회라고 생각한다. 스웨덴의 다른 재벌기업이 세금을 피해 스위스 등지로 빠져 나가는 동안 발렌베리 가문은 무려 이익의 85%를 법인세로 사회에 환원하는가 하면, 노벨재단 Nobelstiftelsen * 보다 훨씬 큰 규모의 공익재단을 설립해 스웨덴의 첨단 과학기술 연구분야에 지원도 한다. 또한 발렌베리 재단의 수익금은 각종 사회공헌활동에 적극 사용되며 대학과 도서관, 박물관 등 공공사업에도 많은 투자가 이루어지고 있다.

그들은 '존재하되 드러내지 않는다'라는 신념으로 사회지도층의 책

---

* 알프레드 노벨이 기부한 재산을 운용해 노벨상 시상을 주관하는 기관

인베스터 AB 산하 회사 현황

(2019년 12월 31일 기준, 1크로나=133원)

구분	지분보유회사명	지분율/의결권(%)	지분평가액(백만 크로나)	비중(%)
상장 기업	아트라스콥코(Atlas Copco)	16.9/22.3	76,960	15
	ABB	11/8/11.8	57,232	12
	아스트라제네카(AstraZeneca)	3.9/3.9	48,482	10
	SEB	20.8/20.8	40,124	8
	에피록(Epiroc)	17.1/22.7	23,756	5
	에릭슨(Ericsson)	7.2/22.5	20,052	4
	Nasdaq	11.8/11.8	19,353	4
	소비(Sobi)	35.9/35.9	16,584	3
	사브(Saab)	30.2/39.7	12,865	3
	일렉트로룩스(Electroluk)	16.4/28.4	11,651	2
	바르질라(Wärtsilä)	17.7/17.7	10,780	2
	허스크바나(Husqvarna)	16.8/33.1	7,252	1
	소계		345,089	69
비상장 회사	멘리케(Mölnlycke)등 9개회사	86~100	115,484	21
EQT 투자	EQT 지분	18.1/18.3	37,248	7
	펀드투자	–		
순부채			-12,802	
순자산			485,019	100

인베스터 AB의 10대 주주 현황

(2019년 12월 31일 기준)

주주	지분율(%)	의결권(%)
크누트 발렌베리 재단 (Knut and Alice Wallenberg Foundation)	20	43
알렉타상호연금보험 (Alecta Pension Insurance)	5.9	3.3
AMF보험펀드(AMF Insurance&Fund)	4.6	8.6
SEB재단(SEB Foundation)	2.3	4.9
뱅가드(Vanguard)	2.2	1.1
SEB펀드(SEB Funds)	2.2	0.6
마르쿠스 발렌베리 재단 (Marianne and Marcus Wallenberg Foundation)	1.9	4.1
블랙록자산운용(Black Rock)	1.9	0.4
노지스 뱅크 (Norges Bank, 노르웨이 중앙은행)	1.7	0.5
마르쿠스 시니어 기념재단 (Marcus and Amalia Wallenberg Memorial Fund)	1.4	3.1

임과 의무에 대한 모델이 되고 있다.

발렌베리 가문의 역사는 1856년, 해군장교 출신이었던 1대 앙드레 오스카 발렌베리가 창업한 스톡홀름엔스킬다은행에서 시작된다. 당시 그들은 미국과 영국에서 운영하는 최신 금융시스템을 도입한다. 1878년 불황을 맞아 투자 실패가 이어져 파산 위기에 몰리기도 한다.

창업자 앙드레의 장남인 크누트Knut Wallenberg가 경영을 이어받아 발렌베리 가문을 다시 부흥시킨다. 그는 1916년 스웨덴 정부가 은행의 산업자본 주식 소유를 제한하자 인베스터AB라는 지주회사 겸 투자회사를 설립, 많은 기업을 지주회사에 편입시킨다. 또한 본인과 아내의 이름을 딴 재단을 설립해 가족경영의 토대를 마련했다.

"선장이 우선, 그다음이 배"

'선장'은 조직의 최고경영자를, '배'는 조직을 말한다. 조직을 이끄는 리더가 가장 중요하다는 말이다.

발렌베리 가문은 경영권을 세습한다. 160년 이상 가족경영을 하고 있다. 가족 중 최고의 자질을 갖춘 후보에게 경영권을 넘기고 경영권을 넘겨받은 최고경영자는 사회적 책임을 다한다. 스웨덴 사람들은 발렌베리 가문의 이런 모습을 존경한다. 가족경영의 모범사례가 됐다. 그리고 이것이 가능했던 이유는 경영 후계자 선정에 있어 그들만의 엄격한 기준이 있었기 때문이다.

기업의 혁신 스토리

유능한 CEO만이 기업을 살릴 수 있다

1870년대 발렌베리를 신흥 금융가문에서 대규모 기업집단으로 변모시킨 것은 2세대 경영자 마르쿠스 발렌베리 시니어Marcus Wallenberg Sr다. "선장이 우선이고 그다음이 배다"라는 말은 이때 생겨났다. 기업의 흥망에서 가장 중요한 요소는 훌륭한 리더의 유무라는 의미. 그는 1878년 금융위기 때 스톡홀름엔스킬다은행과 거래하던 수많은 기업이 부실에 빠지자 이중성장 잠재력이 있는 기업들을 출자전환을 통해 회생시키고 발렌베리 그룹으로 편입시켰다. 이 과정에서 기업부실의 원인은 무능한 경영자라는 사실을 깨닫는다. 그가 남긴 유명한 말을 소개한다.

유능한 CEO가 되살릴 수 없을 만큼 엉망인 기업도,
무능한 CEO가 파괴할 수 없을 만큼 우량한 기업도 없다.

후계자는 스스로 자신의 능력을 입증해야 한다

다음은 발렌베리 가문의 후계자 선정요건이다.

1. 경영세습은 적합한 후계자가 있을 경우에 한한다.
2. 혼자 힘으로 명문대를 졸업해야 한다.
3. 해군사관학교를 졸업해야 한다.
4. 부모 도움 없이 금융 중심지에서 실무 경험을 익혀야 한다.
5. 후계자는 견제와 균형을 위해 두 명으로 정한다.

후계자 선정의 핵심은 '스스로 자신의 능력을 입증'해야 한다는 것이다. 결국 혼자 힘으로 명문대를 졸업하고, 가문의 역사에 따라 강인한 정신력과 체력을 기르기 위해 해군사관학교를 졸업하고, 아무 도움 없이 세계적인 금융 중심지에 진출해 실무경험을 쌓고 국제 금융감각을 익혀야 한다. 이 요건 모두 갖추려면 족히 10년이 넘게 걸린다. 그리고 이런 까다로운 검증을 거쳐야만 발렌베리 가문의 후계자가 될 수 있다.

아이들에게도 부끄럽지 않게

발렌베리 가문의 아이들은 어릴 때부터 할아버지나 아버지가 외부 사람들과 미팅하는 모습을 지켜본다. 사업상 손님이 집에 찾아오면 아이들을 옆에 앉혀놓고 대화를 듣게 한다. 손님이 돌아가면 아이들과 이야기를 나눈다. 할아버지나 아버지가 왜 그렇게 이야기했는지, 상대방은 왜 그런 반응을 했는지 이야기를 나누며 발렌베리 가문 사람들이 어떻게 사람을 대하는지를 어릴 때부터 자연스럽게 체득하게 한다. 사업 이야기를 하다보면 좋은 이야기뿐만 아니라 그렇지 못한 이야기가 오갈 수도 있다. 그럼에도 이렇게 하는 이유는 발렌베리 가문 사람들은 옳은 일을 한다는 자긍심과 자신감이 바탕에 깔려있기 때문이다.

5대에 걸친 세습에도 부패하지 않았다

발렌베리 가문은 160년이 넘는 5대에 걸친 세습경영에도 불구하고 부패하지 않았다. 오히려 많은 사람의 존경과 지지를 받고 있다. 노동자를 경영 파트너로 대하며 노조의 대표를 이사회에 중용해야 한다는 원칙도 있다. 기업은 사람을 향할 때만 비로소 존재할 수 있다는 그들의 철학에서 비롯된 것이다. 그뿐만 아니라 발렌베리 가문의 경영자들은 재산축적을 목표로 하지 않는다. 소유권은 특권이 아닌 책임이라 여기는 발렌베리 가문의 정신을 자랑스럽게 여기기 때문이다.

발렌베리 가문의 경영 특징은 가족경영이다. 흔한 가족경영 기업과는 달리, 발렌베리 가문은 각 기업의 독립경영을 확실하게 보장한다. 독립경영을 위해 능력 있는 전문경영인에게 자회사의 경영권을 일임한다. 대신 지주회사인 인베스터AB를 통해 자회사들에 대한 지배권을 행사한다. 인베스터AB는 발렌베리 가문의 여러 재단을 지배하고 있다. 발렌베리 가문 기업들의 경영수익은 배당을 통해 인베스터AB를 거쳐 각 재단으로 들어가게 된다. 발렌베리 가문의 부는 인베스터AB의 주요 주주인 재단에 쌓이는 구조다. 발렌베리 재단과 그룹의 경영자는 정해진 급여만 받는다. 그 때문에 발렌베리 가문 경영자의 재산은 그리 많지 않다.

투톱 경영이 기본

160년이 넘는 시간 동안 발렌베리 가문의 변하지 않은 후계자 양성 원칙이 있다. '견제와 균형'이다. 견제와 균형을 위해 반드시 투톱Two top 경영을 한다. 리더는 항상 두 명을 선출해 서로가 서로를 보완하며 기업을 이끌어간다. 다른 나라에서는 찾기 어려운 독특한 시스템이다. 투톱 중 한 명인 마르크가 1971년 (자살로 추정되는) 비극적 죽음을 맞이한 적이 있었다. 당시 4세대 경영자인 피터 발렌베리Peter Wallenberg는 오랫동안 혼자 경영했다. 이후 그는 두 명의 후계자를 선정했고 '투톱 경영'의 룰을 지켰다. 큰 형의 아들 마르쿠스 발렌베리Marcus Wallenberg와 자신의 아들 야콥 발렌베리Jacob Wallenberg를 후계자로 내세웠다.

발렌베리 가문의 인사이트

기업의 제도나 시스템이 아무리 좋아도 리더가 자질이 없으면 소용 없다. 발렌베리 가문은 리더의 중요성을 인지하고 후계자 선정에 엄격한 기준을 적용했다. 5대에 걸친 세습경영에도 불구하고 자신들만의 경영철학을 지키며 진정한 의미의 노블레스 오블리주noblesse oblige를 실천하고 있다.

제도보다는 철학의 부재

비윤리적인 행태로 재벌기업 2, 3세 경영자들이 미디어에 심심찮게 등장한다. 이때마다 전문가들은 세습경영이나 가족경영의 폐단을 들추며 전문경영인제도 도입을 강조한다. 하지만 전문경영인제도에도 단점이 있다. 외부에서 온 전문경영인은 빠른 시간 안에 자신의 능력을 입증하고자 단기적이고 확실한 성과에 집중한다. 그래서 명분이나 가치보다 단기수익을 추구하는 경향이 있어 조직의 정체성을 흔드는 경우가 있다. 발렌베리를 보면서 모든 문제는 제도 자체에 있기보다 그 제도를 운영하는 사람에게 있다는 것을 알 수 있다. 결국 리더의 철학 부재에서 모든 문제가 생긴다.

현재의 수장인 마르쿠스 발렌베리Marcus Wallenberg 회장은 운전기사를 두지 않고 직접 차를 운전한다. "내가 검소한 삶을 산다고는 말할 수 없다. 하지만 내 생활방식이 어떻게 비칠지는 매우 조심스럽다." 발렌베리 가문은 사치를 자제하고, 서민들과 거리감을 좁히는 데 신경 쓴다. 그들은 소유권을 특권이 아닌 책임이라고 여긴다. 발렌베리가 오랫동안 스웨덴 국민들로부터 추앙받는 이유는 자신들에게 스스로 엄격했기 때문이다.

ONE
sentence

상품을 넘어 예술로

Ferrero

"

오랫동안 사랑받을 수 있는 제품이 아니라면 처음부터 내놓지 않는다.

"

'악마의 잼'으로 불리는 누텔라(Nutella)를 만드는 기업. 누텔라는 전 세계, 특히 유럽과 미국 등에서는 숭배의 대상이 될 정도다.

회사명	페레로(Ferrero)
창업자	피에트로 페레로(Pietro Ferrero)
창업연도	1946년(이탈리아)
사업분야	초콜릿 제품 제조

유명인들은 누텔라에 사랑을 고백한다

"제 영혼의 치료제요? 누텔라를 바른 크레페죠."

_마리아 샤라포바(Maria Sharapova), 러시아 테니스 선수

"애틀랜타 올림픽에서 금메달을 땄던 그날 밤에 저는 누텔라를 스푼으로 퍼먹었습니다."

_유리 케키(Jury Chechi), 올림픽 체조 금메달리스트

"죽을 때까지 하나의 음식밖에 못 먹는다면 누텔라를 택하겠다!"

_엠마 왓슨(Emma Watson), 영국 영화배우

이탈리아 축구선수 토티Totti 가 나오는 광고에서 그는 경기 도중 골절상을 입고 수술을 받는다. 그리고 마취에서 깨어나자마자 누텔라를 찾는다. 먹는 음식이 이렇게 '숭배' 받았던 적이 있었나?

숭배 받는 초콜릿의 시작

페레로는 한 알 한 알 금박지 옷을 입힌 초콜릿 '페레로로쉐'Ferrero Rocher 와 '킨더 초콜릿'Kinder Chocolate 을 만드는 회사다. 페레로라는 회사를 세상 사람들에게 인식시킨 것은 누텔라 잼이었다.

페레로를 60년 이상 성공으로 이끈 장본인은 2015년 89세의 나이로 세상을 떠난 미켈레 페레로Michele Ferrero 다. 그의 아버지 피에트로 페레로가 1946년에 초콜릿에 헤이즐넛을 섞어 초콜릿-헤이즐넛 스프레드를 만든 게 페레로의 시작이었다.

이것은 순수 초콜릿으로 만든 스프레드보다 가격이 1/6 수준밖에

누텔라 초콜릿 잼과 페레로로쉐 초콜릿

안되었고 무엇보다 너무 맛있었다.

부친의 사망으로 가업을 물려받은 미켈레 페레로는 1956년 독일을 시작으로 세계 각지에 공장을 지었다. '파스타 잔두야'pasta gianduja 라는 첫 이름 대신 1964년 4월 헤이즐넛의 '넛'nut 과 부드러운 느낌의 여자 이름 '엘라'Ella 를 합쳐 '누텔라'Nutella 로 변경하며 공식적인 첫 생산이 시작되었다. 현재 페레로 그룹은 전 세계 20개 공장에서 2만 4,000여 명 이상의 종업원이 일하는 유럽 최대 제과업체로 성장했다. 초콜릿 하나로 성장해 현재 이탈리아에서 가장 부유한 회사 중 하나가 되었다.

역대 이탈리아 총리뿐 아니라 유럽 유명인들이 누텔라를 좋아했다. 아니, 열렬히 좋아했다. 영혼을 일깨우는 맛 또는 세대를 아우르는 맛이라고 칭송한다. 누텔라는 '한 번 맛보면 멈출 수 없다'고 해서 '악마의 잼'이라고 불린다. 출시 후 60년 이상 사랑받고 있다. 100g에 530kcal를 자랑하는 고열량 식품이지만 멈출 수 없을 정도로 중독성이 엄청나다. 한 번도 안 먹어본 사람은 있어도 한 번만 먹어본 사람은 없다고 할 정도다.

**"오랫동안 사랑받을 수 있는 제품이 아니라면
처음부터 내놓지 않는다."**

페레로의 기업철학을 잘 보여주는 문장이다. 페레로는 자신들의 제품이 자신들이 누구인지를 말해준다고 생각한다. 그래서 제품 하나에도 혼신을 다한다. 좋은 제품만 만들겠다는 장인정신이 페레로의 신념이 되었고, 경쟁력이 되었고, 숭배의 대상이 되었다.

먹는 음식이 '숭배의 대상'이 되다

누텔라로 인한 프랑스 폭동

2018년 1월 25일 프랑스에선 때아닌 '누텔라 폭동'이 벌어졌다. 누텔라 할인행사로 사람들이 몰려들면서, 슈퍼마켓 곳곳에서 폭력적인 장면까지 연출됐다. 앞서 프랑스의 대형 슈퍼마켓 체인 앵테르마슈 Intermarché는 누텔라 70% 할인행사를 한다고 밝혔다. 이에 따라 한 통에 4.5유로(한화 5,900원)였던 누텔라 값은 1.4유로(한화 1,900원)로 뚝 떨어졌다.

"사람들이 마치 짐승 같았어요. 한 여성은 머리채를 붙잡혔고, 어떤 할머니는 한 박스를 머리에 이고 있었죠. 팔이 피투성이가 된 사람도 있었어요." 한 지역매체에 따르면 준비된 물량은 15분 만에 동났고,

눈이 시퍼렇게 멍든 손님도 있었다.[*]

누텔라, 문화가 되다

1996년 프랑스의 카루젤 뒤 루브르Carrousel du Louvre에서 〈제네라시옹 누텔라〉Generación Nutella 즉 '누텔라 세대'라는 전시회가 열렸다. '누텔라'라는 초콜릿 잼의 프랑스 출시 30주년을 기념하기 위한 것이다. 많은 예술가와 배우, 시인이 참여하여 연극을 올리고 그림을 전시했다.

〈제네라시옹 누텔라〉 팸플릿에는 다음과 같이 적혀있었다.

누텔라 세대는 자기 모습 그대로를 바라봅니다. 그들은 어린 시절의 좋았던 기억을 공유하며 … 프랑스의 누텔라 세대 가운데 30대는 어릴 적 누텔라를 먹으며 자란 사람들이고, 그들에게 있어 누텔라는 '현대판 프루스트의 마들렌[**]'입니다. 아름다웠던 시간, 즐거움, 좋은 풍미, 어렸을 때의 생동감 등이 누텔라와 얽혀있고, 이러한 기억은 너무나도 강렬해서 한 세대의 시간이 흘렀음에도 아직까지 생생하게 살아 있습니다. 그리고 이들이 부모가 되면 자녀들에게 누텔라를 주게 됩니다.

1993년 르네상스식 라틴어로 쓰인 조그만 책이 출간된다. 공연예술가이자 작가인 리카르도 카시니(Riccardo Cassini)의 『누텔라 누텔래』(Nutella Nutellae)이다. 이 책은 이탈리아에서 가장 많이 팔린 책 중

---

[*]   〈BBC NEWS 코리아〉 2018년 1월 27일자
[**]   마르셀 프루스트의 『잃어버린 시간을 찾아서』에서 주인공은 마들렌을 먹으며 옛 추억에 잠긴다.

하나로, 6년간 150만 부가 팔렸다. 율리우스 카이사르의 책 『갈리아 원정기』의 첫 부분 "갈리아는 크게 세 부분으로 나뉘어 있다"를 그대로 모방해 "누텔라는 크게 세 부분으로 나뉘어 있다"로 시작해 "첫째는 조그만 플라스틱 용기에 낱개로 포장한 누텔라, 두 번째는 유리컵에 담긴 누텔라, 세 번째는 커다란 컵에 담긴 누텔라다"라고 적었다. 카시니의 이 독백을 들은 이탈리아인들은 너 나 할 것 없이 박수를 쳤다.***

영화 〈비앙카〉Bianca, 1983 에서 주인공은 동료 비앙카와 사랑을 나누는 교수다. 그는 비앙카와 관계를 맺는 동안 의심과 죄책감에 빠져 내면적 갈등에 빠지게 되는데, 이때 내면적 갈등을 누그러뜨리는 도구로 등장하는 게 누텔라를 바른 빵이다.

1995년 이탈리아에서 유명한 사전인 『데보토-올리』Devoto-Oli 는 누텔라nutella 라는 단어를 등재한다. 이탈리아인이 매일 사용하는 일상 용어로 간주하여 '일반명사'로 올렸다. 단어 설명에는 이렇게 적혀있다. "초콜릿과 헤이즐넛을 재료로 만든 크림으로, 널리 알려진 상업 명칭이다." 일반명사로 간주했기 때문에 누텔라의 첫 글자가 소문자로 적혔다.

사전에 올라가는 것 자체가 대단한 일이지만, 페레로는 분명히 상품명이고 고유명사인 만큼 대문자를 사용해야 한다고 주장했다. 신문사들도 누텔라가 일반명사인지 고유명사인지에 관한 논쟁기사를 쏟아냈다. 이후 법정싸움이 벌어졌고, 결국에는 소문자로 시작하지만 개정된 사전에는 이렇게 적힌다. "초콜릿과 헤이즐넛을 재료로 만든 크림

*** 『맛의 천재』 463쪽 인용 후 수정

으로, 널리 알려진 상업 명칭이다(상표)." 마지막에 '상표'라는 말이 붙어 페레로의 승리로 마무리되었다.

제품개발에 10년 이상 투자하다

수익성보다 제품의 신선도를 먼저 생각하는 자세가 페레로를 세계적 기업으로 끌어올렸다. 그들은 판매 목표량을 정해두지 않는 것으로 유명하다. 시장 추이를 지켜보면서 팔리는 만큼만 공급하기 위해서다. 유통기한이 임박한 제품을 떨이로 싸게 팔아넘기는 다른 기업들과 달리, 페레로는 유통기한이 3개월 이하로 남은 제품은 모두 회수한다.

누텔라 이후 출시된 제품인 사탕 '틱택'tictac은 1957년에 연구를 시작한 이후 12년이 지난 1969년에서야 세상의 빛을 볼 수 있었다. 페레로로쉐는 13년을 연구한 끝에 1982년에 탄생했는데, 페레로로쉐 안에서 바삭하게 씹히는 웨이퍼를 동그란 모양으로 구부리는 방법을 찾는 데만 5년을 쏟아부었다. 또 달걀 모양의 초콜릿 '킨더 조이'Kinder Joy에 들어있는 장난감은 완구업체에서 주문 제작한 것이 아니다. 어린이 심리학자 등이 포함된 20여 명의 페레로 그룹 내 발명팀이 매번 직접 개발하고 있다.

이처럼 페레로는 새로운 제품 하나를 개발하는 데만 십수 년이 걸린다. 오랫동안 사랑받을 수 있는 완벽한 제품을 만들어내기 위해서다.

초콜릿 한 알 한 알을 금박지로 포장하다

페레로는 단순히 맛있는 초콜릿을 만드는 것이 아닌, '선물용 초콜릿'이라는 새로운 시장을 개척했다. 한 알 한 알 금박지에 싸인 초콜릿 페레로로쉐가 대표적이다. 처음 페레로로쉐를 접한 소비자는 초콜릿을 한 알 한 알 정성스레 금박지로 포장하는 걸 비효율적이라고 생각했다. 하지만 페레로의 장인정신이 알려지면서 금박지 포장에 대해서도 이해하게 되었다.

진정한 가족기업

페레로가 한 제품을 최소 10년 이상 연구개발할 수 있었던 것은 그들의 고집과 집요함 때문이지만, 또한 제도적으로는 매출실적이 덜 나와도 자신들의 가치를 오랫동안 추구할 수 있는 가족경영 덕분이었다. 이탈리아 언론들은 가족경영을 바탕으로 한 장인정신이 페레로가 60년 이상 쉼 없는 성장을 할 수 있었던 비결이라고 분석한다.

다음은 피에트로 페레로가 사망한 이후 실질적인 리더를 맡고 있는 동생 지오반니 페레로Giovanni Ferrero의 인터뷰 내용이다.

가족끼리 여행을 할 때도 여행지에서 회사 제품을 홍보하기도 합니다. 저녁 숙소에서는 경험을 나눕니다. 여행지에서 회의를 하는 겁니다. 페레로의 오래된 전통입니다. 모두 함께 모인 자리에서 서로의 의견을 듣고 필요한 결론에 이릅니다. 가족경영의 장점입니다. … 우리는 기업가 가족으로 태어났습니다. 그리고 앞으로도 기업가 가족으로 남을 것입니다. 빠르게 성장한 이유는 과감하면서 빠른 의사결정, 그리고 장인정신을 바탕으로 한 오랜 제품개발 등에 있습니다. 이건 진정한 가족기업이고 비상장기업이라 가능했습니다.

누텔라를 빵에 바르는 행동이 하나의 의식이 되다

누텔라가 전설이 된 가장 큰 이유는 맛 때문이다. 〈뉴요커〉The New Yorker는 누텔라의 맛을 이렇게 표현했다.

유감스러울 정도로 달지만 지나치다고는 할 수도 없고, 땅콩버터와 똑같은 성분에 심지어 더 많은 지방을 함유하고 있지만 섹시하게 입에 착착 감기는 데다가, 강렬한 초콜릿 향을 누그러뜨리는 무언가 부드러운 것이 들어있다. 빵에 발라먹기 위해 만들어진 크림이지만 스푼으로 떠서 곧장 입안에 집어넣는 경우가 훨씬 많다.

이탈리아와 유럽을 넘어 전 세계인에게 누텔라를 빵에 바르는 행동은 하나의 의식이 되었다. 사람들은 누텔라를 먹는 자신의 사진을 SNS에 올리고, 누텔라가 그려져 있는 티셔츠와 모자를 쓰고, 마우스패드, 컵, 심지어 토스터기 등 일상용품에도 누텔라 그림을 새겨 넣는다.

철저한 폐쇄정책을 펼치다

누텔라가 인기를 끌면서 모방제품이 많이 나왔다. 심지어 헤이즐넛 함유량도 누텔라의 13%보다 훨씬 높은 36%까지 올린 제품도 있었다. 페레로는 다른 기업이 모방하는 것에 상당히 민감했다. 그래서 '누텔라'라는 이름도 함부로 쓰지 못하도록 했다. 심지어 누텔라를 미친 듯이 좋아하는 사람에 대해서도 마찬가지였다.

1997년 한 이탈리아 청년이 누텔라 팬을 위해 처음으로 홈페이지를 오픈했다. 누텔라를 너무 좋아한 나머지 시간과 노력을 들여 웹사이트를 만들었지만, 페레로로부터 "우리는 우리의 상표 Nutella®가 어떤 방식으로든 제3자에 의해 사용되는 것을 원치 않습니다"라는 메일을 받는다. 소비자의 자발적 노력은 제품 홍보에 도움이 될 테지만 페레로는 폐쇄적이었다.

2007년 2월 5일, 누텔라를 사랑했던 이탈리아계 미국인인 사라 로소Sara Rosso는 누텔라를 기념하기 위해 '세계 누텔라의 날'World Nutella

Day 행사를 열었다. 페이스북과 트위터 계정까지 만들어 누텔라를 더 맛있게 먹을 수 있는 음식조합 등을 공개했다. 1997년 이탈리아 청년에게 한 것처럼 2013년 페레로는 매년 개최되는 이 행사를 폐지하라고 통보했다. 하지만 이후 전 세계 누텔라 팬들의 거센 항의에 한 발 물러서서 매년 2월 5일을 '세계 누텔라의 날'World Nutella Day 로 기념하게 되었다.

이처럼 페레로는 홍보에 도움이 되더라도, 타인이 자신들을 따라하는 것을 극도로 싫어했다. 당연히 누텔라 제조방법도 철저히 비밀로 했다. 극소수의 사람만이 알고 있고, 또 제조비법을 아랍어로 기록해서 이집트 어딘가에 숨겨놨다고 한다. 투명성이 강조되는 요즘 시류에는 맞지 않지만, 거의 단품으로 세계를 석권하는 코카콜라 제조법처럼 페레로 역시 엄격히 관리하고 있다.

누텔라의 인사이트

누텔라가 60년 이상 변함없는 사랑을 받는 이유는 긴 시간 동안 그 맛이 변하지 않았기 때문이었다. 페레로는 맛을 유지하기 위해 1990년부터 헤이즐넛을 직접 재배하기 시작했다.

브랜드가 전설이 되기 위해서는 유행하는 것, 소유하고 싶은 것, 가장 잘 팔리는 것을 넘어 '숭배의 대상'이 되어야 한다. 페라리Ferrari 의 자동차, 오메가Omega 의 씨마스터Seamaster 시계, 샤넬Chanel 의 No.5 향수 등은 고가이거나 소량판매 전략으로 숭배의 대상이 되었다. 하지만 누구나 쉽게 구할 수 있는 누텔라가 숭배의 대상이 될 수 있었던 것은 오랫동안 사랑받을 수 있는 제품이 아니라면 처음부터 내놓지 않겠

페레로 Ferrero

다는 페레로의 고집과 집요함 덕분이었다.

　누텔라의 달콤함이 건강에 해롭다는 연구도 많다. 하지만 누텔라를 좋아하는 사람들은 칼로리에 대한 걱정보다 스트레스 없는 하루의 시작이 더 가치 있다고 강조한다. 그러면서 '당신은 옆 사람에게 감동적인 달콤함을 전달한 적 있느냐?'며 없다면 누텔라를 선물해보라고 이야기한다.

Blue Bottle

"

우리는
최고의 커피를 원하는 사람들만을 위한
커피를 만든다.

"

'커피계의 애플'이라 불리는 프리미엄 커피의 선두주자. 괴짜 창업자, 차고 창업, 심플한 로고, 프리미엄 제품 등이 애플(Apple)과 닮아 붙은 별명이다. 전 세계 어느 곳에서든지 오픈하는 매장마다 큰 반향을 일으키는 블루보틀의 성공요인은 무엇일까?

회사명	블루보틀(Blue Bottle)
창업자	제임스 프리먼(James Freeman)
창업연도	2002년(미국)
사업분야	프리미엄 커피 체인점

2002년 제임스 프리먼은 미국 오클랜드에 작은 창고를 빌리고 로스팅 기계를 구매해 자신만의 커피 개발에 몰두했다. 매주 토요일이 되면 농산물 직거래 장터에서 손수레에 직접 만든 커피 추출기를 싣고 가 커피를 판매했다. 원두는 로스팅한 지 48시간이 지나지 않은 것을 사용했고 주문을 받으면 그때부터 원두를 분쇄해 핸드드립 커피를 내렸다. 빠른 주문에 익숙했던 소비자의 불만이 이어졌지만 그의 커피를 한 번 맛본 사람들은 다시 그를 찾았다. 그에게 커피는 예술이었다.

제임스 프리먼은 원래 클라리넷 연주자였다. 해마다 10만 킬로미터씩 순회공연을 다녔다. 그러던 2001년 위기가 찾아왔다. 갈수록 공연이 지겨워졌고 더 이상 음악을 하고 싶지 않았다. 평소 커피 원두와 추출도구를 사 모을 정도로 커피에 관심이 많았던 그는 교향악단을 그만두고 커피 사업에 뛰어들었다. 수레를 끌며 로스팅에 매진하던 제임스 프리먼은 2005년 미국 샌프란시스코 헤이즈 밸리의 친구 집 차고에 첫 블루보틀 매장을 열었다. 당시 하루 매출은 70달러(약 8만 원)에 불과했지만 12년 뒤인 2017년 기업 가치는 6,200달러(약 7,000억 원)에 이르렀다. 그리고 2017년 10월 네슬레Nestlé는 4억 2,500만 달러(약 4,800억 원)에 블루보틀의 지분 68%를 인수했다. 제임스 프리먼은 이 결정에 대해 신선한 커피를 제공하겠다는 블루보틀의 철학을 확장하기 위해서라고 밝혔다.

프랜차이즈 기업의 목표는 분명하다. 가맹점 수를 늘리는 것이다. 하지만 블루보틀은 대형 프렌차이즈 브랜드와 반대의 길을 가고 있다. 2005년 첫 매장을 연 뒤 2021년 11월 기준 전 세계 블루보틀 매장 수는 108개에 불과하다. 미국 77개, 일본 20개, 한국 9개, 홍콩 2개로, 모두 직영으로 운영된다.

"우리는 최고의 커피를 원하는 사람들만을 위한 커피를 만든다."

블루보틀은 최고의 커피를 지향한다. 고객은 매장에서 커피가 추출되는 전 과정을 지켜볼 수 있으며 이런 고객을 위해 투명하게, 정성들여 최고의 커피를 만들어 제공한다. 비록 다른 카페보다 모든 게 느리지만 블루보틀은 모두를 만족시키기보다 최고의 커피를 원하는 사람들에게 최고의 커피를 제공한다는 철학을 지켜 나가고 있다.

기업의 혁신 스토리

블루보틀 최고의 모습을 고객이 경험하기를 원하다

제임스 프리먼은 한 카페에서 메뉴판 철자가 잘못 표기된 것을 본다. 그리고 그는 커피 원두 도매를 하지 않기로 결심한다. 그 카페에서는 인텔리젠시아 커피를 팔았는데, 인텔리젠시아는 블루보틀처럼 원두를 정성스럽게 로스팅해서 카페에 도매로 공급하는 커피업체였다.

대부분 커피회사는 직접 볶은 원두를 중소 카페에 대량으로 공급하는 도매사업을 한다. 그 수입이 안정적이고 수익성도 크기 때문이다. 블루보틀 역시 원두 도매로 돈을 벌었다. 하지만 도매사업의 가장 큰 위험은 블루보틀의 이름으로 팔리는 제품을 끝까지 책임지지 못한다는 점이다. 그래서 2015년 6월 제임스 프리먼은 주요 수익원인 도매사업을 중단한다. 주변에서 보기에는 실용적이지 못한 이상한 결정이었다. 제임스 프리먼은 만약 자신이 경영상식이나 통념에 젖어있었다면 블루보틀은 지금처럼 성장하지 못했을 것이라고 말한다. '이렇게 느리게 작업하면 이윤을 낼 수가 없어!'라며 스스로 발목을 잡았을 거라 강조한다.

블루보틀도 여러 벤처캐피털을 통해 투자를 받으면서 경영대학원 출신 직원들이 합류했다. 일본 도쿄에 진출하려고 할 때, 경영대학원 출신들은 일본 사람들은 섭취량이 적으니 컵 사이즈를 작게 만들고, 쿠키도 작게 만들고, 서서 커피 마시는 문화에 익숙하지 않으니 테이블과 의자도 많이 설치해야 한다는 의견을 냈다. 프리먼은 이런 의견에 전혀 동의하지 않았다. 그는 일본 고객이 블루보틀 최고의 모습을 그대로 경험하길 원했으며, 또한 일본 내 다른 일반커피숍을 모방하는 것은 블루보틀이 지향하는 점이 아니라고 강조했다.

제임스 프리먼은 블루보틀을 평범한 기업처럼 경영하고 싶지 않았다. 그가 일반적인 경영상식과 완전히 반대로 경영하는 이유는 고객에게 최상의 커피 경험을 제공하고 싶어서였다. 결국은 커피에 대한 신념을 지키기 위한 것이었다.

최상의 커피를 제공하기 위한 블루보틀의 원칙

48시간이 넘지 않은 커피원두만 사용한다

블루보틀은 로스팅한 지 48시간이 넘은 원두는 사용하지 않는다는 원칙을 고수했다. 고객에게 최상의 커피를 제공하기 위한 원칙이었다. 현재는 블렌드 원두는 4일, 싱글 오리진 원두는 7일 동안 사용하는 정책으로 바뀌었다. 이는 타협이 아니라 원두 맛을 오래 유지하는 노하우를 축적한 결과다.

최상의 커피를 알아볼 수 있는 지역에 매장을 연다

블루보틀은 최상의 커피를 만들 수 있고 이를 알아볼 고객이 있는 곳에만 매장을 연다는 원칙이 있다. 유동인구나 타깃층 같은 데이터에 전적으로 의존하지 않는다. 미국 조지타운 매장의 경우 지역 주민의 풍부한 여행 경험과 문화에 대한 높은 이해도가 입지 선정의 중요한 요인이었다.

제임스 프리먼은 블루보틀의 일본 진출을 두고 이렇게 말했다.

일본을 오가며 커피에 대해 많이 배웠다. 커피의 깊은 풍미를 표현하기 위해 기계를 쓰지 않고 손으로 직접 커피를 추출하는 것은 사실 일본 업체들이 더 잘한다. 우리는 2007년부터 일본의 커피 기구와 추출 기법을 도입했다. 여기에 일본인들의 몸에 밴 친절과 투철한 직업정신은 미국 사람 입장에서는 입이 벌어질 정도다. 일본의 찻집과 카페를 갈 때마다 큰 감동을 받았다. 배울 점이 많다고 판단해 일찍이 일본에 진출했다.

품질관리 담당자가 CEO에게 직접 보고한다

블루보틀에는 품질관리 담당자가 최고경영자에게 직접 보고한다는 규칙이 있다. 일반적인 프랜차이즈 커피회사는 품질관리 담당자가 영업 담당자에게 보고하고, 영업 담당자는 최고재무책임자나 최고경영자에게 보고한다. 이런 보고체계가 직원들에게 커피의 품질보다 매출이 더 중요하다는 인식을 심어줄 수 있다. 그래서 블루보틀은 품질관리자가 최고경영자에게 직접 보고하게 했다. 직원들에게 최고 의사결정권자는 품질을 가장 우선시한다는 점을 인식시켰다. 그래서 블루보틀 직원들은 품질 문제에 대해 타협하지 않는다. 자연스럽게 품질부서는 독립성이 보장됐고 권한도 생겼다.

블루보틀 광화문점

바리스타는 엔터테이너다

블루보틀은 바리스타를 엔터테이너로 정의한다. 바리스타와 고객, 커피만 오롯이 매장이라는 무대에 올리고 다른 요소는 최대한 덜어낸다. 무대 조명처럼 사용하는 빛은 집중도를 높이기 위해 사용한다. 고객은 마치 의식과 같은 바리스타의 커피 추출 장면을 어떤 방해요소도 없이 온전히 감상한다.

또한 고객이 커피에 대해 질문하면 직원들은 친절하게 설명해준다. 커피를 잘 모르는 사람도 자신이 마시는 커피가 무엇이고 또 어떻게 추출되는지에 대해 관심을 갖도록 하기 위해 최대한 친절하고 쉽게 설명해준다. 블루보틀이 다른 브랜드와 차별되는 지점이다.

커피에만 집중하도록 한다

블루보틀은 터쿼이즈turquoise 컬러의 병 모양 로고뿐만 아니라 모든 디자인이 심플하다. 심지어 매장을 보면 휑하다고 느낄 수도 있다. 테이블과 의자는 절제된 꽃꽂이를 하듯 여유 있게 배치되어 있다. 또한 고객이 오롯이 커피에만 집중할 수 있도록 와이파이와 콘센트도 없다.

블루보틀의 깔끔하면서도 고급스러운 디자인에 반한 고객들은 사진을 찍어 자신의 인스타그램에 올린다. JP모건의 카미요 그레코 대표는 "블루보틀에 가는 건 단순히 카페에 가는 게 아니라 예술가의 스튜디오에 가는 것과 같다"고 말할 정도다.

사이즈는 하나다

일반 카페의 커피 사이즈는 대, 중, 소로 나눈다. 블루보틀은 사이즈가 하나다. 자신들이 잘하는 것만 만들고 최상의 맛을 낼 수 있는 사이즈는 하나라는 것이다. 또 블루보틀은 일반 카페가 메뉴가 너무 많아 복잡한 것과 다르게 총 6가지 메뉴다. 커피를 추출하는 데 시간이 오래 걸리는 만큼 메뉴 수는 줄이고 품질을 높이는 데 집중했다.

정체성을 위해 직영점만 운영한다

가맹점을 내고 싶다는 많은 제안이 들어와도, 블루보틀은 직영점만 운영한다. 그래서 직원도 직접 채용한다. 바리스타들은 제임스 프리먼 앞에서 커피를 추출하는 모습을 여러 번 시연해야 한다. 여하튼 모든 부분에서 블루보틀은 느리다. 미국의 경제매체 〈비즈니스 인사이더〉 Business Insider는 "블루보틀은 커피의 품질을 포기하거나 대규모 공장 시스템을 도입하지 않고도 회사가 성장할 수 있다는 것을 보여준 사례"라고 이야기한다.

블루보틀의 인사이트

세계에서 가장 혁신적인 기업에 투자하는 실리콘밸리의 투자자들

은 블루보틀에 투자한 이유를 이렇게 설명한다.

더 높은 경지에 오르려는 집념과 작은 성공에 안주하지 않는 제임스 프리먼의 고집, 즉 광적인 완벽주의자인 프리먼의 창업 마인드 때문에 투자했다.

제임스 프리먼은 매일 더 좋아져야 한다는 강박감이 자신의 원동력이라고 말한다. 그에게 커피는 신앙이자 모든 의사결정의 기준이었다. 그래서 커피에 관해 결코 타협하지 않았다. 매장을 수백 개쯤 여는 것은 시간 문제였지만 그는 그러지 않았다. 블루보틀은 빠른 성장이 아닌 최고의 커피를 지향했기 때문이다.

커피계의 애플, 실리콘밸리가 사랑하는 커피, IT 기업과 견주어도 손색없는 브랜드 파워를 지닌 블루보틀의 유명세는 다른 요인에서 오지 않았다. 인테리어, 브랜딩, 직원, 메뉴 등 모든 요소가 최상의 커피 맛을 내기 위한 방편이었다. 세계적인 브랜드 파워에 비해 매장 수가 적음에도 많은 사람이 블루보틀을 찬양하는 이유다.

비즈니스에서 성장을 억제한다는 것은 세 끼를 굶은 배고픈 사람이 눈앞의 진수성찬을 먹지 않고 참는 것처럼 힘든 일이다. 프리먼은 주변의 소리에 흔들리지 않았고 심지어 생존과 사멸의 경계에 있을 때도 자신이 추구하는 정체성을 지켰다. 블루보틀의 목표는 최고를 원하는 고객에게만 감동을 주는 것이다. 감동은 철저한 맞춤형 개별화와 세상의 흐름에 휩쓸리지 않는 장인정신에서 비롯된다. 블루보틀은 이 두 가지를 철저히 실천하고 있다.

애플

Apple

"

사업가가 아닌
예술가가 되어야 한다.

"

혁신기업의 대명사.

회사명	애플(Apple)
창업자	스티브 잡스(Steve Jobs)
창업연도	1976년(미국)
사업분야	IT 기기 제조 및 소프트웨어 설계

창업자는 스티브 잡스와 스티브 워즈니악Steve Wozniak, 로널드 웨인Ronald Wayne이다. 현재 세계에서 가장 혁신적인 기업으로 불린다. 그 중심에는 2011년 10월에 세상을 떠난 스티브 잡스가 있다. 애플은 퍼스널 컴퓨터 매킨토시McIntosh, 아이폰iPhone, 아이팟 iPod, 아이패드iPad, 애플워치Apple Watch 등 수없이 많은 혁신제품을 출시했다. 2024년에는 자율주행차인 애플카Apple Car를 만들려는 계획을 가지고 있다.

2018년 세계 최초로 시가총액 1조 달러를 돌파했고 2년 뒤인 2020년 8월에는 2조 달러(원화 2,400조)를 돌파했다. 세계에서 가장 우량한 회사 중 하나로, 2022년 3월 25일 기준 시가총액은 2조 8천 5백 달러(원화 3,489조)다. 같은 기간 우리나라 대표기업 삼성전자의 시가총액은 약 416조 원이었다. 우리나라 상장사를 모두 합해도 애플 1개 회사에 미치지 못한다.

애플은 주로 고급사양을 만든다. 그래서 소비자들은 애플이라는 단어에서 프리미엄이라는 의미를 직관적으로 읽어낸다. 예를 들어 고급 커피를 만드는 회사인 블루보틀을 보통 이렇게 부른다. '커피업계의 애플 블루보틀'이라고.

혁신을 이끈 한 문장

"사업가가 아닌 예술가가 되어야 한다."

애플은 어떻게 세상을 뒤집을 만큼 혁신적인 제품을 내놓을 수 있었을까? 애플의 혁신은 스티브 잡스의 예술가적 기질에서 탄생했다고 많은 이들이 분석한다. 잡스는 예술가들이 지닌 특질인 섬세함과 예민한 감각이 있었다. 완벽을 추구했다. 그는 제품을 만들 때마다 이런 특질을 제품에 반영했다. 수익을 추구하는 사업가였지만 동시에 예술가였다.

1984년 퍼스널 컴퓨터인 '매킨토시' 출시 기자회견장에서 〈파퓰러 사이언스〉Popular Science 기자의 질문에 잡스는 창업가라기보다 발명가처럼 답했다.

"시장조사는 어떤 방식으로 했습니까?"
"그레이엄 벨이 시장조사 같은 걸 하고 전화를 발명했나요?"

기업의 혁신 스토리

눈에 보이지 않는 것에 더 신경 쓰다

아이팟 출시 하루 전 잡스는 아이팟팀을 불러 다시 만들라고 명령했다. 이유는 이어폰 잭을 꽂을 때 미세하게 '딸깍' 하는 느낌이 시원하게 나지 않아서였다. 엔지니어는 소리만 잘 들리면 되지 않느냐며 불만을 표출했다.

잡스는 소리는 당연한 거고, 그 전에 소비자들이 해야 할 경험은 잭을 꽂을 때의 움찔하는 느낌이라며 불같이 화를 냈다. 그날 애플 직원들은 날밤을 새워 이어폰 잭 부분을 전부 교체했다.

또 잡스가 매킨토시 컴퓨터 내부 깊숙한 곳에 들어갈 인쇄회로 기판을 검사하면서 "저 부분 정말 예쁘네. 하지만 메모리칩들을 좀 봐. 너무 추하잖아. 선들이 너무 달라붙었어!"라고 하자 개발자는 컴퓨터 성능에는 아무런 문제가 없으며, 소비자는 보지도 않는 부분이라며 불만스

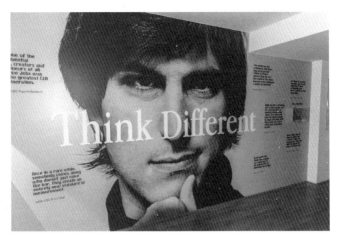

늘 다르게 생각하던 스티브 잡스

런 표정을 지었다. 하지만 잡스는 컴퓨터 내부를 다시 만들도록 지시한다. 이렇게 잡스는 보이지 않는 것에도 신경을 썼다. 그 배경에는 어린 시절 아버지의 영향이 있었다.

"아빠, 이 평평한 쪽은 땅에 박히는 부분이지요?"
"그래."
"그럼 페인트칠을 안 해도 되잖아요. 어차피 땅에 박힐 건데."
"녀석, 잔머리를 쓰는구나. 그러면 일이 편하겠지. 하지만 일은 그렇게 하는 게 아니란다. 보이지 않는다고 칠을 하지 않으면 땅에 박힌 부분에 습기가 스며들어 금방 썩어! 보이지 않는 곳일수록 더 신경을 써서 마무리해야 하는 거야."

양아버지 폴 잡스Paul Jobs는 땅에 박힐 부분에 방수 페인트를 세 차

334

례나 꼼꼼히 발랐다. 잡스가 애플 창업 후 이렇게 말한 적이 있다.

아름다운 서랍장을 만드는 목수는 뒷면이 벽을 향해 있고 아무도 보지 못한다고 해서 싸구려 합판을 쓰지 않습니다. 목수 자신은 알기 때문에 뒤쪽에도 아름다운 나무를 써야 합니다. 잠을 제대로 자려면 아름다움과 품위를 끝까지 추구해야 합니다.

투병 중에도 예술가적 기질이 나오다

잡스는 심지어 췌장암 투병 중에도 예술가적 기질을 보였다. 잡스의 병이 조금 안정적인 상태가 되었을 때 폐 전문의가 그의 얼굴에 마스크를 씌우려 했다. 그러자 잡스는 마스크를 벗으며, 디자인이 마음에 들지 않는다며 디자인이 다른 종류의 마스크 다섯 개를 가져오라고 했다. 마음에 드는 디자인을 직접 고르겠다는 것이었다.

그의 열정에 불타버릴 것 같았다

애플 초기 창업자는 스티브 잡스와 스티브 워즈니악으로 알려졌지만, 창업멤버에 로널드 웨인도 있었다. 지분은 잡스와 워즈니악이 각각 45%, 웨인이 10%였다. 웨인은 설립과정에서 광고기획, 정보수집, 문서관리, 컴퓨터 성능테스트, 회로제작 등을 했고, 애플의 첫 로고와 회사 운영매뉴얼이 그의 작품이다. 신생회사지만 잡스는 웨인에게 짧은 시간 안에 위대한 회사들과 같은 시스템을 만들라고 엄청난 압박을 가했다. 잡스에게는 자신이 만족할 만한 수준의 회사 시스템이 우선이었다. 사사건건 완벽을 추구하는 잡스의 예술가적 기질에 웨인은 완전히 기가 눌렸다. 결국 11일 만에 퇴사한다. 금전적인 상황만 보면 평생다시 오지 않을 기회를 놓친 것이다.

나보다 20살, 15살 어린 잡스와 워즈니악은 불도저처럼 밀어붙였다. 회사 성공을 위해 무엇이든 할 기세였다. 그들과 일하면 큰돈을 벌 수 있을 것 같았지만 내가 금세 죽을 것만 같았다. 당시 나는 42세였다. 잡스나 워즈니악처럼 위험을 감당할 만한 처지가 아니었다. 그래서 내 지분 10%를 800달러(약 97만 원)에 회사에 넘기고 퇴사했다. 나도 다른 사람들처럼 돈을 좋아한다. 하지만 나는 역사적으로 중요한 시점에 있던 순간에도 그 사실을 알아차리지 못했다.

10%의 지분가치는 현재 애플가치로 수십조 원에 해당한다. 그는 퇴사 후 여러 회사를 전전했고, 현재는 정부의 사회보장연금을 받으며, 희귀동전과 우표거래 등의 부업을 하며 지낸다. 지금까지 그는 애플제품을 단 한 번도 구입한 적이 없다고 한다.

현실 왜곡장

잡스가 하는 최고의 칭찬은 "미친 듯이 대단해!"Wow crazy amazing 였다. 하지만 자주 쓰는 말은 "얼간이"stupid "내 생각을 바꿀 만한 중요한 얘기를 좀 해봐! 아니면 입 다물고 내 시간을 더 이상 낭비하게 하지 마!"Say something important that will change my mind! Or shut up and don't waste my time anymore "이거 완전 쓰레기야"absolute rubbish 같은 불만 가득한 말들이었다. 만족하는 예술가가 없듯이 그의 완벽주의적 기질 때문에 구성원들은 엄청나게 힘들었다.

한 애플 직원의 인터뷰다.

"왜 잡스에게 욕을 들어가며 함께 일하나요? 당신 정도면 다른 곳에서 존경받으며 일할 수 있을 텐데?"

"모르겠어요. 그와 이야기하다 보면 마음이 출렁입니다. 흥분됩니다. 세상을 바꿀 수 있을 것 같고, 그 중심에 제가 있을 것처럼 느껴져요!"

잡스와 이야기를 나눈 사람들은 '현실 왜곡장'Reality distortion field을 경험한다고 한다. 이것은 제대로 된 결정적 증거도 없이 어떤 것이 진실이라고 믿게 되는 현상을 말하는데, 잡스가 상상했던 것이 함께 일하는 사람에게 전염되면서 정말 그것이 가능할 것 같은 느낌을 불러일으켜 실제 결과로 나타나는 것이다. 그에게 이것은 종종 무언가를 달성하기 위한 술책이었다.

"잡스의 이야기를 10분만 듣고 나면 당신도 할 수 있다고 고개를 끄덕이고 있을 겁니다"라고 그 직원은 기자에게 말한다.

현실 왜곡장을 가능케 한 것은 잡스의 자기확신이었다. 그는 쫓겨난 애플에 복귀하면서 수많은 제품 라인업을 거의 동시에 정리할 때, 직원들을 향해 강하게 자기주장을 펼쳤다. 그 과정에서 자기확신에 의심할 아주 작은 떨림이라도 직원들에게 전해졌다면 아마 실패로 끝났을 것이다. 자신도 확신하지 못하면서, 구성원에게 열정적인 말로 포장한다고 해서 절대 직원들의 마음 깊은 동의를 얻어낼 수 없다. 잡스는 자기주장에 가장 먼저 강력한 확신을 가지는 것으로부터 시작해, 직원들에게 영향을 미쳤던 것이다. 자기확신은 무언가를 의도하고 그것에 대해 긴 숙고의 시간을 보냈다는 의미다.

애플 직원들은 엄청난 근무강도를 견디며 일했지만 "주 90시간 근무, 너무 행복하다!"라고 쓰인 단체 티셔츠를 입고 다녔다는 일화는 유명하다. 직원들은 잡스에 대한 두려움도 있었고, 또 그를 만족시키고 싶다는 강렬한 욕구도 있었다. 이런 엄청난 동기부여로 애플의 제품은 탄생했고, 사람들은 애플제품이 예술적이라며 점점 더 강력하게 추종

하게 되었다.

초기 입사면접 기준은 눈빛이었다

잡스가 창업초기 사람을 채용할 때 일화다. 긴장한 채 앉아있는 입사지원자 앞에 보자기로 덮여있는 뭔가가 있었다. 그 보자기 안에는 원형 매킨토시가 있었다. 잡스는 갑자기 보자기를 획하고 벗긴다. 그리고 그들을 관찰했다. 눈을 빛내며, 마우스를 조작하거나 또 입에서 '와우~'라고 외치면 합격이었다. 잡스가 입사면접에서 가장 우선으로 본 것은 지원자들이 새로운 것을 봤을 때 보이는 열정이었다. 예술가적 기질을 지닌 사람들은 엄청난 뭔가를 발견했을 때, 그것들을 눈으로만 보지 않고, 손으로 만지거나 자신도 모르게 소리를 지르거나 냄새 맡거나 느끼려고 한다. 잡스는 이러한 예술가적 기질을 가진 사람들을 찾았던 것이다.

애플의 인사이트

애플 스마트폰 출시 전에는 소비자는 삼성 등 폰을 만드는 제조사들이 깔아놓은 앱을 사용할 수밖에 없었다. 자연스럽게 앱을 만드는 회사들은 폰 제조사들에 잘 보여야 했기에 그들의 입김에 영향을 받았다. 폰 제조사들이 원하는 것만 만들어야 했다.

잡스는 이런 앱 생태계를 개방형으로 돌렸다. 자신들의 권위를 내려놓았던 것이다. 누구나 앱을 만들어 앱스토어에 올리고, 소비자는 자신이 좋아하는 앱을 다운받아 사용할 수 있게 했다. 당시 이런 개방적 정책이 스마트폰의 수요를 폭발시키는 계기였다. 이처럼 폰에서는 자기 권위를 내려놓는 개방정책을 폈지만, 그의 경영스타일은 폐쇄적이었고 권위적이었다. 잡스는 존중, 자율, 따뜻함 이런 단어들보다 권위적, 명령, 차가움, 카리스마 등이 어울렸다.

그의 권위적 태도는 한계를 넘고 싶다는 강한 생각 때문이었다. 그는 기존 것보다 조금 앞선, 조금 개선된 품질로는 만족하지 않았다. 예술은 필요를 넘어서야 한다. 그는 세상이 필요로 하는 것 이상을 원했기에 불도저가 될 수밖에 없었다.

애플은 수익을 내야 하는 기업이지만, 아이러니하게도 잡스의 예술가적 기질에 애호가들은 열광했고 그 덕분에 성공했다. 그는 사업가를 가장한 예술가였다.

ONE
sentence

솔직함을 넘어 직설적으로

브리지워터 어소시에이츠

Bridgewater Associates

"

조직을 비판하지 않으면
해고될 수 있다.

"

투자회사. 창업자 레이 달리오는 '투자업계의 스티브 잡스'라고 불린다. 철학적 깊이는 스티브 잡스보다 레이 달리오가 더 깊지 않을까 싶다. 이 회사는 극단적 투명성을 내세운다.

회사명	브리지워터 어소시에이츠(Bridgewater Associates)
창업자	레이 달리오(Ray Dalio)
창업연도	1975년(미국)
사업분야	투자회사

브리지워터 어소시에이츠는 정부, 은행, 기업, 대학교, 자선단체를 위해 약 1,700억 달러(약 182조 원)의 자산을 운용하는 투자회사다. 2000년 이후 마이너스 수익률을 기록한 적이 단 한 번도 없다. 특히 여러 펀드가 막심한 손실을 입었던 2008년 금융위기 때에도 2008년 9.4%, 2009년 2%, 2012년 44.8%의 실적을 내면서 탁월한 투자감각으로 세계적인 주목을 받았다.

2010년에는 구글Google, 이베이Ebay, 야후Yahoo, 아마존Amazon을 모두 합한 수익을 넘어섰다. 더 주목해야 할 건 20년 동안 지속적으로 탁월한 수익을 올렸다는 것이다. 금융계 역사상 그 어떤 헤지펀드보다 고객에게 많은 돈을 벌어다주었다.

레이 달리오는 창업했을 때 아주 잘나가다 1982년 파산했다. 당시 부친에게 4,000달러(약 300만 원)를 빌렸다고 한다. 파산을 경험한 후 그는 '나의 생각에 동의하지 않는 가장 똑똑한 사람들을 찾아서 그들의 생각을 이해하려고 노력하라' '의견을 밝히지 말아야 하는 때를 알아야 한다' 등의 원칙을 세운다. 그리고 자신의 달라진 점을 이렇게 말한다.

나의 몰락은 인생에서 가장 좋은 일들 중 하나였다. 나의 공격성을 조절하는 데 필요한 겸손을 가르쳐주었기 때문이다. 물론 겸손이 일을 추진하지 않는다. 하지만 균형을 잡아준다. 파산 후 의사결정에 대한 태도가 달라졌다.

'내가 안다'에서 '내가 어떻게 알지?'로, '내가 옳다'라고 생각하기보다 '내 결정이 옳다는 근거는 무엇인가?'로 그의 태도는 바뀌었다. 레이 달리오는 200여 개 원칙을 만든다.

투자회사지만 200여 개의 원칙 중 투자에 관한 건 단 하나도 없다. 의미 있는 일을 하고, 의미 있는 인간관계를 형성하려면 직장이나 삶에서 어떻게 생각하고 어떻게 행동해야 하는지를 알려준다. '진실하다면 아무것도 두려워할 것이 없다'라는 철학적 원칙과 '행동을 수정하려면 보통 18개월 동안 그 행동을 끊임없이 강화해야 한다는 사실을 기억하라' 등 실용적인 지침까지 광범위하다.

혁신을 이끈 한 문장

"조직을 비판하지 않으면 해고될 수 있다."

브리지워터 직원들은 회사에 대한 우려되는 점이나 비판할 점이 있으면 당사자에게 직접 말한다. '충성심이 진실이나 솔직함을 가로막아서는 안 된다'라는 원칙 때문이다. 레이 달리오가 내세운 원칙 가운데 하나다.

레이 달리오는 비판적인 의견을 지니려면 당당하게 의견을 말할 줄 알아야 한다고 강조한다. 보통의 회사에서는 조직을 비판하거나 상사의 의견에 반대의견을 제시하는 것이 그리 쉬운 일이 아니다. 반면 브리지워터에서는 직원들이 당당하게 자기 의견을 말하는지를 중요하게 생각한다. 더 나아가 기존 체제를 비판하지 못하면 해고될 수도 있다. 이처럼 브리지워터는 극단적 정직성과 투명성을 추구한다.

극단적 정직성과 투명성을 보여주는 예화들

대표를 공개적으로 비평한다

브리지워터의 한 직원이 레이 달리오와 함께 고객사와 회의를 한 뒤 참석했던 직원들과 레이 달리오에게 보낸 이메일이다.

발신 : 짐 H.

수신 : 레이 달리오, 리오넬 K, 그레그 J, 랜달 S, 데이비드 A

제목 : ABC 미팅에 대한 피드백

ABC와의 오늘 회의에서 레이 당신의 성적은 D 마이너스입니다. 회의시간 동안 횡설수설했습니다. 회의에 참석한 모든 사람이 +, − 정도의 차이는 있지만 이 평가에 동의하고 있습니다.

… 어제 우리는 구체적인 회의계획을 논의했었고, 오늘 회의시간은 2시간으로 제한돼 있었습니다. 당신에게 문화와 포트폴리오 구성이라는 두 가지 주제에 집중해달라고 요청했습니다. 나는 투자과정을 담당했고, 그레그는 참관인 자격이었고, 랜달은 실행계획을 담당했습니다. 내가 계산해보니 당신은 60여 분 동안 이야기했습니다. 포트폴리오 구성이라고 생각되는 주제에 대해 무려 52분 동안 두서없이 설명한 후 나머지 12분만 문화에 대해 이야기했습니다. 당신이 전혀 준비하지 않았다는 것이 분명하게 드러났습니다. 사전에 잘 준비했다면 이렇게 엉망진창으로 이야기하지 않았을 것입니다. 그 고객은 우리가 "무슨 일이 있어도 유치해야 하는 고객"이라고 말씀드렸었습니다.

브리지워터 어소시에이츠 Bridgewater Associates

··· 다시는 이런 일이 있어서는 안 됩니다.[*]

직원이 CEO에게 이런 메일을 공개적으로 보낼 수 있는 회사가 얼마나 될까? 보통의 회사에서는 부정적인 이야기를 공개적으로 하지 않는다. 불편한 이야기가 드러나는 게 좋을 게 없다고 생각하기 때문이다.

고위경영자 진급 여부도 당사자와 직접 이야기한다
브리지워터의 고위경영자 진급에 관한 토론 모습이다.

임원A, 임원B 그리고 레이 달리오는 한 직원의 고위경영자 진급여부에 대해 논의를 한다. 우선 녹음기를 켜고, 임원B는 그 직원의 월가 경력을 높게 평가하며 고위경영자 업무를 원활하게 수행할 수 있는 인물이라고 주장한다. 반면 달리오는 투자은행은 완전히 다른 세계라고 반대하며 그 직원을 회의 자리로 부른다. 당사자의 얼굴을 보면서 말하지 못하는 이야기는 당사자 뒤에서도 절대하지 않는다는 원칙이 있다. 바로 브리지워터의 급진적 투명성 원칙이다.

진급 대상 직원이 나타나자 달리오는 그에게 논의주제에 대해 설명하며 자신은 그가 고위경영자 위치에 적합하지 않다는 의견을 직접적으로 말한다. 달리오와 임원B는 후보의 자격에 대한 토론을 이어간다. 그 직원은 월가에서의 경험을 언급하며 고위경영자로서 업무를 수행할 자신이 있다고 말하지만 달리오는 회의적인 표정을 짓는다. 승진할 수 없는 이유를 당사자와 다른 직원들이 있는 곳에서 공개적으로 이야기할 수 있는 회사가 얼마나 있을까?

---

* 『원칙』 471쪽, 『오리지널스』 318쪽 인용 후 수정

공개될수록 오해는 줄고 더 효율적이다

철저하게 실패한 후 레이 달리오는 자신이 옳은 답을 말하는 것이 중요하지 않으며, 단지 누군가가 정확한 답을 제시하면 그 답을 알고 싶을 뿐이라고 말한다. 자신이 놓치고 있는 것을 다른 사람에게서 듣기 위해서는 자신부터 극단적으로 개방되어야 한다는 것을 그는 깨달았다.

어떤 사람은 너무 많은 위험을 감수하고, 어떤 사람은 지나치게 위험을 회피한다. 어떤 사람은 세부적인 것에 집중하고, 또 어떤 사람은 큰 그림에만 집중한다. 이처럼 많은 사람이 한쪽에만 치우쳐 다른 쪽을 충분히 보지 못하는 경우가 많다.

개방적이 될수록 그만큼 스스로를 덜 속이게 되고, 다른 사람들도 솔직한 피드백을 해줄 확률이 더 높아진다. 물론 극단적으로 투명해지는 것은 비판의 대상이 되어 상처가 될 수 있다. 하지만 공개될수록 많은 것을 배울 수 있다. 그는 이렇게 말한다.

나는 극단적 투명성의 긍정적 효과를 오랫동안 경험했기에 지금 내가 투명해지지 않으면 불편함을 느낀다. 투명해지려는 것에 대한 두려움이 나를 가로막게 내버려둔다면 나 자신에 대해 부끄러움을 느낄 것이다.

자신이 생각하는 것을 숨기는 대신 공개적으로 알린다면 오해가 줄어들고 세상은 더 효율적으로 돌아갈 것이고, 진실을 파악하는 데 더욱 가까워진다고 달리오는 강조한다.

집단사고를 예방하다

브리지워터는 직원들에게 다음과 같은 설문을 한 적이 있다.

- 당신과 함께 일하는 사람들 가운데 자기 의견을 당당하게 밝히고 어려움을 무릅쓰고라도 옳은 일을 위해 싸울 사람이 몇 퍼센트라고 생각하는가?
- 당신 자신은 그런 사람인가?
- 당신의 솔직함을 한번 시험해보자. 당신과 함께 일하는 사람들 가운데 옳은 일을 위해 싸워야 하는 소임을 다하지 않는 사람이 누군가? (정확히 세 명을 거명하라)
- 당신이 위에서 거명한 사람들에게 그런 사실을 말해주었는가? 아니라면 그 이유는 무엇인가?

직원들 의견은 양극으로 갈렸다. '매카시즘McCarthyism 처럼 사람을 단죄하는 문화가 조성될까봐 걱정된다' '실명을 거론하는 것은 다른 사람을 배려하지 않는 행동이다' 등 어떤 직원들은 실명거론을 반대했다. 이에 레이 달리오는 그런 의견을 본인에게 전달해주지 않는 게 배려심이 없는 거라고 반론했다.

설문 결과, 직원의 40%가 비판적인 생각을 당사자에게 말해주지 않았다. 하지만 직원들은 하나같이 다른 사람들이 자신에 대해 비판적인 생각을 하고 있다면 알고 싶어했다. 알아도 바뀌지 않을 수 있지만, 바뀌려면 반드시 알아야 한다. 그래서 달리오는 솔직한 토론을 통해 이견을 해소하기를 기대했다. 그러면서 그는 인류의 큰 비극의 시작은 진실이 무엇인지를 알아내기 위해 서로 솔직하게 반박하는 등 사려 깊은 토론이 없었기 때문이라고 말한다.

그렇다면 레이 달리오는 실명을 거론하는 방식에 대해 직원들이 서로 대화를 나누게 하는 데 왜 그렇게 오랜 시간을 투자했을까? 그는 이렇게 말한다.

누구든지 자신의 생각을 당당하게 밝힌다는 공감대가 직원 사이에 형성되면 집단사고에 쉽게 빠지지 않기 때문이다.

딱 한 번의 의사결정으로 기업의 존폐가 갈릴 수 있는 투자회사에서 집단사고는 엄청난 위험이기 때문이다.

구성원들에게 반론할 책임을 부여하다

직원들이 독자적으로 생각할 능력이 있어야 조직문화가 풍성해진다고 달리오는 생각한다. 직원들에게 다른 의견을 낼 책임을 부여함으로써 타인의 생각을 깊이 생각하게 만들었고, 조직에서 뭔가를 결정하는 방식을 근본적으로 바꾸어놓았다.

이의를 제기하든지 더 나은 원칙을 위해 싸우든지

브리지워터스는 직원들이 회사의 원칙을 비판하도록 장려한다. 직원들은 이의를 제기하든지, 더 나은 원칙을 위해 싸우든지 선택해야 한다. 브리지워터 직원들이 거리낌 없이 고위 관리자에게 소신을 말하게 된 요인은 단순히 달리오의 개방적인 태도 때문만은 아니다. 직원들이 기업문화를 향상시킬 최적의 시기는 입사 초기라고 생각해 신입사원 연수 때부터 회사가 표방하는 원칙을 알려주며 끊임없이 '그 원칙에 동의하는가?'라고 질문하며 회사의 원칙에 의문을 던지라고 장려한다. 신입사원들이 업무에 익숙해지면 회사 방식대로 세상을 바라보기 쉽기 때문이다.

다른 회사라면 회사의 원칙에 동의하지 않는 직원은 퇴사하거나 해고될 수 있지만 브리지워터는 동의하는 게 의무가 아니며 반론이 우선임을 강조한다.

브리지워터에는 행동을 수정하려면 18개월이 걸린다는 원칙이 있다. 회사가 추구하는 극단적 정직성을 직원들이 실천하는 데는 이 정도 시간은 필요하다는 것이다.

모든 회의와 통화를 기록하다

브리지워터는 자기 견해를 투명하게 공개하기 위해 거의 모든 회의와 통화를 녹화하고 녹음한다. 누군가 상대방을 비판하면 비판을 받는 당사자는 어떤 비판을 하는지 알 권리가 있다고 여긴다. 그래서 브리지워터에서는 누군가를 비판하려면 당사자에게 직접 말해주는 게 더 낫다는 생각을 한다. 녹음파일로 자신을 비판하는 소리를 들으면 더 불쾌할 테니. 브리지워터에서는 어떤 직원이 당사자가 없는 곳에서 누군가를 비판하면 다른 직원들은 그 직원의 얼굴을 보며 정직하지 못하고 치사하다고 말할 수 있다. 그런 행위를 한 번 이상 하면 짐을 싸라는 말을 들을 수 있다.

극단적 투명성의 대상은 '개인적인 비밀'이 아니다

투명성의 대상은 서로에 대한 생각이자 조직과 세상이 돌아가는 방식에 대한 의견이다. 즉, 중요한 일에 대한 투명성이다. 머리가 벗겨졌다, 옷이 어울리지 않는다 등의 개인적인 부분이 아니다. 투명성이 중요하다고 모든 것에 자신의 의견을 내라는 것도 아니다. 목표와 관련이 있어야 한다. 다른 사람의 청바지가 이상하다고 흉을 보면 비난받는다. 목표와 관련 없기 때문이다.

생각은 다르지만 화합할 수 있는 인재를 뽑는다

강력한 문화를 조성하려면 다양성이 있어야 한다. 다른 의견을 권장해야 다른 생각을 가진 문화를 조성할 수 있다. 브리지워터는 직원을 채용할 때 조직과의 유사성으로 판단하지 않는다. 조직문화에 얼마나 기여할 수 있는지가 중요한 잣대다. 그래서 비슷한 생각보다는 다른 생각이 우선이다. 즉, 다른 의견을 내지만 화합할 수 있는 사람을 뽑는다. 분명한 의견을 가지되, 자신의 주장에 대해 의구심을 품는 겸허함이 있어야 한다.

브리지워터 어소시에이츠의 인사이트

조직을 비판하면 해고되는 것이 일반적이다. 브리지워터는 정반대로 경영한다. 이런 조직문화를 지닌 기업이 놀랍게도 우수한 실적을 나타내고 있다. 브리지워터의 직원들이 자유롭게 조직을 비판할 수 있는 근원은 극단적 투명성에서부터 비롯된다. 이런 극단적 투명성에 바탕한 브리지워터의 조직문화를 크게 세 가지로 나누어봤다.

첫째, 레이 달리오는 아이디어 실력주의를 만들고 싶었다. 자신이 이끌고 구성원을 따라오게 하는 독재도 아니며 모든 사람의 관점이 똑같이 평가되는 민주주의도 아닌, 가장 좋은 아이디어가 살아남는 진정한 아이디어 실력주의를 만들고자 했다. 그러기 위해서는 급진적이고 과격할 정도의 정직성과 투명성이 필요하다는 것을 깨달았다. 아이디어 실력주의를 실현하기 위해 모든 대화를 녹음하고 모든 사람이 볼 수 있도록 해 서로가 평가하게 했다.

둘째, 브리지워터는 무언가 결정을 내릴 때 의견의 질을 바탕으로 한다. 즉, 최고의 아이디어가 보상을 받아야 하고 그러자면 애초에 좋은 아이디어가 논의대상이 돼야 한다. 그렇다면 좋은 아이디어는 어떻게 나올 수 있을까? 우선 보장되어야 할 것이 극단적 투명성이다. 좋은 의견인지 아닌지에 대한 판단은 일반적으로 경영진이 한다. 그럼 경영진의 판단은 신뢰할 수 있을까? 직원들이 경영진을 신뢰하려면 경영진의 생각과 행동이 철저히 투명해야 한다.

셋째, 직급체계로부터 자유로워야 개방적인 토론이 가능하다. 브리지워터에서는 하위직급의 직원도 기업의 정책에 동의하지 않으면 레이 달리오 같은 최고경영진과 건설적인 비판을 주고받는다. 이것이 가능했던 이유는 개방적인 토론 문화를 장려하고 거의 모든 회의와 업무 관련 대화를 기록함으로써 추후에도 누구나 그 내용을 보고 들으며 객관적인 관점에서 재차 배울 수 있는 기록체계를 갖추었기 때문이다.

레이 달리오는 투자의 세계에서 돈을 벌 수 있는 유일한 방법은 다수의 다른 사람들과 '다르게 생각하는' 방법뿐이라고 말한다. 그래서 그는 직원들에게 색다른 의견을 제시하라고 장려한다. 이것이 집단사고를 막았고, 직원이 다수의 의견에 순응하지 않고 독자적 의견을 주고받음으로써 생각하지 못했던 위험들을 포착했고, 예견하지 못했던 금융 추세를 집어낼 가능성이 높아졌다는 것이다.

레이 달리오는 투자회사를 운영하지만, 그가 무엇을 중요하게 생각하는지를 다음의 문장이 보여준다.

나의 목표는 브리지워터의 뛰어난 투자 판단력을 분석하는 것이 아니라, 그런 판단력의 저변에 깔린 문화를 심층적으로 들여다보는 것이다.

Pixar

"

직원들이 회의실보다 복도에서 더 솔직하게 이야기한다면 리더에게 문제가 있는 것이다.

"

컴퓨터 애니메이션 영화를 만드는 회사. 스티브 잡스가 애플에서 쫓겨나 만든 기업으로 유명하다. 영화 한 편을 성공시키기도 힘든데, 〈토이 스토리〉부터 〈겨울왕국〉 등 픽사가 출시하는 애니메이션은 매번 관객을 감동시킨다. 창의적 기업의 대명사다.

회사명	픽사(Pixar)
창업자	에드윈 캣멀(Edwin Catmull), 스티브 잡스(Steve Jobs)
창업연도	1986년(미국)
사업분야	애니메이션 영화 제작

픽사의 전신은 루카스필름Lucasfilm 이다. 루카스필름 컴퓨터 사업부는 1979년에 에드윈 캣멀Edwin Catmull을 고용했는데, 그를 고용한 사람은 〈스타워즈〉Star Wars 제작자 조지 루카스George Lucas 였다. 이후 에드윈 캣멀은 〈스타트랙2〉Star Trek II: The Wrath Of Khan 와 같은 흥행작들을 만들었다.

애플Apple 에서 쫓겨난 스티브 잡스가 1986년 루카스필름Lucasfilm을 1천만 달러(당시 약 86억 원)에 사들인다. 이것이 픽사의 시작이다. 당시 스티브 잡스가 회장이었지만, 에드윈 캣멀이 CEO로 실제 픽사를 운영했던 사람이다.

현재 픽사는 전 세계 애니메이션 영화계를 주도하고 있다. 1995년 〈토이 스토리〉Toy Story 를 시작으로 〈몬스터 주식회사〉Monsters, Inc , 〈니모를 찾아서〉Finding Nemo 등 2021년까지 총 24편의 애니메이션 영화를 제작했으며 15번의 아카데미상, 7번의 골든글로브상, 11번의 그래미상 수상 등 수많은 상을 받았다. 상업적으로도 비평적으로도 엄청난 성공을 거뒀다. 영화 한 편을 성공시키는 것도 쉽지 않은데, 영화 산업에서 한 회사가 이토록 많은 작품을 잇달아 흥행시킨 건 유례가 없었다.

2006년 월트디즈니Walt Disney 는 픽사를 인수했다. 이때부터 에드윈 캣멀은 두 회사의 사장직을 겸하는데, 2013년 〈겨울왕국〉Frozen 을 내놓으며 수십 년 동안 부진했던 월트디즈니에 새로운 신화를 만들었다. 그리고 2019년 여름 은퇴했다. 사람들은 캣멀의 창의적 경영을 지금까지도 존경하고 주목하고 있다.

"직원들이 회의실보다 복도에서 더 솔직하게 이야기한다면
리더에게 문제가 있는 것이다."

직원들은 보통 회의실보다 복도에서 더 솔직하다. 캣멀은 솔직함이
부족한 문화를 방치하면 창의성이 발휘되기 어렵다고 생각했다. 하지
만 조직 운영에서 솔직해지기란 결코 쉽지 않다. 솔직해지는 과정에서
상대방에게 상처를 줄 수 있다. 아무리 사람이 아닌 결과물에 대해 비
평을 해도 관여된 사람은 상처받는다. 픽사는 그 상처는 최소화하고
더 좋은 결과물을 만들기 위해 솔직함을 제도화했다. 바로 브레인트러
스트braintrust라는 회의제도다.

브레인트러스트 회의 모습

브레인트러스트 회의가 있는 날 아침에 회의 참석자들은 작품의 중
간 결과물을 함께 시청한다. 시청이 끝나면 회의실로 가서 점심을 먹
고 생각을 정리한 뒤 이야기를 나눈다.

"1막은 해결했는데, 2막은 여전히 문제가 있습니다. 엔딩이 생각만
큼 제대로 연결되지 않습니다." 해당 작품의 감독과 프로듀서는 제작
상황을 요약하여 발표한다.

"익히 알고 있는 내용에 재미요소만 첨가한 느낌입니다. 억지웃음을
강요하는 듯합니다. 마지막 장면에서 무엇을 원하는지 전혀 모르겠어
요!"누군가 신랄하게 좋은 점과 나쁜 점을 말한다.

해당 작품의 감독은 쓰디쓴 웃음을 짓는다. 회의가 끝난 후 이렇게 말한다. "고통스럽지만 필요한 경험입니다. 고통스러운 이유 중 하나는 내가 통제할 수 없다는 것입니다. 내가 세상에서 가장 재미있는 농담이라고 생각해서 집어넣은 내용을 회의 참석자들이 모두 재미없다고 생각하면 작품에서 빼는 게 나을 테니까요. 내가 보지 못한 부분을 다른 사람들이 발견할 때는 마음이 아프기 마련이죠."

브레인트러스트가 생겨난 배경

1995년 〈토이 스토리〉가 대성공을 거두면서 배급을 맡은 디즈니는 픽사에 2편 제작을 요청했지만 문제가 있었다. 제작진 모두가 두 번째 작품인 〈벅스 라이프〉A Bug's Life, 1998에 투입되어 있었기 때문이다. 그럭저럭 2편 제작을 시작했지만 가다 서다를 반복하다가 어느 순간 스토리가 꼬여버렸다.

픽사 직원 몇몇이 그룹을 지어 한두 달에 한 번씩 정기적으로 만나 점심을 먹고 제작 중인 애니메이션을 시청한 뒤 해당 감독에게 감상평을 솔직하게 들려주었다. 이것이 브레인트러스트의 시작이었다.

1999년 〈토이 스토리2〉Toy Story 2의 제작방향을 잃고 방황하던 픽사가 탈출구를 찾고자 고안한 방법이 브레인트러스트 회의다. 그들은 〈토이 스토리2〉에 대해 뜨겁게 논쟁했다. 논쟁의 동기는 자신의 기여를 인정받고 싶은 욕구, 상사에게 잘 보이고 싶은 욕구가 아닌 작품이 처해 있는 문제를 해결하고 개선점을 찾기 위함이었다. 구성원간 과격한 표현이 오가기도 했지만, 워낙 급한 상황이었기에 작품의 완성도에 심혈을 기울일 수밖에 없어 개인적 감정의 골이 깊어지지 않았다. 〈토이 스토리2〉의 마감 기한을 맞추기 위해 모든 직원이 달려든 1999년, 9개월간의 브레인트러스트 회의는 효율적인 제도로 진화했고, 감독은

픽사 Pixar

〈토이 스토리〉(1995), 〈토이 스토리2〉(1999) 포스터

직원들의 건설적인 피드백에 깊은 감명을 받았다.

형편없는 것을 훌륭한 상태로 개선시키는 것이 브레인트러스트

에드윈 캣멀은 〈토이 스토리〉의 흥행을 두고 이렇게 말했다.

사실 〈토이 스토리〉 초기 버전은 형편없었습니다. 애초 기획대로 출시했다면 흥행이 어려웠을 거예요. '장난감의 비밀 생활'이라는 흥미로운 주제를 너무 따분하고 재미없게 그려놓았죠. 하지만 픽사의 브레인트러스트는 꽤나 솔직했고 방향은 유연하게 수정됐습니다. 만약 그 자리에서 그저 입에 발린 칭찬만 늘어놓았다면 〈토이 스토리〉는 물론이고 〈토이 스토리2〉의 기록적인 흥행은 애초에 불가능했을 것입니다.

에드윈 캣멀은 일반 대중이 오해하고 있는 부분이 있다며 다음과 같이 말한다. 많은 사람이 픽사 애니메이션의 완성도 있는 작품을 보고 감독과 시나리오 작가가 번뜩이는 아이디어로 스토리와 캐릭터를 창조하고, 그에 따라 제작진이 일사불란하게 작업을 진행한다고 생각하지만 실제 픽사가 처음 내놓은 스토리나 시제품들은 형편없다. 하지만 픽사는 초안을 괜찮은 상태로 변화시키고 괜찮은 상태를 훌륭한 상태로 개선해 나가는 제작환경과 피드백 시스템을 갖추었고, 브레인트러스트가 그 역할을 담당하고 있다.

복도가 아닌 회의실에서 솔직해야 한다

브레인트러스트 회의는 '솔직함'을 제도화한 것이다. 회사의 핵심 구성원들과 제작팀이 한자리에 모여 애니메이션의 제작 초기부터 마지막 단계까지 미흡한 점과 개선할 점을 토론한다. 누구든 솔직하게 피력하는 것이 원칙이다. 브레인트러스트에서의 피드백은 개인을 공격하는 것이 아니라 작품에 기여하기 위한 것이었다. 이런 인식이 생기면서 자연스럽게 신뢰가 형성됐다.

회의 참석자들은 감독에게 의견을 제시할 수는 있지만 수정을 지시할 수는 없다. 모든 책임은 감독에게 있으며, 의견을 받아들일지 참고만 할지, 그 결정은 전적으로 감독이 한다.

아이디어와 아이디어를 낸 사람을 분리하려고 애썼다. 회의 참석자들이 들여다보는 대상은 작품이지 감독이 아니었다. 따라서 문제점을 지적할 때는 사람이 아니라 작품 자체에 초점을 맞추었다.

브레인트러스트 회의 방법

1. 참석자 누구에게도 지휘권이 없다. 감독은 브레인트러스트 의견을 무조건 따를 필요 없다. 감독이 판단하여 결정한다. 책임도 감독에게 있다.

2. 직급에 따른 위계질서가 없다. 모두 동등하게 의견을 교환한다.

3. 모든 사람은 서로의 성공과 더 나은 작품을 위한 의견을 낸다.

4. 솔직하게 이야기한다. '좋다' '별로다' 등 구체적 사항을 적나라하게 이야기한다. '더 나은 작품'이라는 같은 목표를 향해 나아간다. 작품의 문제를 고쳐가는 과정이라 믿는다.

5. 문제를 지적할 때 사람이 아니라 문제 자체에 초점을 맞춘다.

6. 솔직한 의견을 말하지 않는다면 미니 브레인트러스트를 한다. 사람들은 보통 부정적 의견이나 문제를 에둘러 말하는 것을 좋아하지 않는다. 그래서 처음부터 차라리 말하지 않거나 솔직한 의견을 내지 않을 때가 있다. 이때는 작은 모임을 만들어 직접적인 소통을 장려한다. 단둘이 있을 때 더 편하게 이야기하는 것처럼.

7. 직사각형 테이블 대신 정사각형 테이블에서 회의를 하는 것도 하나의 방법이다. 균등한 느낌을 주기에 더 솔직할 수 있다.

브레인트러스트 멤버요건

스토리텔링을 심도 있게 이해한 사람 또는 작품 제작에 참여해본 경험자를 주로 참여시킨다. 감독들은 다양한 사람들의 비평을 환영하지만, 특히 동료 감독과 극작가가 보낸 피드백을 더 진지하게 받아들이기에 이들도 주 참여대상이다.

브레인트러스트는 솔직함과 직급에 관계없이 동등한 발언권이 원칙이다. 그래서 애플에서 모든 제품개발에 꼬치꼬치 관여하기로 유명했던 스티브 잡스도 참석하지 않았다. 그의 카리스마가 솔직함에 방해될 수 있기 때문이다. 잡스는 픽사에서 자신의 직감이 픽사 직원들의 직감보다 못하다는 것을 인정하고 제작에 관여하지 않았다. 〈벅스 라이프〉〈니모를 찾아서〉를 만든 앤드루 스탠턴Andrew Stanton 감독은 효과적인 브레인트러스트를 위한 멤버요건을 이렇게 말한다. "구성원 전체가 좀 더 현명하게 생각하도록 조언하면서 짧은 시간에 여러 해결책을 제시할 수 있는 사람을 선택하세요."

구성원의 심리적 안정감이 중요하다

회의에서 자신의 발언 때문에 멍청하거나 혹은 나쁜 사람처럼 보일지 모른다는 불안감, 남의 기분을 상하게 하거나 보복을 당할지 모른다는 공포감은 사람들의 솔직한 발언을 가로막는다. 솔직하기 위한 전제는 심리적 안정감이다. 브레인트러스트 회의는 영리하고 열정적인 직원들을 한데 모아놓고 서로 솔직하게 의견을 말하도록 하여 문제점을 파악하고 해결하도록 하는 것이다. '정직해야 한다'는 요구를 받는 상황에서는 부담을 느끼는 사람도 '그냥 솔직하게 이야기해보자'는 요청을 받으면 좀 더 편하게 이야기할 수 있다. 그래서 픽사는 회의 참석자에게 어떠한 책임도 묻지 않는다.

픽사의 인사이트

픽사가 출시하는 작품마다 성공을 거둘 수 있었던 비결은 직원 모두가 문제는 늘 존재하는 법이고, 그중 상당수는 자신의 눈에 보이지 않는다는 사실을 인정하고 그 문제점에 대해 서로 머리를 맞대고 해결하려는 분위기를 조성했기 때문이다. 결국 직원 모두가 진실을 마주할 준비가 되어 있었다는 점이다. 그 밑바탕에 깔려있는 핵심은 '솔직함'이다.

솔직함은 자신이 실수를 하든 반대 의견을 말하든 '나는 안전하다'

라는 심리적 안정감이 있어야 가능하다. 세계적인 컨설팅 회사 맥킨지 McKinsey에서는 심리적 안정감 추구를 위한 하나의 방안으로 '반대할 수 있는 의무'를 강조한다. 구성원이 무엇인가에 동의하지 않을 때 반대를 표현하는 것은 선택이 아닌 필수라는 의미다.

에드윈 캣멀은 솔직함에 대해 모두가 한 배를 타고 같은 목표를 향해 달려간다는 인식을 가진다면, 솔직함은 잔혹하지도 않고 파괴적이지도 않다고 이야기한다. 오히려 그 반대라는 것이다. 그래서 리더는 솔직함을 위해 참석자들과 감독이 경쟁관계가 아니라 보완관계라는 점을 지속적으로 인식시켜야 한다는 것이다.

아이디어나 영화 등은 도전과 검증을 거쳐야만 비로소 완성도가 높아진다. 역량 있는 감독과 작가가 초반에는 통찰력을 보여도 작업을 하다보면 길을 잃는 경우가 부지기수다. 이때 타인의 관점으로 작품을 바라볼 수 있는 브레인트러스트 같은 시스템은 반드시 필요하다.

Netflix

> **"**
>
> ## 우리는 가족이 아니다.
> ## 프로 스포츠 팀이다.
>
> **"**

콘텐츠 제작 및 유통을 하는 세계 최대 영상 스트리밍 회사. 규칙이 없는 회사로 유명하다.

회사명	넷플릭스(Netflix)
창업자	리드 헤이스팅스(Reed Hastings)
창업연도	1997년(미국)
사업분야	영화, 드라마 제작 및 유통

넷플릭스는 원래 DVD 임대 서비스로 시작했다. 인터넷에서 대여 신청을 받은 뒤 우편을 통해 DVD를 빌려주었다. 창업하기 전 리드 헤이스팅스가 대여점에서 〈아폴로13〉Apollo13 DVD의 반납기한을 놓쳐 연체료 40달러를 내야 했던 적이 있었다. 집에서 멀리 떨어진 대여점까지 가는 것도 귀찮은데 반납이 늦었다고 연체료까지 내야 하는 상황에 리드 헤이스팅스는 '거실에서 원하는 드라마와 영화를 감상하고 바로 반납할 수는 없을까?'라는 아이디어를 떠올렸고, 이것이 넷플릭스의 시작이었다.

리드 헤이스팅스는 넷플릭스 전에 창업해 6년간 키웠던 소프트웨어 개발업체 '퓨어소프트웨어'Pure software를 7억 5000만 달러(약 9천억 원)에 매각한 경험이 있어 넷플릭스 설립 3년 만인 2000년에 경쟁업체인 다국적 비디오 기업 '블록버스터'Blockbuster LLC에 5,000만 달러(약 560억 원)에 매각하려 했지만 냉정하게 거절당한다. 하지만 종국에는 넷플릭스의 성장으로 블록버스터는 무너졌다.

헤이스팅스는 '영화를 꼭 영화관에서만 봐야 하는가?'라는 의문을 갖고 있었다. 사람들이 인터넷으로 영화를 보게 하고 싶었다. 그래서 회사 이름도 인터넷의 '넷'net과 영화를 뜻하는 '플릭스'flicks를 합쳐 넷플릭스로 지었다. 1997년 당시 엄청난 아이디어였지만, 인터넷 환경이 지금처럼 발달하지 않아 어쩔 수 없이 DVD 임대 서비스부터 시작했던 것이다. 넷플릭스가 본격적인 성장궤도에 오른 것은 인터넷 동영상 스트리밍 서비스로 본격 전환한 2007년부터다. 이때부터 인터넷 환경이 좋아졌기 때문이다. 헤이스팅스의 꿈이 마침내 실현되었다.

주목할 점은 넷플릭스가 2011년 '콘텐츠 유통사'에서 '콘텐츠 제작자'로 도전을 감행했다는 점이다. 2012년 자체 제작한 미국 정치드라마 〈하우스 오브 카드〉House of Cards가 대히트를 쳤고, 전 세계에서

4,000만 명이 가입하는 광풍이 불었다. 또 빈지워칭binge-watching 즉 전편 몰아보기라는 새로운 문화를 주도했다.

넷플릭스는 현재 엔터테인먼트 업계에서 혁신의 대명사다. DVD 대여로 시작해 인터넷 영상 스트리밍으로, 그리고 영상 콘텐츠 제작자로 변신하는 데 성공했다. 이런 변신이 가능했던 것은 '창의와 혁신'을 중시하고, 이것을 이루기 위한 도구로 '자유와 책임'이라는 프로 스포츠 팀 같은 넷플릭스 고유의 기업문화가 있었기 때문이다.

혁신을 이끈 한 문장

"우리는 가족이 아니다, 프로 스포츠 팀이다."

'가족 같은 회사.' 비즈니스 세계에서 가끔 언급되는 말이다. 하지만 제대로 된 신념이 없다면 두루뭉술하며 허망한 이야기가 된다. 넷플릭스는 가족이 아닌 프로 스포츠 팀이 되기를 원했다.

메이저리그 명문 야구단이 각 포지션마다 A급 선수를 채용하려고 하듯이 넷플릭스는 각 포지션별 스타플레이어가 있어야 한다고 생각해 늘 최고의 인재를 찾았다. 구성원에게 자유를 줌과 동시에, 성과에 따른 책임도 강하게 물었다.

기업의 혁신 스토리

시키는 것을 열심히 했는데 해고되다

넷플릭스 한 임원이 2년간 75명의 팀원 중 25명을 해고했다. 해고 이유가 '기술적인 능력이 부족해서'인 경우는 드물었고, 대부분 성격 상 자질 문제였다. '충분히 적극적이지 않아서' '현 상태에 의문을 제기 할 만큼 충분한 호기심을 보이지 않아서' '명령만 따를 뿐 새로운 아이 디어를 제시하지 않아서'였다. 이 임원의 목표는 팀원들이 자신과 동 료를 최고 수준의 성과를 내도록 밀어붙이는 것이었다. 결국 넷플릭스 는 시키는 것만 열심히 하고 또 시키는 대로만 열심히 하면 잘린다는 것을 보여주었다. 로버트 서튼Robert Sutton 교수의 저서인 『성공을 퍼 트려라』Scaling Up Excellence 에 나온 넷플릭스의 이야기다.

연봉 때문에 이탈하는 것을 방지하겠다

넷플릭스는 프로 스포츠 팀처럼 모든 직책에 스타플레이어를 채용 하길 원하며 이를 위해 과감히 돈을 쓴다. 넷플릭스의 급여는 실리콘 밸리에서도 최고 수준인데, 더 높은 수준으로 보수를 계속 조정하고 있다. 그래서 실리콘밸리에서 인재 확보 전쟁이 벌어지면 넷플릭스 직 원들은 외부에서 면접을 봤거나 스카우트 제의를 받았다는 사실을 알 리지 않아도 큰 폭으로 급여가 인상되는 일이 많다. 이런 사례도 있었 다. 넷플릭스가 한 신입 엔지니어에게 15만 달러(1억 8천만 원)의 연봉 을 제안했고, 그 신입 엔지니어도 수락했다. 그런데 그가 실리콘밸리 에 도착하기 전에 넷플릭스 연봉이 시장 최고 수준보다 낮다는 자체 조사결과가 나왔고, 넷플릭스는 그의 연봉을 25만 달러(약 3억 원)로 올렸다고 한다.

넷플릭스는 직원들이 헤드헌터를 만날 것을 권장한다. 그리고 제 시 받은 연봉을 회사와 공유하게 한다. 직원이 대체불가하다면 다른 회사보다 연봉을 더 높여주겠다는 것이다. 최소한 연봉 때문에 이탈 하는 것을 방지하겠다는 것이다. 넷플릭스의 연봉은 2014년 기준 평균 2억 8천만 원, 2018년 기준 평균 3억 7천만 원 정도로 알려져 있다 (잡플래닛, 2018년 11월 기준). 하지만 성과를 내지 못하는 직원에게는 냉정하다.

하위 20% 성과자는 회사를 떠난다

넷플릭스의 인재상은 가만히 둬도 회사가 원하는 것을 이루는 동시에 미래가치를 증진시키는 사람이다. 인재라고 판단되면 A급 대우를 하지만, B급 이하의 성과를 낸다고 판단되면 가차 없다. 연봉삭감 없이 후한 퇴직금을 지급한다. 넷플릭스는 성과를 낸 만큼 대우를 받지만 그렇지 못하면 경기를 뛸 기회조차 얻지 못한다.

무명이지만 잠재력 있는 인력도 채용하다

넷플릭스는 유명 스타플레이어를 영입하기도 하지만, 또 무명이지만 잠재력 있는 인재도 적극적으로 채용한다. 애리조나주의 한 은행에서 일하던 A(앤서니 파크)라는 사람이 있었다. 그는 소프트웨어 개발자는 아니었지만 넷플릭스의 기능을 향상시키는 앱을 개발해서 자신의 웹사이트에 올리는 등 넷플릭스를 사랑했다. 넷플릭스는 A의 웹사이트를 보고 그를 채용 인터뷰에 초청했다. 임직원들은 그가 넷플릭스 문화에 어울리지 못할 거라고 생각했다. A는 말수가 적었고 너무 신중해, 미친 듯이 토론하는 넷플릭스의 문화에 적응하지 못할 거라 생각했기 때문이다. 하지만 넷플릭스는 그를 채용했다.

몇 달 뒤, A를 채용했던 담당자가 그의 팀과 회의를 하게 되었는데, 늘 그렇듯 모두가 자기주장을 하기에 바빴고 불꽃 튀는 토론이 이어졌다. 그때 A가 조용히 손을 들어 자신이 지금 말해도 되냐며 물었고, 회의실은 조용해졌다. 그는 말이 많지 않았지만 아무도 생각하지 못했던 아이디어를 내놓았다. 현재 A는 그 부서를 이끌며 넷플릭스 성장에 많은 기여를 하고 있다. 이렇듯 넷플릭스는 유명하든 그렇지 않든 최고 인재영입을 위해 늘 신경을 곤두세우고 있다.

솔직한 피드백은 우리가 한 팀이라는 신호

비판 대신 서로를 지지하는 문화를 가진 야후Yahoo에서 일하다가, 넷플릭스로 이직한 한 직원의 이야기다. 그는 입사했을 때, "당신은 요점을 말할 때 너무 시간을 끌고 메시지가 명확하지 않아요"라는 비판을 듣고, 처음에는 상당히 적응하기 어려웠다고 한다. 하지만 솔직한 피드백은 넷플릭스의 문화였기에 점차 적응해 나갔다. 그러면서 자신이 받은 비판을 되돌아보면서 남들의 시각에서 자신을 바라볼 수 있게 되었고, 자연스럽게 자신의 단점을 개선할 수 있었다. 비판 자체에 익숙하지 않았던 직원은 비판을 받아들이고 객관화함으로써 성장했고, 이후 그는 데이터 사이언스 및 엔지니어링 부문 부사장까지 올랐다.

넷플릭스 구성원들은 새롭게 입사한 이들에게 이렇게 말한다.

당신은 당신의 피드백 때문에 이곳에서 더욱 중요한 멤버가 되며, 당신이 내게 솔직했다는 이유로 우리의 관계가 위험해지는 법은 없을 것이다. 솔직한 피드백을 해야 당신은 여기서 일할 자격이 있다.

옆 동료가 진심으로 성장하기를 바라는 마음으로 솔직하게 말해주는 것은 한 팀이라는 소속신호다. 한 팀이라면 갈등을 두려워하면서도 말해주는 것이 자신에게나 상대방에게 더욱 유익하다는 것을 넷플릭스는 알고 있었다.

선샤이닝

넷플릭스에는 '선샤이닝'sunshining 이란 것이 있다. 밝은 햇볕에 온몸을 드러내듯, 가능한 한 회사의 많은 것을 투명하게 공개한다는 것이다. 프로 스포츠 팀이 개인기록, 평가, 연봉을 공개하는 것처럼 넷플릭스도 중요한 것이든 사소한 것이든, 좋은 일이든 나쁜 일이든 정보를 공개한다. 그래서 구조조정과 같은 민감한 이슈도 직원들에게 미리 사정을 설명한다. 부작용도 있었지만 구성원이 리더와 조직에 대한 신뢰가 더 강해져 부작용보다 더 큰 가치가 생겼다는 것이다. 리드 헤이스팅스는 리더의 역할을 모든 사람이 가능한 한 많은 것을 공유하게 하여 투명성을 일상화하는 것이라 말한다.

시작해라, 그만해라, 계속해라

'시작해라, 그만해라, 계속해라'는 문화가 있다. 이것은 각 팀원이 동료에게 시작해야 할 것 한 가지, 그만해야 할 것 한 가지, 매우 잘 하고 있고 계속해야 할 것 한 가지씩을 이야기해주는 문화다. 특히 이것을 회의 중 사람들 앞에서 소리 내어 말하게 했다. 숨김없이 솔직한 것이 얼마나 중요한지에 대한 인식을 심어주기 위해서였다.

특이한 것은 넷플릭스 경영진들이 먼저 이 운동을 시작한 뒤, 직원들이 따라 할 수 있도록 했다는 것이다. 다른 사람들에게 충고 듣는 것을 좋아하지 않는 리더들이 먼저 모범을 보여서 직원들의 참여를 끌어낸 것이다. 처음에는 상대방의 기분이 상할까봐 피드백을 망설였지만 점차 자신에게 도움이 된다는 것을 알게 되어, 피드백을 공유하는 날을 기대하게 되었다고 한다.

미시적인 관리보다 맥락을 이야기한다

넷플릭스는 규정이 없는 회사로 알려져 있지만, 규정이 없는 건 아니다. 규정을 줄이려고 한다. 만약 어떤 사항에서 명문화된 규정이 없으면 팀장이 맥락을 설명하여 보강한다. 예를 들어 휴가규정이 없다고 그 팀의 모든 직원이 같은 기간에 휴가를 가면 어떻게 되겠는가? 그때 팀장이 업무특성에 맞게 맥락을 짚어줌으로써 문제를 해결한다는 것이다. 만약 디테일한 휴가규정이 있다면 직원들은 그 디테일한 규정에 맞게 행동하게 된다. 그럼 맥락으로 이끌기가 쉽지 않다. 보통 다른 회사는 비용지출, 출장, 복지혜택 등과 관련해 복잡한 규정이 있다. 하지만 넷플릭스는 한마디로 정리한다. "넷플릭스에 가장 이로운 방향으로 행동하라!"

최고라는 자부심이 직원들에게 있다

넷플릭스의 운영지침에는 훌륭한 일터와 멋진 동료에 대한 언급이 많다. 상위 10%의 인재가 가득한 일터를 끊임없이 지향한다. 함께 근무하는 모든 사람이 존경할 만하고 배울 만한 사람으로 조직을 채워야 하는 게 리더의 임무라며 헤이스팅스는 다음처럼 말한다.

훌륭한 일터란 많은 복지혜택, 초밥 점심, 성대한 파티, 고급 오피스가 제공되는 곳이 아니다. 가장 훌륭한 일터의 핵심은 멋진 동료가 가득한 환경을 만들고 유지하는 것이다.

넷플릭스가 말하는 스타급 플레이어는 다양한 배경과 견해를 가지며, 재능이 뛰어나고 창의력이 남다르며, 스스로 자각하여 동기부여하는 직원, 나아가 자신을 수양하고 개선하는 직원, 누군가 통제하기 전

넷플릭스 Netflix

에 먼저 결정을 내릴 수 있는 직원, 중요한 업무를 능숙하게 처리하는 동시에 다른 사람들과 긴밀히 협력하는 직원을 말한다. 이런 직원들이야말로 자율 속에서 성장하고 성과에 따른 보상을 누릴 가치가 있다는 것이다.

넷플릭스의 이런 인재상 때문에 직원들은 스스로 최고라는 자부심이 있다. 그래서 그들은 어떤 장벽에 부딪쳤을 때도, 자신들은 최고의 직원들이기에 어떤 것이든 해결할 수 있다는 분위기가 형성돼 있다.

넷플릭스의 인사이트

아마추어와 프로의 결정적 차이는 자유와 책임의 유무다. 넷플릭스는 프로 스포츠 팀을 지향하기에 조직문화에서도 자유와 책임을 강조했다. 2009년 8월에 「우리는 탁월함을 추구한다」라는 126쪽짜리 문서를 공개했는데, 거기에는 넷플릭스의 철학 등이 심도 있게 설명되어 있었다.

페이스북 최고운영책임자였던 셰릴 샌드버그Sheryl Sandberg가 이 문서를 실리콘밸리에서 나온 가장 중요한 문서라고 평할 정도였다. 거기에 자유와 책임에 대한 내용이 있다.

왜 넷플릭스는 직장인이 아닌 스타플레이어를 원하는 걸까? 일반적으로 회사 조직은 분업이 정밀화, 고도화되면 생산성이 올라가지만 그만큼 높은 커뮤니케이션 비용이 발생한다. 분위기는 보수화되고 속도는 느려진다. 구성원 입장에서도 부품이라는 생각이 들어 동기의식과 책임감을 갖기 힘들다. 특히 혁신 비즈니스에선 이 같은 단점이 치명적일 수 있다. 대부분의 회사는 규모가 커질수록 직원의 자유를 줄이고 관료주의가 된다. 회사가 성장하면 일은 복잡해진다. 복잡은 혼돈이다. 혼돈을 줄이기 위해 규칙과 절차가 만들어진다. 규칙과 절차는 뛰어난 창의적 인재들을 힘들게 한다. 규칙에 집중할수록 창의적 인재들은 점점 사라진다.

많은 규칙을 세우고 운영하는 절차 중심의 기업은 매우 효율적이어서 단기적으로 성과를 낼 수 있다. 하지만 시장 변화가 심한 경우 적응하기 어렵다. 이미 존재하는 절차에 따라 일을 처리하면서 책임을 다했다고 느끼기 때문이다. 자기 책임이 아니라고 느끼기 때문이다. 중요한 것은 사업이 복잡해지는 속도보다 더 빠르게 책임감 있는 창의적인 직원의 비율을 늘리는 것이다. 회사가 성장함에 따라 직원의 자유를 제한하기보다 오히려 자유를 늘려서 창의적인 사람을 계속 고용하고 키워가야 한다. 이를 통해 지속적인 성장의 기회를 얻고 자유와 책임의 문화를 갖도록 하는 것이다.

넷플릭스가 자유와 책임, 스타플레이어, 규칙 없음 등을 언급하는 것은 성장의 요체인 '창의'에 더욱 집중하기 위해서다.

넷플릭스의 채용 및 승진에 대한 9가지 기준

1. 판단력

모호한 상황에서도 사람, 기술, 사업, 창의적 결과물에 대해 현명한 결정을 내린다. 겉으로 드러나 있는 현상 뒤에 있는 근본원인을 파악한다. 전략적인 사고를 바탕으로 해야 할 일과 하지 말아야 할 일을 분별한다. 지금 잘해야 하는 일과 나중에 손봐도 되는 일을 영리하게 구분한다.

2. 커뮤니케이션

경거망동하지 않고 경청함으로써 상대방을 잘 이해한다. 간결하게 분별 있게 말하고 쓴다. 직위나 의견 차이에 관계없이 상대를 존중한다. 스트레스가 많은 상황에서도 침착함을 유지한다.

3. 영향력

엄청난 양의 중요한 일을 해낸다. 동료들이 신뢰할 만큼의 큰 성과를 꾸준히 낸다. 과정보다 탁월한 성과에 집중한다. 분석에 매몰되지 않고 행동에 집착한다.

4. 호기심

재빨리 열정적으로 배운다. 우리의 전략, 시장, 고객, 공급처를 이해하려고 노력한다. 사업과 기술, 엔터테인먼트에 관한 지식을 두루 파악한다. 자신의 전문 분야 외에도 영향력을 끼친다.

5. 혁신

어려운 문제의 실용적인 해결책을 찾기 위해 이슈의 콘셉트를 재구성한다. 타당하고 유력한 가정을 세우는 데 도전하며 더 나은 방법을 제안한다. 새로운 아이디어를 내고 이를 증명한다. 복잡성의 최소화와 단순화 노력을 통해 조직의 민첩성을 유지시킨다.

6. 용기

논란이 생기더라도 자신의 생각을 말한다. 대범하게 어려운 결정을 내린다. 현명하게 리스크를 다룬다. 우리의 가치에 부합하지 않은 행동에 문제를 제기한다.

7. 열정

탁월함을 추구함으로써 다른 사람에게 영감을 준다. 넷플릭스의 성공에 지대한 관심을 갖는다. 승리를 칭송한다. 끈기를 갖는다.

8. 정직

공정하고 단도직입적이라고 인정받는다. 다른 사람과 뜻이 다르더라도 정치적으로 처신하지 않는다. 동료에 대한 얘기는 그 사람 면전에서 할 수 있는 것만 한다. 실수는 재빨리 인정한다.

9. 이타심

자신이나 자신이 속한 그룹이 아닌 넷플릭스에 최선인 것을 찾는다. 최고의 아이디어를 찾기 위해 이기심을 버린다. 동료를 돕는 데 시간을 할애한다. 적극적으로 정보를 공유한다.

유튜브

YouTube

"

사이트는 무조건
사용하기 쉬워야 한다.

"

우리의 라이프스타일부터 경제생활까지 이제는 일상의 중심이 된 유튜브. 독보적인 동영상 플랫폼이다.

회사명	유튜브(YouTube)
창업자	스티브 첸(Steve Chen), 채드 헐리(Chad Hurley), 자베드 카림(Jawed Karim)
창업연도	2004년(미국)
사업분야	동영상 공유 플랫폼

유튜브는 튠인훅업 Tune In Hook Up 이라는 동영상 데이트 사이트로 출발했다. 창업자 3명은 모두 페이팔 출신으로, 온라인 데이트업계를 뒤집겠다고 만든 사이트다. 기존 데이트 사이트와 달리 프로필에 본인 사진이 아닌 동영상으로 자신을 소개하도록 했다. 비록 관심 끌기에는 실패했지만 사람들이 동영상 시청을 좋아한다는 사실을 알게 되었다. 그래서 온라인 데이트 사이트 콘셉트를 버리고 '모두가 쉽게 비디오 영상을 공유할 수 있는 플랫폼을 만들자!'라는 생각으로 유튜브를 만들었다.

유튜브는 2020년 기준 매달 전 세계 20억 명 이상이 시청한다. 모회사인 구글 Google 다음으로 세계에서 두 번째로 사람들이 많이 방문하는 사이트가 되었으며, 2020년 퓨리서치센터 Pew Research Center 조사에 따르면 18세 이상의 시청자는 유튜브에서 매일 평균 41.9분을 소비하는 것으로 나타났다.

구글은 2006년 무려 16억 5천만 달러(약 2조 원)에 유튜브를 인수한다. 창업한 지 1년 8개월 만의 일이다. 2005-2006년 유튜브에 1천만 달러(약 100억 원)를 투자한 미국의 세콰이어캐피탈 Sequoia Capital 은 4억 5천만 달러(약 4,200억 원)어치 주식을 받았다. 1년 만에 40배가 넘는 수익이었다.

혁신을 이끈 한 문장

"사이트는 무조건 사용하기 쉬워야 한다."

2005년 이전까지 동영상을 올리고 공유할 수 있는 인터넷 채널이 없었다. 그런데 그때 유튜브가 나타나 '동영상 공유'라는 소비자의 니즈를 충족시켜주었다. 그것도 누구나 쉽고 편하게 말이다. 유튜브 창업자들은 '최고로 간단하고, 최고로 쉬우며, 최고로 빨리 업로드되고, 영원히 다운되지 않아야 한다'는 원칙을 세웠다. 현재 유튜브는 동영상 업계를 평정했다. 이 원칙이 제대로 지켜졌기 때문이다.

기업의 혁신 스토리

누구나 동영상을 쉽게 접하게 하다

- 2004년 2월 1일, 슈퍼볼(미국 프로 미식축구 챔피언 결정전)의 하프타임 공연에서 미국 가수 자넷 잭슨(Janet Jackson)의 가슴 노출 사건이 있었다.
- 2004년 10월 15일, 미국의 코미디언 존 스튜어트(Jon Stewart)가 CNN의 생방송 정치 토론 프로그램 〈크로스파이어〉(Crossfire)의 사회자를 (제 역할을 다하지 못한다며) 엄중히 꾸짖었다.
- 2004년 12월 26일, 푸켓을 방문했던 스위스인 A씨는 이상한 굉음과 함께 3층 높이의 파도가 다가오는 것을 도망치는 와중에 휴대전화로 촬영했다.

창업자 3명은 채드의 창고에서 한담을 즐기다 자넷 잭슨의 노출 영상과 존 스튜어트의 명장면을 어디서 볼 수 있는지 알아보기 시작했다. 전화를 하고 메일을 쓰고 인터넷을 돌아다니며 열심히 찾았지만 끝내 동영상은 발견할 수 없었다. 스위스인 A씨가 촬영한 쓰나미 동영상은 스위스의 한 인터넷 사이트에 올라갔는데 곧 12명의 블로거가 그 영상을 공유했다. 그중 한 블로그에서 5일 동안 68만 번의 조회 수를 기록했고 최소 130만 명이 해당 영상을 시청했다.

동영상 플랫폼 유튜브

　이들은 희귀한 영상이 공유되면 대중이 맹렬히 찾아서 본다는 것을 알았다. 자신들도 파급력 있는 영상을 찍어 공유하고 싶었지만 사진과 달리 동영상은 공유하기가 굉장히 어려웠다. 사진은 이메일이나 외장 하드로 복사하면 쉽게 공유할 수 있었지만, 동영상과 영화는 그렇지 않았다.

　온라인에 동영상을 올리고 공유하는 일은 기술적 측면에서 결코 어려운 일이 아니었지만 이를 실행할 수 있는 사이트가 없었다. 이들은 쉽고 편리하게 동영상을 올릴 수 있는 사이트가 생기면 전 세계의 수많은 사람이 황당하고 기이한 일을 촬영해 공유할 거라 생각했다. 이 생각에서 유튜브는 시작되었다.

로그인 없이 볼 수 있게 하다

　2005년 6월 유튜브는 이용자들이 다른 사이트로 유튜브의 콘텐츠를 얼마든지 공유할 수 있게 한다. 사람들의 욕구를 존중하는 결정이었다. 하지만 이런 공유기능을 자살행위라고까지 평가하는 사람도 있었다. 로그인하지 않아도 동영상 시청뿐만 아니라 공유가 가능했기 때문이다. 당시만 해도 온라인에서 회원가입 후 로그인해야 볼 수 있는 것이 거의 철칙처럼 받아들여졌다.

효과는 즉각 나타났다. 인터넷으로 전달되고 재생되는 동영상에 유튜브라는 마크와 링크가 늘 따라다녔다. 공짜로 광고가 되는 셈이었다. 페이스북 이전에 막강했던 소셜 네트워크 서비스인 마이스페이스 Myspace 의 다양한 커뮤니티는 유튜브의 명성을 전파하는 도구가 됐다. 이후 동영상 하면 떠오르는 사이트는 유튜브라는 인식이 생기기 시작했다. 이처럼 유튜브가 유명해지기까지 가장 강력한 수단은 누구에게나 열려있는 개방적 태도였다. 이런 개방성의 효과를 극대화하기 위해서는 조작과 사용이 쉬워야 했다.

유튜브는 일찍이 플래시 비디오Flash Video 기술*을 사용했다. 이 기술의 장점은 컴퓨터에 설치된 동영상 플레이어가 어떤 형식이든 상관없이 동영상을 재생할 수 있다는 점이다. 결국 화면도 깔끔하고 사용하기 쉬운 동영상 플랫폼이 탄생했다.

유튜브의 인사이트

2006년 〈타임〉Time 은 유튜브가 '동영상계의 월마트'가 됐다고 평가했다. 모든 동영상을 보유하고 있으니 그냥 찾아가서 보면 된다는

---

*   기존에는 영상을 보기 위해 특정 프로그램을 설치해야 했다. 하지만 이 기술은 특정 프로그램을 설치할 필요가 없었다.

의미였다. 창업 2년 만에 이런 평가를 받은 것이다.

I swear Youtube is closest thing to time machine.
나는 유튜브가 타임머신에 가장 가깝다고 생각한다.

유튜브로 1965년 비틀즈 공연영상을 보다가 발견한 댓글이다. 이 플랫폼은 우리를 과거로, 미래로 신속하게 이동시켜준다.

창업자들은 유튜브를 시작하면서 하나의 가설과 하나의 핵심원칙을 세운다. 하나의 가설은 누구나 동영상에 관심이 있다는 것이었고, 핵심원칙은 사이트는 무조건 사용하기 쉬워야 한다는 것이다. 즉 최고로 간단하고, 쉬우며, 빨리 업로드되고, 영원히 다운되지 않아야 한다는 것이다.

유튜브는 연령대별 이용자 비율이 거의 차이가 없다. 2020년 기준 36-45세 미국인의 73%가, 46-55세 미국인의 70%가, 56세 이상 미국인의 67%가 유튜브를 이용한다. 이는 고령층일수록 이용량이 급격히 감소하는 여타 온라인 플랫폼과 다른 추세다. 인터넷에서 소외됐던 50대 이상의 이용자가 많다는 사실은, 창업자들이 세운 가설이 입증됐고 핵심원칙이 실행되고 있다는 증거다.

유튜브가 큰 성공을 거둘 수 있었던 요인 중 또 다른 하나는 이용자들의 콘텐츠다. 이용자가 주도적으로 사이트를 이용할 수 있게 한 이후 유튜브는 콘텐츠를 생산하는 사이트로 변했고, 많은 사람이 콘텐츠를 만들며 수익을 창출하고 있다. 이런 것이 가능했던 이유도 동영상을 올리는 사람과 시청하는 사람 모두가 유튜브 플랫폼 이용이 쉬웠기 때문이다.

창업자 스티브 첸은 프로젝트를 진행할 때마다 잠을 제대로 잘 수 없었고 꿈속에서도 일을 했으며, 자신도 모르게 매주 100시간씩 일하는 상태였다고 한다. 이처럼 이용자가 사용하기 쉬운 사이트를 만들기 위해서는 운영자와 개발자의 정신적 고통과 육신의 땀이 녹아있어야 가능하다.

길고 긴 터널을 빠져나온 것 같다. 우여곡절도 많았다. '내가 지금 뭐하고 있나?, 꼭 이렇게까지 해야 하나?' 책을 쓰는 내내 이런 생각이 떠나지 않았다. 한 기업을 연구할 때마다 갑갑한 골방에 갇힌 기분이었다. 골방 문을 여는 방법은 알았지만, 그것을 실행한다는 것이 매번 고통이었다. 그래서 새로운 기업에 대해 쓰기 시작할 때마다 스스로에게 이런저런 핑계를 대며 도망 다니기 일쑤였다. 여하튼 이젠 끝났다.

몇몇 출판사에 원고를 보냈는데 다행히 반응이 좋았다. 경제·경영서를 전문으로 펴내는 출판사 대표는 참신한 기획이라며 칭찬을 아끼지 않았다. 왜 아직까지 이런 기획을 생각하지 못했는지 모르겠다며 의아한 표정을 짓기도 했다.

위대한 기업의 한 문장을 찾으려는 시도는 필자가 처음이 아닐까 싶다. 첫술에 배부를 수 없듯이 참신한 만큼 부족한 점도 많으리라 생각한다. 기회가 된다면 아쉬운 부분을 채워 나가고 싶다. 무엇보다 이 책이 누군가에게 실제로 도움이 되었으면 한다. 사업이 잘 풀리지 않아 고민스러운 창업자들, 무엇을 준비해야 할지 막막한 예비 창업자들이 힘을 얻고 자신만의 한 문장을 발견했으면 좋겠다.

"달을 보기 위해선 연못이 아니라 하늘을 쳐다보라"고 했다. 이 책은 연못에 비친 달이다. 나의 눈으로 본 위대한 기업의 한 문장이다. 독자들이 하늘을 직접 쳐다보며 각 기업을 더 깊이 알고 싶은 마음이 생긴다면 이 책은 자신의 역할을 다한 것 같다.

거친 원고를 잘 다듬어주신 넥서스 관계자분들께 감사하다. 또 저와 인연이 된 책독 커뮤니티 분들께도 고마움을 전한다. 그리고 원혁 엄마와 원혁이에게 사랑한다는 말을 전한다.

참고
도서

『구글은 어떻게 일하는가』, 에릭 슈미트 외, 박병화, 김영사, 2014년

『규칙 없음』, 리드 헤이스팅스, 알에이치코리아 2020년

『기하급수 시대가 온다』, 살림 이스마일 외, 이지연, 청림출판, 2016년

『누텔라 성공의 법칙』, 지지 파도바니, 김원호, 알에이치코리아, 2018년

『딜리버링 해피니스』, 토니 셰이, 송연수, 북하우스, 2010년

『로켓 CEO』, 레이 크록, 이영래, 오씨이오, 2016년

『마쓰시타 고노스케, 길을 열다』, 마쓰시타 고노스케, 남상진, 청림출판, 2009년

『마쓰시타 고노스케』, 송희영, 21세기북스, 2019년

『맛의 천재』, 알레산드로 마르초 마뇨, 윤병언, 책세상, 2016년

『맥락을 팔아라』, 정지원 외, 미래의창, 2017년

『미라이 공업 이야기』, 야마다 아키오, 김연한, 그리조아(GRIJOA), 2013년

『부의 추월차선』, 엠제이 드마코, 신소영, 토트, 2013년

『성공을 퍼트려라』, 로버트 서튼·허기 라오, 김태훈, 한국경제신문사, 2015년

『성공의 요체』, 이나모리 가즈오, 양준호, 한국경제신문사, 2016년

『손정의 리더십』, 유한준·이종욱, 북스타, 2018년

『슈독』, 필 나이트, 안세민, 사회평론, 2016년

『스티브 잡스』, 월터 아이작슨, 안진환, 민음사, 2015년

『아마존은 왜? 최고가에 자포스를 인수했나』, 이시즈카 시노부, 이건호, 북로그컴퍼니, 2014년

『언스크립티드』, 엠제이 드마코, 안시열, 토트, 2018년

『오리지널스』, 애덤 그랜트, 홍지수, 한국경제신문, 2016년

『원칙』, 레이 달리오, 고영태, 한빛비즈, 2018년

『위클리비즈 인사이트』, 조선일보 위클리비즈 팀 3기, 어크로스, 2011년

『유쾌한 이노베이션』, 톰 켈리 · 조너던 리트맨, 이종인, 세종서적, 2012년

『이제부터 일하는 방식이 달라집니다』, 강승훈, 위즈덤하우스, 2020년

『일론 머스크, 미래의 설계자』, 애슐리 반스, 안기순, 김영사, 2015년

『저커버그 이야기』, 주디 L. 해즈데이, 박수성, 움직이는서재, 2016년

『제임스 다이슨 자서전』, 제임스 다이슨, 박수찬, 미래사, 2017년

『제프 베조스, 발명과 방황』, 제프 베조스, 이영래, 위즈덤하우스, 2021년

『징거맨 사람들은 마음을 팝니다』, 애리 바인츠바이크, 최기철, 세종서적 2005년

『창의성을 지휘하라』, 에드 캣멀 · 에이미 월러스, 윤태경, 와이즈베리 2014년

『취향을 설계하는 곳, 츠타야』, 마스다 무네아키, 장은주, 위즈덤하우스, 2017년

『츠타야, 그 수수께끼』, 마스다 무네아키 · 가와시마 요코, 이미경, 베가북스, 2018년

『테드 토크』, 크리스 앤더슨, 박준형, 21세기북스, 2016년

『파타고니아, 파도가 칠 때는 서핑을』, 이본 쉬나드, 이영래, 라이팅하우스, 2020년